DELIUS KLASING

KARL VETTERMANN
HOLLINGERS LAGUNE

GESCHICHTEN AUS DER SÜDSEE

DELIUS KLASING VERLAG

Die Deutsche Bibliothek – CIP-Einheitsaufnahme

Vettermann, Karl:
Hollingers Lagune : Geschichten aus der Südsee / Vettermann. –
Bielefeld : Delius Klasing, 1998
  (Segeln & Abenteuer)
  ISBN 3-7688-1033-X

1. Auflage
ISBN 3-7688-1033-X

© Copyright by Delius, Klasing & Co.,
Siekerwall 21, 33602 Bielefeld
Umschlaggestaltung: Buchholz/Hinsch/Hensinger, Hamburg
Gesamtherstellung: Clausen & Bosse, Leck
Printed in Germany 1998

Inhalt

Der Prinz

„He! Hallo, Albatros!" rief Paul und winkte dem riesigen Vogel, der über seiner Barkasse kreiste. „Da soll irgendwo die Einfahrt zum Paradies sein. Jetzt fahre ich schon stundenlang hier vor diesem Riff herum, aber eine Einfahrt in die Lagune des Paradieses habe ich noch nicht gefunden. Kannst du mir helfen?"

Der Albatros schwebte ganz dicht über dem Steuerstand der Barkasse und beäugte Paul mit schiefgelegtem Kopf neugierig.

„Woher willst du wissen, daß hier das Paradies ist?" fragte der Albatros dann mit seiner krächzenden Stimme. „Und wer bist du, daß du Hilfe von mir forderst?"

Paul drosselte seinen dröhnenden Dieselmotor, um besser antworten zu können. „Die geographische Länge und Breite des Paradieses habe ich von honu, der weisen Schildkröte von Rarotonga, und ich muß die Einfahrt finden, weil ich Lotsenkapitän bin. Da muß ich alle Hafeneinfahrten der Welt kennen, natürlich auch die zum Paradies."

Der Albatros zog eine elegante Kurve und beäugte Paul noch einmal. Dann nickte er und sagte: „Wenn das so ist, dann fahr mir nach."

Paul gab wieder Vollgas und steuerte seine Barkasse hinter dem davonfliegenden Vogel her.

Der Albatros flog schnurstracks auf die weißschäumende Brandung zu, die scheinbar von Horizont zu Horizont reichte und jede Annäherung an die Palmeninsel dahinter verhinderte.

„Hoffentlich hast du bedacht, daß meine Barkasse nicht fliegen kann. Und daß sie einen Kiel hat", knurrte Paul in seinen Bart, als die donnernde Brandung immer näher kam und schon die scharfen, bissigen Kanten des Riffs sichtbar wurden.

Pauls rote Haare begannen sich unter seiner Kapitänsmütze bereits aufzustellen, da wurde eine schmale Riffpassage sichtbar, durch die *das Meer wie in einem Bachbett dahinschoß. Pauls Barkasse rollte in den Wellen, Gischt flog über die Reling und brannte in seinen Augen, dann motorte er plötzlich im stillen Wasser einer traumhaft türkisblauen Lagune dahin.*

Paul drosselte den Motor wieder und sah sich um.

„Jetzt findest du allein weiter", krächzte der Albatros und schwebte dicht über dem Boot. „Dort drüben ist der Strand des Paradieses."

„Vielen Dank", sagte Paul und visierte mit seinem Peilkompaß erst die Passage am Riff und dann eine hohe Palme am Ufer an.

„Was machst du da?" fragte der Albatros.

„Ich will eine Detailkarte von der Einfahrt zum Paradies zeichnen", erklärte Paul. „Die wird dann vom Hydrographischen Institut gedruckt, damit in Zukunft alle diese Einfahrt finden."

„Kriiiiii!" schrie der Albatros und flatterte nervös. „Das darfst du nicht tun! Diese Einfahrt muß geheim bleiben. Es geht doch nicht, daß einfach jeder, der Lust hat, ins Paradies segelt. Wirf die Karte weg!"

„Tut mir leid", sagte Paul und zeichnete weiter, „aber ich bin für die Sicherheit der Schiffahrt verantwortlich."

„Kriiiiii!" kreischte der Albatros. „Dann muß ich fa'arava i te ra'i, *den blauen Wächterhai, rufen. Eine Hafenkarte vom Paradies darf nie gedruckt werden."*

Paul zuckte die Schultern und zeichnete fleißig weiter.

Auf einmal war es, als tauche ein strahlend blaues Unterseeboot neben der Barkasse auf. Paul erschrak, denn es war ein riesiger Hai, der ihn ansprach: „Du bist Paul, der Lotsenkapitän, der eine Karte von der Passage ins Paradies zeichnet? Gib sie sofort her! Ich bin fa'arava i te ra'i, *der blaue Hai Gottes, der Wächter des Paradieses."*

„Kommt gar nicht in Frage", sagte Paul trotzig. „Ich habe lange genug nach dieser Einfahrt gesucht."

Da riß der große blaue Hai seinen Rachen auf, so groß wie eine Trockendockschleuse, und verschluckte Barkasse, Paul und Karte . . .

Paul Hollinger erwachte ruckartig und setzte sich kerzengerade in seinem Bett auf. Es war noch stockdunkel, obwohl irgendwo in der Nacht ein einsamer Hahn bereits versuchte, das Gezirpe der Grillen mit seinem Krähen zu übertönen. Durch die Fenster strich ein Lufthauch, und Paul spürte kalten Schweiß auf seinen Schultern.

„So ein Unsinn", grunzte Paul Hollinger unwillig und rollte sich wieder in seine Decke. Aber das Schreckensbild des riesigen Haigebisses blieb wie eingebrannt auf seiner Netzhaut. Er wälzte sich auf den Bauch und versuchte, sich einen Schwarm der winzigen, rotbäuchigen *vini-vini*-Vögelchen vorzustellen, wie sie in einem Busch herumhüpften. Nach einer Weile gelang ihm das sogar, und er rekelte sich gemütlich in den Kissen zurecht, um sofort weiter zu schlafen.

„Tschip, tschip, tschip, tschipip, tschip, tschipip!" machten die kleinen *vini vinis,* und Paul drehte sich ärgerlich wieder auf den Rücken. Durcheinanderhüpfende und tschiptschipende Vögelchen waren vielleicht doch nicht geeignet als Einschlafhilfe. Angewandte Psychologie war Paul Hollingers Hobby, also redete er sich jetzt ein, ein weißes Kissen in einem weißen Nebel in einer weißen Nirgendwolandschaft zu sehen. Gerade als er entspannt wieder einschlief, riß ihn eine interessante Gedankenkombination erneut hoch.

Der schweißtreibende Alptraum hatte doch einen sehr gescheiten Kern gehabt. Hätte er wirklich eine Hafenkarte von der Einfahrt ins Paradies gezeichnet, könnte ja in der Tat jeder sofort dort hinfahren. Und ein Paradies, in dem es von Touristen wimmelte, war sicher bald kein Paradies mehr. Dann kamen doch gleich die Andenkenverkäufer, die Limonadenbuden, die Hotelkonzerne, die Nachtklubs, die Taschendiebe, die Nutten, die . . .

„Schluß!" befahl er sich. „Jetzt ist Zeit zum Schlafen und nicht zum Philosophieren."

Aber alle Befehle waren nutzlos. Die Gedanken kamen in ungeordneten Marschkolonnen, nur der Schlaf kam nicht. Er öffnete seufzend die Augen. Ein fahler Schein kündigte den kommenden Tag an. Die *utu-pua'atoro*-Vögel begannen draußen zu kreischen. Paul Hollinger drehte sich hin und her, zog die Decke über den Kopf, schlug sie wieder zurück, weil ihm zu heiß wurde, bohrte den Kopf ins Kissen, hielt sich die Ohren zu; dann warf er sich wieder auf die andere Seite, bis seine Frau im Halbschlaf unwillig maunzte. Paul Hollinger wollte sie nicht wecken, deshalb kletterte er aus dem Bett und bewegte sich mit der Lautlosigkeit einer Fledermaus und der Sicherheit eines Mannes, dessen Wohnungseinrichtung nicht jeden

Monat umgestellt wird, aus dem Schlafraum und setzte sich an seinen kleinen Schreibtisch. Er zündete die Petroleumlampe an und öffnete ein salzwasserfleckiges Logbuch. In alter Gewohnheit füllte er mit der Gewissenhaftigkeit eines langgedienten Kapitäns den Kopf einer neuen Seite aus:

„Datum: 24. Februar 1981
Position: 17° 30' Süd, 149° 51' West
Liegeplatz: Pao-Pao-Bucht, Moorea, Französisch-Polynesien
Wetter: wie gestern, klar, 1021 Millibar, Luftfeuchtigkeit 95%."

Für die letzten Eintragungen knipste er eine Taschenlampe an und ging auf die Veranda des Bungalows, wo ein Baro- und ein Hygrometer an die Wand geschraubt waren.

Paul Hollinger sah einen Moment so liebevoll auf seine Eintragungen nieder wie ein Maler, dem das Anrühren seiner Lieblingsfarbe besonderen Spaß bereitet. Er verzog den Mund zu einem leichten Grinsen, als ihm einfiel, daß er die Position seit mehr als sechs Jahren unverändert eintrug, nämlich seit er Hafenkapitän in Pao Pao geworden war und die aktive Seefahrt mit seiner verwitterten Schirmmütze an den Nagel gehängt hatte. Aber dennoch war es ihm eine liebe Gewohnheit geblieben, sein altes Logbuch und Journal genauso gewissenhaft weiterzuführen, als kreuze er noch mit dem Kopraschoner zwischen Tahiti und den umliegenden Atollen und Inseln.

Jetzt ließ das Licht auf der Veranda die Petroleumflamme schon verblassen. Die Tropendämmerung war kurz, die Bergspitzen vergoldeten sich, der Tag war da.

Paul Hollinger trat auf die Veranda hinaus. Das Panorama der Bucht konnte er stundenlang betrachten. Licht und Schatten wechselten zwischen Wolken, unwirklich hohen Felsspitzen und scharfkantigen, grün bewachsenen Felsschründen oft schneller, als das Auge folgen konnte; der Anblick der Bucht änderte sich dann wie auf einer Bühne, deren Beleuchter verrückt geworden war. Auch die Lagune änderte ständig die Farben; im Schatten der Berge war das Wasser blauschwarz, in der Sonne tiefblau oder von einem strahlenden Hellgrün, wo am flachen Ufer der weiße Korallensand durchleuchtete; dazwischen gab es alle Schattierungen von Hellblau über sattes Smaragdgrün bis zu den braunen Stellen, wo die Korallenköpfe dicht unter der Oberfläche lagen. Quer über dieses Farbengemisch radierten Windstriche silberne Streifen, wo die Luft, von den hohen Bergen abgelenkt, in wechselnden Richtungen über die Lagune kreiselte. Über dem Dorf Pao Pao im Hintergrund der Bucht hing eine winzige dunkelblaue Regenwolke, und als die ersten Sonnenstrahlen über die Berge im Osten zuckten, wuchs ein breiter, kräftig leuchtender Regenbogen mitten aus der Lagune.

„Also für mich sieht das Paradies genauso aus", stellte Paul Hollinger fest. Er folgte der Spur des Regenbogens mit dem Blick. Dort, wo die bunten Streifen gerade verblaßten, lagen mehrere Segelyachten vor Anker. Zwei neue Masten stachen Paul ins Auge: ein großer weißer Schoner, den er gestern noch nicht gesehen hatte.

Er drehte sich um, suchte seinen Feldstecher und rief seiner Frau zu: „Du, Paula! Ich glaube, meine Herde hat sich über Nacht vergrößert. Da ist eines dazugekommen."

Seine Frau murmelte verschlafen: „Glaubst du nur, daß eines dazugekommen ist, oder weißt du es sicher? Soll ich vielleicht aufstehen und deine Schiffe abzählen?"

„Hm." Paul richtete sein Zeissglas auf das neue Schiff. Er wußte, daß Paula seine Begeisterung für neue Schiffe nicht mit ihm teilte. Trotzdem hob er seine Stimme ein wenig, um ihr von dem neuen Schiff zu berichten.

„Es ist ein besonders gepflegter Schoner, etwa 26 Meter lang. Ich schätze ihn auf achtzig Tonnen Verdrängung. Modernste Ausrüstung, ich sehe die Schutzhaube einer Radarantenne, zwei UKW-Antennen, eine Kurzwellenantenne, und ich müßte mich sehr täuschen, wenn dieses kleine Ding da oben am Großmast nicht zu einem modernen Satellitennavigationsgerät gehörte. An Deck ist kein Mensch zu sehen, aber an der Gangway liegt ein großes Zodiak-Schlauchboot vertäut. Leider kann ich weder die Flagge noch den Schiffsnamen ausmachen. Ich hätte gern gewußt . . ."

„Gib mal her!" Paula tauchte neben ihm auf und nahm ihm den Feldstecher ab. Während sie an den Okularen drehte, um von Pauls Weitsichtigkeit auf ihre Kurzsichtigkeit umzustellen, mußte Paul machtlos zusehen, wie ein Windstoß den Schoner herumdrehte, so daß er auf einmal sein breites Heck mit der Aufschrift zeigte; im selben Moment wehte auch die Flagge schön aus.

„Ha!" stieß Paula triumphierend hervor. „Das ist die INDIAN LADY aus Port Louis. Die Flagge ist von Mauritius. An der Steuerbordsaling fährt er die französische Gastflagge, und an der Backbordsaling erkenne ich einen deutschen Wimpel. So." Paula gab ihm das Glas zurück. „Wenn du etwas nicht mehr erkennen kannst, weil du langsam blind wirst, mein lieber Hollinger-*tane,* dann frag' mich. Aber wahrscheinlich hast du nur geguckt, ob da junge fesche Weiber an Bord sind." Sie verschwand im Badezimmer, und Paul schnitt eine hilflose Grimasse.

„So geht das immer", murmelte er, „sie hat einfach Glück. Wie mit den Marmeladegläsern, an deren verkeilten Blechdeckeln ich herumwerke, bis mir die Adern in den Augen platzen; dann kommt sie und dreht das Ding mit zwei spitzen Fingern auf. Warum kann nicht einmal *ich* recht behalten?"

Er schlug mit der Faust auf das Verandageländer und kehrte dann zu seinem Schreibtisch zurück. Der Schiffsname INDIAN LADY sagte ihm etwas. Aus einer Art Karteikasten mit alphabetischem Index suchte er einen kleinen Stapel Briefe zusammen. Einige waren nur adressiert an:

SY INDIAN LADY, c/o Capitainerie du Port
P. Hollinger, Pao Pao Baie, Moorea.

Es waren aber auch die bewußten Briefe dabei, deren Umschläge er des öfteren in der Hand gehabt hatte. Die mit der etwas längeren Anschrift:

SY INDIAN LADY
Seine Hoheit
Philip Prinz von Hohenthun-Halberstädt
c/o Capt. P. Hollinger.

„Hast du an Bord auch einen goldgestickten Stander gesehen, Paula, vielleicht mit einer Krone oder gekreuzten Schwertern, mit Löwen oder Drachen?"

„Nein!" rief Paula aus dem Bad. „Wozu sollte so was auf einer Segelyacht sein?"

„Dann ist Seine Hoheit nicht an Bord. Soweit ich weiß, ziehen Prinzen einen Stander hoch, wenn sie an Bord sind, oder sie haben zwei uniformierte Mohren mit blanken Säbeln an der Reling stehen."

Paula erschien tropfend, in ein großes Handtuch gewickelt, und frottierte sich die Haare.

„Hollinger-*tane,* du bist entweder ein naiver Kindskopf, oder du hast zu viel Literatur gelesen. Heutzutage sind Prinzen, Fürsten und Könige alle Menschen wie du und ich. Wenn der Prinz an Bord ist, wird er sich hüten, das noch besonders durch Flaggen kundzutun. Ich sage dir eines: Auch Prinzen kommen in erster Linie in die Südsee, weil sie neugierig sind auf die *vahines,* auf die Weiber. Und da wäre es ihnen sicher äußerst unangenehm, wenn es um das Schiff ständig von Reportern wimmelte, die sie und ihre Begleitung fotografieren. Wenn du später mit der Post hinüberfährst, rede ihn mir bloß nicht mit ,Majestät' an. Und daß du mir an Deck nicht einen Hofknicks machst in deiner Verlegenheit. Jetzt ab mit dir ins Bad. Wir brauchen frisches Brot fürs Frühstück."

„Ha!" protestierte Paul. „Ich bin noch nie im Leben verlegen gewesen, weder vor Präsidenten noch vor Kaisern, Königen oder Fürsten."

Paula schubste ihn ins Badezimmer. „O doch! Als du vor meinem Vater gestanden und um meine Hand angehalten hast, da warst du so verlegen, daß ich schon fürchtete, du wirst ohnmächtig, bevor du den wichtigen Satz heraushast. Jetzt verschwinde endlich aus dem Schlafzimmer, ich brauche den Platz, um mich anzuziehen."

„Ich gewinne nie!" schimpfte Paul Hollinger und griff nach dem Rasierschaumspray. „Immer hat sie das letzte Wort. Wieso hat sie immer schlagkräftige Argumente zur Hand, während sie mir erst nach Stunden einfallen?"

„Weil *vahines* eben viel klüger sind als *tanes*", sang Paula zur Antwort nebenan.

„Na warte", brummte Paul, „bis ich mit der Toilette fertig bin, dann fallen die *vahines* glatt von ihren Vespas, wenn sie mich beim Bäcker sehen."

Paula verschwand kichernd in der Küche, und Paul begann wieder, seine Rasierschaumdose zu schütteln. Während er schüttelte, kratzte er sich den Bart und betrachtete sich aus verschiedenen Gesichtswinkeln im Spiegel. Er sah einen mittelgroßen, breitschultrigen Mann in den besten Jahren. Oben war er zwar kahl, aber er fand die Kombination von sonnengebräunter Glatze und rotem, borstigem Stachelbart sehr seemännisch; sie gab ihm gerade das richtige, brutal maskuline Flair.

„Paula sagt, ich habe so ausdrucksvolle helle Augen", murmelte er, drehte den Kopf und senkte die langen Wimpern, bis er einen ganz sanften Blick bekam. So sah er sich am liebsten: Paul Hollinger, der gütige Philosoph, zu dem alle Welt gern kam, um seinen Ansichten über die Liebe und das Leben zu lauschen. Aber die kräftigen Muskeln an Kinn und Hals verrieten auch den Mann der Tat: Paul Hollinger, den Draufgänger, den furchtlosen Navigator, der ohne mit der Wimper zu zucken das Schiff mit all den Frauen und Kindern durch Gischt und Brandung, haarscharf am Riff vorbei, in die sichere Lagune bringt.

„Pa'aul! Das Bro'ot!"

Der furchtlose Navigator und gütige Philosoph rieb sich hastig mit Schaum ein und fiel erst wieder in sein gewohntes Tempo zurück, als er sich zum erstenmal geschnitten hatte.

Frisch nach Seife und Rasierwasser duftend, schwang er sich dann in *pareo* und T-Shirt auf sein Fahrrad, um Baguettes und Croissants vom *fare faraoa,* vom Bäcker, zu holen. Das war sein gewohnter Beitrag zum morgendlichen Haushalt.

Zum Frühstück gab es eine halbe Papayafrucht und Spiegeleier mit Toast. Paul liebte Spiegeleier über alles. Er haßte gekochte Eier, weil die ebenso kahl wirkten wie er. Paula wiederum liebte gekochte Eier, aber in all den Jahren hatte Paul sich nicht dazu durchgerungen, ihr seine Abneigung zu erklären. So nahm er das Frühstück als eine Art Orakel, einen Wink der Götter: Gab es gekochte Eier, war er an diesem Tag etwas vorsichtiger; gab es Spiegeleier, wurde es sicher ein fabelhafter Tag für neue Aktivitäten.

Er versuchte, aufgeräumt mit Paula über das Paradies zu philosophieren, merkte aber bald, daß sie in Gedanken woanders war, weil sie mit dem Finger komplizierte Muster auf den Tisch malte. So, wie er froh war, wenn sie ihn in Ruhe sinnieren ließ, so respektierte er seinerseits, wenn sie sich auf ein neues Muster für ein Hemd oder einen Seiden*pareo* konzentrierte. Er trug das Geschirr in die Küche, nahm die Post für die INDIAN LADY und trollte sich.

„Mach's gut!" rief ihm Paula nach, anscheinend gerade mit ihrem Musterentwurf fertig. „Und trink keine harten Schnäpse so früh."

An Bord der INDIAN LADY rührte sich nichts. Paul Hollinger ging an die Bar des *Hotel Aimeo,* um mit Sergeant Cadousteau von der Gendarmerie Nationale zu sprechen, dessen Jeep er vor dem Hotel gesehen hatte.

„*Bonjour,* Jean Claude!" grüßte er. „Wie viele Mörder hast du heute schon gefangen?"

„*Aue, bonjour,* Paul!" rief der Gendarm erfreut. „Ich hatte schon gehofft, deine braune Visage hier irgendwo an der Bar zu sehen." Er deutete mit dem Daumen über seine Schulterspangen. „Kennst du die Leute von dem Schoner da? Ich habe mit der Brigade in Papeete telefoniert, aber einen Schoner INDIAN LADY kennen sie dort nicht. Er hat nirgendwo auf französischem Gebiet ordnungsgemäß einklariert. Das ist verdächtig! Besonders weil heute morgen eine ganze Bootsladung Männer von diesem Schiff um sechs Uhr mit der Fähre nach Papeete verschwunden ist. Ich habe den Zoll verständigt für den Fall, daß sie in ihren großen Säcken Schnaps geschmuggelt haben. Leider kann ich nicht zur INDIAN LADY hinausfahren, weil mein Außenbordmotor schon wieder streikt."

„Schmuggler? Das wäre ja was ganz Neues", lachte Paul. „Nein, ich glaube nicht, daß an Bord Schmuggler sind. Ich habe Briefe für diesen Schoner. Er gehört einer sehr reichen und hochgestellten Persönlichkeit aus Deutschland, die aber hier in Moorea bestimmt inkognito bleiben will."

Jean Claude Cadousteau zog ein schiefes Gesicht. „Sehr hochgestellt?" fragte er und deutete mit der flachen Hand etwas über sein Käppi. „Sehr hohe Persönlichkeiten habe ich in meinem *rayon* gar nicht gern, besonders Politiker nicht. Dann schicken sie mir immer so einen komischen *agent civil* aus Papeete, der mir bei meiner Arbeit im Weg ist und sich dauernd meinen Rasierapparat oder meinen Jeep ausborgt."

Paul Hollinger beruhigte den Freund. „O nein! Das ist kein Politiker, sondern ein deutscher Prinz, der sich wahrscheinlich ganz inoffiziell ein wenig bei den Damen umsehen möchte. Aber ich fahre gleich mit der Post hinaus und kann dir dann Genaueres berichten. Auch wegen der Einklarierung werde ich fragen. Bist du einverstanden?"

„*D'accord!*" Sergeant Cadousteau schob erleichtert sein Käppi ins

Genick und winkte dem hübschen Mädchen hinter der Bar. „Zwei Bier, Maitai! Sehr kalt, aber große *Hinano*-Flaschen. Nicht wie vorgestern diese winzigen Fläschchen aus Dänemark, die das Doppelte kosten, *hein*?"

Er stippste Paul freundschaftlich an. „Dann werden wir zwei uns einstweilen ein wenig unterhalten, bis der Kerl da drüben auf dem Schoner ausgeschlafen hat, *hein*!"

Sie plauderten eine Weile über belanglose Dinge, dann brachte Paul das Gespräch auf ein Thema, das ihn seit dem Morgen beschäftigte.

„Du meinst, die Menschen haben nicht nur Gold und Schätze gesucht, wenn sie zu Expeditionen aufbrachen, sondern im Grunde ihres Herzens das verlorene Paradies wiederfinden wollen?" fragte Jean Claude nach einer längeren Einleitung des Hafenkapitäns.

Paul Hollinger war in seinem Element. „Ganz sicher. Seit Adam aus dem Paradies vertrieben wurde, plagt seine Nachkommen die Sehnsucht, wieder dorthin zurückzukehren, wo es noch keine Arbeit und keine Not gab. Diese Sehnsucht hat den Menschen immer wieder angestachelt, hinter den nächsten Berg zu schauen. So ist er die Flüsse hinunter gefahren, übers Meer zu neuen Ufern, zu neuen Inseln, immer auf der Suche nach dem Garten des ewigen Friedens – ob er nun nach dem rätselhaften Atlantis forschte oder nach dem Lande Ophir, nach der Quelle der ewigen Jugend, dem Seeweg nach Indien oder dem unbekannten Shangrila, nach El Dorado oder der einsamen Südseeinsel, dem Wunschtraum unserer Zeit. Es war die Sehnsucht nach dem Paradies, die Expeditionen, Karawanen und Conquistadores antrieb. Und es wurden auch im Lauf der Jahrhunderte allerhand Paradiese entdeckt, oder?"

Jean Claude zündete sich eine neue Gauloise an und dachte nach. „Mir gefällt deine romantische Version von den Motiven der Entdecker jedenfalls besser als die moderne Auffassung", sagte er dann. „Deine Worte von der Sehnsucht im Herzen entsprechen meinem gallischen Gemüt eher als die heute übliche kapitalistische Frage: ‚Wieviel kostet das?' oder: ‚Wo bleibt da mein Profit?' Aber du sprichst von vielen Paradiesen. Gab es denn nicht nur eines?"

„In der Bibel, Jean Claude, in der Bibel! Aber so, wie sich jeder Mensch vom anderen unterscheidet, so muß es auch ganz unter-

16

schiedliche Paradiese geben. Für den einen müssen auf allen Bäumen Entrecôtes wachsen, der andere wünscht sich eine Rotweinquelle, die nie versiegt; der dritte möchte einen Strand mit Kieseln aus solidem Gold, und der vierte möchte das Paradies für sich allein und hätte gern eine hohe, unüberwindliche Mauer rundherum."

„Ah! Ich wüßte schon, wovon es in meinem Paradies wimmeln müßte", lachte Jean Claude und zeichnete mit beiden Händen geschwungene weibliche Formen in die Luft.

Paul Hollinger freute sich, einen so interessierten Zuhörer gefunden zu haben. „Aber weißt du, was sie mit den entdeckten Paradiesen gemacht haben? Sie haben sie sofort ruiniert! Du brauchst nur ein Geschichtsbuch aufzuschlagen. Jeder, der ein Paradies fand, jubelte laut und machte alle Welt auf seinen Fund aufmerksam. Und was ist passiert? Sobald das erste Schiff nach Europa und wieder zurück gesegelt war, trafen die Missionare ein und verteufelten das Paradies, dann kamen die Händler, die Soldaten, die Beamten und die Touristen, und mit dem Paradies war es endgültig vorbei."

„*Merde,* das stimmt! So war es ja auch auf Tahiti und hier", sagte Jean Claude.

Paul fuhr eifrig fort: „Fürs Paradies gilt als eiserne Regel: Es darf nicht jedermann zugänglich sein. Es muß geschützt sein wie die Lagune durch das Riff oder wie der Garten Eden durch die hohe Mauer."

Jean Claude fiel bei Pauls letzten Worten plötzlich etwas Lustiges ein. „Das ist zu komisch!" rief er und schlug sich auf die Schenkel, daß es klatschte. „Paul, du hast deine Bibel nicht genau gelesen. Ums Paradies gab es nicht nur eine Mauer, davor stand noch dieser Engel mit dem Flammenschwert, der die Einreisenden kontrollierte. Ah! Dabei fällt mir eine umwerfende Parallele ein. Weißt du, wer hier in Polynesien das Paradies beschützt?" Er beugte sich kichernd vor. „Na?"

Hollinger fand keinen direkten Zusammenhang zwischen dem Erzengel Michael und Tahiti.

Jean Claude zupfte demonstrativ an den Aufschlägen seines Uniformhemds. „Was siehst du da, *hein*? Siehst du das Flammenbündel da auf unserem Abzeichen? Ah! *Wir* sind die Engel mit dem Flammenschwert hier im Paradies! Wir, die Gendarmerie Nationale! Wir kontrollieren jeden, der da kommt, passen auf, daß kein Halunke einreist, wir achten darauf, daß die Touristen nach angemessener Zeit wieder nach Hause fahren, damit das Paradies ein Paradies bleibt. Wir beschützen es mit dem Flammenwerfer. *Vive la Gendarmerie Nationale!*" Jean Claude Cadousteau sprang auf und nahm forsch Habt-acht-Stellung ein. Die Hand salutierend am Käppi, begann er, laut die Marseillaise zu singen: *„Allons, enfants de la patrie, le jour de gloire est arrivé . . ."*

Madame Apatahi, die Hotelmanagerin, eilte besorgt herbei. *„Mon Dieu!"* rief sie. „Ist ein neuer Krieg ausgebrochen?"

Jean Claude salutierte ein letztes Mal, fuhr herum, packte Madame Apatahi und küßte sie schallend auf beide Wangen.

„Nein!" rief er lachend. „Es ist alles in Ordnung. Mein Freund Paul hat nur soeben philosophisch fundiert die Daseinsberechtigung der Gendarmerie bewiesen. Meine Aufgabe hier erscheint mir auf einmal in ganz anderem Licht. In Wirklichkeit sind wir direkte Nachfolger des Erzengels Michael mit dem Flammenschwert. Wenn ich das in der Brigade erzähle – ah, ah!" Er schlug Paul auf die Schulter. „Du bist ein brillanter Denker, *capitaine 'ollinger!* Darauf müssen wir einen trinken, Maitai . . ."

Paul unterbrach ihn schnell. Cadousteaus Schlußfolgerungen gefielen ihm ganz und gar nicht.

„Halt, Jean Claude!" rief er. „Nicht für mich. Ich muß noch auf die INDIAN LADY zum Prinzen. Da kann ich nicht mit einem Bierrausch erscheinen. Bis später, Jean Claude, ich habe soeben jemand auf dem weißen Schoner an Deck kommen gesehen!"

Der Gendarm lachte noch immer, als Paul Hollinger durch den Hotelgarten zum Steg hinunter ging, wo er sein kleines Beiboot liegen hatte. Während er den Außenbordmotor startete und in die sonnenglitzernde Bucht hinaustuckerte, sagte er sich, daß man mit manchen Leuten eben nicht philosophieren durfte.

„INDIAN LADY ahoi!" rief er und ließ sein Beiboot mit gestopptem Motor dicht an der hohen weißen Bordwand entlangtreiben.

Ein jüngerer Mann in makellos weißem Leinendreß erschien nach einer Weile an der Reling. Er hatte markante, klare Gesichtszüge; lange, gewellte blonde Locken gaben ihm sonderbarerweise ein sehr männliches Aussehen. Aber vielleicht machten das auch die sehnigen Hände an der Reling und die sportlich breiten Schultern.

„Bonjour", sagte der Mann fragend.

Paul Hollinger blätterte die Briefe durch. „Ich habe Post für Sie", antwortete er auf deutsch, da er schon gesehen hatte, woher der Großteil der Briefe gekommen war. Es hätte ihn auch verwundert, einmal eine große Yacht zu sehen, die tatsächlich unter der Flagge ihres Heimatlandes segelte. Aus Steuergründen fuhren Luxusschiffe meist unter exotischen Flaggen.

„Kommen Sie doch an Bord!" rief der Mann jetzt, ebenfalls auf deutsch, und machte eine Handbewegung zu der kleinen Gangway hin.

Kapitän Hollinger band sein Boot fest, bewunderte beim Hinaufsteigen die tadellosen Fallreepsknoten an den Haltetauen und ließ den Blick oben übers Deck schweifen. Niemand sonst zu sehen. Er hielt dem Mann einige Briefe hin. „Post für die Mannschaft." In der anderen Hand schwenkte er den Rest. „Ist der Prinz an Bord?" fragte er mit suchendem Blick.

„Das bin ich", lächelte der junge Mann.

Paul Hollinger hob die Augenbrauen. Mein Gott, dachte er, wie macht der Kerl das, so herrlich weiße Zähne zu behalten, obwohl er raucht? Er hatte die goldene Dunhillschachtel und das teure, dazu passende Feuerzeug auf der Cockpitbank schon gesehen.

Er streckte dem Prinz die Hand entgegen und sagte, eingedenk der Warnung Paulas, nur formlos: „Ich bin Paul Hollinger, der Hafenkapitän. *Maeva* – sei herzlich willkommen, wie die Polynesier sagen."

Er bemerkte wohl die kleine steile Falte auf der Stirn des Prinzen, als er so einfach geduzt wurde. Aber das ließ ihn kalt, er war eindeutig der Ältere, und das gab für ihn den Ausschlag. Er schüttelte die etwas zögernd gebotene Hand des Prinzen und reichte ihm den Rest der Briefe. Dann deutete er nach oben in den Großmast.

„Ihr habt keine gelbe Flagge gesetzt. Hat die INDIAN LADY schon auf einer der französischen Inseln einklariert? Ich frage in eurem Interesse, denn die Gendarmerie hier nimmt so etwas sehr genau."

Der Prinz hatte nur mit halbem Ohr zugehört, weil er in den Briefen blätterte; jetzt sah er auf.

„Wie? Ach so! Mein Skipper ist mit allen Dokumenten nach Papeete gefahren. Ich nehme an, daß er die notwendigen Formalitäten inzwischen schon erledigt hat. Ich habe nämlich die ganze Mannschaft heute morgen mit der Fähre nach Papeete geschickt, weil ich ihre Gesichter nicht mehr sehen konnte." Er lächelte entschuldigend, und Paul konnte sich vorstellen, daß Frauen von diesem Mann entzückt waren. Wenn er lächelte, erschienen zwei jungenhafte Grübchen auf seinen Wangen – wie bei diesem Filmschauspieler, dem Schwarm aller Großmütter.

Der Prinz berichtete weiter: „Wir waren lange auf See. In drei großen Etappen sind wir von Australien über Neuseeland, Fidschi und Tonga direkt hierher gesegelt. Ich möchte jetzt längere Zeit allein an Bord bleiben, so kann ich mein Schiff am besten genießen."

Paul machte einen Schritt zur Reling und murmelte verstimmt: „Ja, ja, ich geh' ja schon!" Laut sagte er: „Wenn du noch was brauchst, ich bin meist drüben im *Hotel Aimeo* zu finden. Also, bis dann!"

Er zögerte, aber der Prinz sah nur kurz von seiner Lektüre auf und lächelte charmant.

„Vielen Dank für die Post, lieber Kapitän." Damit begann er wieder in den Briefen zu lesen.

Paul stieg zu seinem Boot hinunter; er wußte, die Audienz war zu Ende. Während er aufs Ufer zuhielt, mußte er unvermittelt lachen.

„Von wegen harte Schnäpse auf Kosten des Prinzen, Paula!"

Er kam an einem anderen deutschen Segelboot vorbei, der BUMERANG aus Düsseldorf, drosselte seinen Motor und rief den Skipper an Deck.

„Du, Uwe, ich habe gestern in meinem Geräteschuppen nachgesehen und einen Spezialbolzen mit Klaue gefunden, der vielleicht in deine Windfahnensteuerung paßt. Zerlege die Anlage noch einmal, ich bringe dir diesen Bolzen vorbei. Er stammt von einem Einhandsegler, der es in 58 Tagen von Guam bis hierher geschafft hat. Leider schlief er in der letzten halben Stunde vor dem Landfall fest ein und merkte nicht, daß ihn seine Windfahnensteuerung nicht durch die Teavaroa-Passage in die Bucht segelte, sondern zwanzig Meter daneben aufs Riff. Also bis dann, Uwe!"

Der Skipper der BUMERANG begann, glücklich pfeifend, an seinem kompliziert aussehenden Gerät herumzuschrauben; Paul Hollinger gab seinem Außenbordmotor wieder Vollgas und legte beim Hotelsteg an. Jetzt hatte er Lust auf ein zweites Bier mit dem Gendarm.

Cadousteau winkte ihm schon von weitem zu. „Alles klar, Paul!" rief er. „Hab' gerade einen Funkspruch von der Brigade in Papeete bekommen, daß die Segelyacht INDIAN LADY ordnungsgemäß einklariert wurde; alle Pässe sind visiert, Eigner und Besatzung der INDIAN LADY erfreuen sich des höchsten Wohlwollens des Brigadekommandanten. Das heißt auf gut französisch: Kleiner Gendarm, laß diese Leute in Ruhe und kümmere dich um andere Dinge."

Jean Claude beugte sich vertraulich vor und flüsterte in Pauls Ohr: „So was ärgert mich, weißt du! Wer ist denn hier verantwortlich, wenn etwas passiert? Wer ist hier der Erzengel? Ich! Das ist mein *rayon*. Außerdem . . ."

Er beugte sich noch näher an Pauls Ohr. „Außerdem hat mich der Kollege vom Zoll angerufen. Er hat von seinem Chef eine Abreibung verpaßt bekommen, weil er die Seesäcke dieser Leute inspizieren wollte. Jetzt hat er sich bei mir beschwert. Ha! Ich würde gern hinausfahren und dieser Yacht ein wenig unter die Bodenbretter gucken. Ich wette, da gibt es tonnenweise unverzollten Whisky. Den würde ich nur zu gern konfiszieren." Er sah den Hafenkapitän verschwörerisch an.

Paul Hollinger war gerade in der richtigen Stimmung. „Wenn du willst, komme ich morgen früh und helfe dir, deinen Motor zu reparieren. Dann kannst du dieses Schiff inspizieren."

Paul Hollinger war gegen Mittag wieder zu Hause. Er setzte seiner Frau eine kunstvoll zusammengenähte Blumenkrone auf, die ihm die Großmutter geschenkt hatte, die beim *Hotel Aimeo* Blumenkränze verkaufte. Es war ihre letzte gewesen, und sie hatte ihren kleinen Laden endlich schließen und nach Hause gehen wollen.

„Wie ist das mit dem Essen, Hollinger-*vahine*?" fragte er und rückte ihr die Krone zurecht. Doch Paula bemalte ein Seidentuch mit einem komplizierten tahitianischen Muster und ließ sich vorerst nicht stören.

„Ich mache heute meinen Diättag", sagte sie nach einer Weile.

„Gekühlter Jasmintee steht im Eiskasten. So ein Teetag könnte auch dir nicht schaden." Sie warf einen anzüglichen Blick auf seinen Bauch.

Er stand eine Weile herum, zupfte an einem fertigen Tuch, verdrehte den Kopf, um das Muster von der richtigen Seite zu betrachten; dann nahm er einen Pinsel und studierte ihn so lange, bis seine Frau ihn wieder an sich nahm und zu den anderen zurücklegte.

„Kann ich dir nicht helfen, Paula?" fragte er.

Sie blickte kurz auf und lächelte ihn an. „Du kannst mir helfen, indem du gehst und mich bis zum Abend in Ruhe arbeiten läßt. Mach dir doch ein Sandwich oder geh zu Lucien, deinem Freund und Koch im Hotel."

Paul Hollinger strahlte seine Frau an. „Das ist eine fabelhafte Idee. Also bis dann, *nana!*"

Im Hotel rannte er in die Arme Madame Apatahis.

„Wo stecken Sie denn, Kapitän?" rief sie und schleppte ihn in den großen offenen Speisesaal unter dem weit ausladenden Pandanusblätterdach. „Ihr Prinz hat für zwei Personen decken lassen und wartet jetzt mit der Bestellung schon seit einer halben Stunde auf Sie."

Nun ja, dachte Paul, vielleicht ist er Blaukreuzler und darf nichts trinken, deshalb hat er mir nichts angeboten. Wenn ich nicht solchen Hunger hätte, würde ich ja ablehnen, aber so . . .

Der Prinz erhob sich von seinem Tisch und ging ihm einige Schritte entgegen. „Kapitän Hollinger! Ich hoffe, Sie machen mir . . ." Er lächelte und wiederholte: „Ich hoffe, du machst mir die Freude, mein Gast zu sein. Meister Lucien hier hat schon ganz vortreffliche Menüvorschläge gemacht. Komm, setz dich!"

Paul ergab sich, von Lucien buchstäblich in den Sessel gedrückt, in sein Schicksal. Aber ganz gegen seine Erwartung wurde es eines der angenehmsten Mittagessen, die er je im *Aimeo* verzehrt hatte. Der Prinz entschuldigte sich für seine mangelnde Gastfreundschaft am Morgen.

„Ich war noch unausgeschlafen von der durchsegelten Nacht; außerdem hatte ich gerade bemerkt, daß mein Steward keine Getränke eingekühlt hatte, Eisschrank und Bar waren ausgeräumt wie die Truhen der Kaufleute nach einem Raubritterüberfall. Unverzeihlicherweise war ich deshalb sehr schlechter Stimmung. Übrigens, ich heiße Philip." Er hob grüßend sein Glas und wartete, bis Maitai auch Pauls Glas mit trockenem Moselwein gefüllt hatte. Sie stießen an, dann schlug Lucien das Menü vor. Hollinger war mit allem einverstanden. Der Prinz plauderte leicht, aber interessant von seinen Reisen, von den Inseln des Indischen Ozeans und von der Saison in Cannes und Nizza; er erklärte auch, warum er unter der Flagge von Mauritius segelte und nicht unter der Deutschlands.

„Die Steuer, mein lieber Paul, ist heute schlimmer, als es früher die alten Raubritter waren. Ich kann das vielleicht deshalb so gut beurteilen, weil sich einige meiner Vorfahren in diesem Gewerbe betätigten."

Nach dem Essen, bei Kaffee und Cognac, bat der Prinz den Hafenkapitän um Rat und Unterstützung. Er suchte zwei verläßliche Burschen für die täglichen Reinigungs- und Wartungsarbeiten auf der Yacht, außerdem wollte er einen offenen Jeep mieten, um sich auf der Insel umzusehen.

Paul versprach ihm, geeignete Leute aufzutreiben, und erwähnte, daß sein Freund Maurice gleich gegenüber einen Autoverleih betrieb.

„Ich habe noch eine Bitte", sagte Prinz Philip schließlich vertraulich. „Du kennst anscheinend das Hotelpersonal recht gut. Paul, ich möchte hier nicht mit meinem Titel angesprochen werden. Es ist kein Vergnügen, von einem Amerikaner an der Bar mit ‚Your Highness' oder ‚Hello, Mr. Prince, how do you do?' begrüßt zu werden. Könntest du dem Hotelpersonal verständlich machen, daß ich am liebsten nur Mr. oder Monsieur Philip wäre und sonst nichts?"

Paul war der Prinz in der letzten halben Stunde immer sympathischer geworden; er erhob sich sofort, um diese einfache Sache zu erledigen. Er holte Maitai und die anderen Mädchen in der Küche zusammen und erklärte ihnen auf tahitianisch, es solle ein Geheimnis bleiben, daß Monsieur Philip ein *ari'i,* ein König in seinem Lande, war, und daß die *popa'a* und die *meritani,* die Europäer und die Amerikaner, das nicht zu erfahren brauchten. Für die Mädchen war das ein großer Spaß; sie kicherten und lachten noch, als Paul die Küche schon längst verlassen hatte. Als Maitai abräumte, bereitete es ihr anscheinend ungeheures Vergnügen, so oft wie möglich „Monsieur Philip" zu sagen.

Kapitän Hollinger führte den Prinzen dann zu Maurice, dem Besitzer der Moorea Car Rental. Als Philip endlich in einem weißen Jeep auf der Küstenstraße davonbrauste, war Hollinger froh, weil es schon sehr spät geworden war und er ja noch dem Skipper der BUMERANG bei der Reparatur seiner Selbststeueranlage helfen wollte.

Der Nachmittag wurde noch recht anstrengend. Die Windfahnensteuerung war auf dem schräg abfallenden Heck der BUMERANG montiert; und so mußten sie, teils wie Affen kopfunter von der Reling hängend, teils vorgebeugt im Beiboot stehend, den Umbau vornehmen; sie brauchten alle Kraft, um nicht aus dem schaukelnden Beiboot zu kippen oder einen der unersetzbaren Bolzen, eine Schraube oder gar Werkzeug ins Wasser fallen zu lassen.

Als am späten Nachmittag ein leichter Bergwind über die Pao-Pao-Bucht strich, funktionierte das komplizierte Gestänge wieder und übertrug jede Richtungsänderung des Windes auf das Ruder.

„Mann, Paul!" rief Weltumsegler Uwe begeistert und boxte Kapitän Hollinger vor Freude in die Rippen. „Du bist wirklich der Größte! Wüßte nicht, was wir auf der Weiterreise ohne die Steueranlage gemacht hätten. Ich meine Ute, den kleinen Coco und mich."

„Dann steht ja eurer Abreise nichts mehr im Wege?" meinte Paul und wischte sich den Schweiß von der Stirn. „Wann wollt ihr denn auslaufen?"

Uwe konferierte kurz mit Ute, die unten in der Kajüte mit Klein-Coco spielte, und meinte dann: „Morgen so um zehn. Wir bunkern da drüben am Pier noch Wasser, dann geht es los, Richtung Rarotonga."

„Ich komme euch noch Lebewohl sagen wie letztes Mal, als ihr wegen des gebrochenen Wasserpumpenimpellers umkehren mußtet."

Paul kletterte steif in sein Beiboot und fuhr zum Ufer zurück, während Uwe begeistert mit seiner Windfahnensteuerung spielte.

Gegen sechs Uhr abends saß Kapitän Hollinger wie beinahe jeden Abend in einem der Klubsessel an der Strandbar des *Aimeo* und wartete auf den Sonnenuntergang. Der Prinz kam etwas später von seiner Autotour zurück und setzte sich zu ihm. Ohne viel zu sprechen, nippten sie an ihren Drinks und sahen zu, wie die untergehende Sonne den Himmel, die Wolken, die Lagune und den fernen Riffstreifen in eine wahre Farborgie tauchte. Das Licht der kurzen Tropendämmerung wechselte innerhalb von Minuten über das ganze sichtbare Spektrum. Während der letzte Schein auf den Bergen langsam verblaßte, bis nur mehr die Konturen der Felskanten und die Palmwedel auf der Halbinsel sich wie mit der Tuschfeder gezeichnet vom Himmel abhoben, wurde der Horizont erst schwefelgelb und dann leuchtend orange, in denselben brillanten Farben, wie man sie sonst nur noch in den Kirchenfenstern alter Meister bewundern kann. Die Wolken über den nahen Gipfeln wurden blauschwarz und wirkten wie ein dunkler Vorhang um eine helle Bühne, die fernen Passatwolken sahen aus, wie aus violettem und orangefarbenem Glasschmelz gebrochen. Dann verschwand die Sonne hinter der Halbinsel im Westen, und es wurde Nacht.

„Das Kreuz des Südens." Paul zeigte zum nachtblauen Himmel empor. „Morgen könnte es Regen geben, die Sterne funkeln mir ein wenig zu hektisch. Aber was habe ich dir gesagt, Philip? Das hier ist einer der schönsten Plätze in der Südsee, um sich einen Sonnenuntergang anzusehen. Die Stimmung und die Farben sind jeden Abend verschieden."

Der Prinz schien beeindruckt. „Ich habe mir Sonnenuntergänge bisher nie so richtig angesehen, mir kamen sie immer ein wenig kitschig vor, besonders auf Fotografien. Aber das jetzt hat mich schon beeindruckt." Er stellte sein Glas ab. „Übrigens, ein ausgezeichneter Drink. Was ist das? Ich habe der Einfachheit halber dasselbe bestellt wie du."

Kapitän Hollinger grinste. „Diese Mischung wirst du vergeblich auf einer Getränkekarte suchen. Es ist ein ‚Hollinger Spezial'. Das Rezept wird nicht verraten, aber Maitai macht dir sicher noch einen."

„Na, dann will ich doch mal sehen, ob ich die Zutaten nicht herausschmecken kann." Der Prinz winkte dem Barmädchen.

Etwas später fuhr Cadousteau mit seinem Jeep vor, setzte sich ans andere Ende der Bar und bestellte Kaffee.

Der Prinz fragte mit gesenkter Stimme: „Ich nehme an, das ist der lokale Polizeibeamte? Kennst du seinen Namen?"

Paul hatte ihn kaum genannt, als der Prinz auch schon aufstand und zu dem Gendarm hinging. Die beiden unterhielten sich eine Weile, dann stülpte Cadousteau sein Käppi wieder auf und marschierte zu seinem Wagen hinaus.

Paul Hollinger hob fragend eine Augenbraue, als der Prinz wieder zurückkehrte.

„In einem der Telefonate mit Papeete wurde ich über gewisse Mißverständnisse zwischen dem Kommissar und dem Beamten hier informiert", sagte der Prinz sofort. „Deshalb habe ich Monsieur Cadousteau versichert, daß ich ihm keinerlei Schwierigkeiten bereiten wollte, als mein Skipper nicht hier, sondern drüben in Papeete einklarierte. Ich habe ihn zum Abendessen eingeladen, du bleibst doch hoffentlich auch?"

Paul Hollinger dachte an den Diättag und den ungesüßten Jasmintee und sagte ohne Umschweife zu. Nach einer Weile kam Cadousteau in Jeans und einem erschreckend bunten Südseehemd zurück.

„Das ist mein Prinzip", erklärte er. „Kein Schnaps in Uniform."

Der Prinz hatte die Zusammensetzung der „Hollinger Spezial" noch nicht herausgefunden und bestellte eine erneute Proberunde. Das gemeinsame Abendessen verlief in angeregter Stimmung, und nachher wollte Prinz Philip unbedingt noch ein paar Geschichten aus dem Leben eines Dorfgendarmen im Paradies hören und lud sie abermals an die Bar ein. Als später noch Maurice, der Autovermieter, und Buchhändler Janneau zur Runde stießen, wußte Paul, daß es ein langer Abend werden würde.

Am nächsten Morgen war Paul beim Frühstück ein wenig wortkarg, dafür sprach er aber dem Orangensaft besonders zu.

„Ich bin heute selbst zum Bäcker gefahren, weil du so gut schliefst", sagte Paula.

Paul brummte etwas, das wie eine Anerkennung klingen sollte.

„Anscheinend sind die Hühner von Moorea in den Streik getreten", begann Paula wieder. „In ganz Pao Pao war kein einziges Ei aufzutreiben. Schmecken dir die Croissants?"

„Hmf, mffff", nickte Paul und strich sich geistesabwesend noch Marmelade auf das ohnehin süße Hörnchen.

„Das muß ja ein wahnsinnig lustiger Abend gewesen sein."

„Ach, es ging. Gibt's noch Kaffee?"

Paula rückte ihm die Thermoskanne zurecht und schob ihm die Milch näher zur Tasse. „Hast du gestern auch solche Schauergeschichten erzählt wie der Prinz?"

Paul sah verständnislos auf. „Welche Schauergeschichten?"

Paula lachte kurz auf. „Ich war ja nicht dabei, aber der Prinz muß ein Schauermärchen erzählt haben, das um diese fortgeschrittene Zeit vielleicht sehr lustig klang; doch beim Bäcker ist es nun Tagesgespräch, daß der arme Prinz keine Frau mehr lieben kann, weil ihn als Kind eine Hexe verzaubert hat. Die Bäckerin hat vor Mitleid richtig geweint, als sie es mir erzählte."

„Was, zum Teufel . . ." Paul wurde schlagartig munter. „Wie kommt denn dieses Weibstück dazu, so etwas herumzuerzählen? Der Prinz hat im Vertrauen auf unsere Diskretion im engsten Kreise von gewissen Schwierigkeiten erzählt, die sein Leben verdüstern. Aber da war die Bar schon lange leer." Er schüttelte entsetzt den Kopf. „Das kann nur einer von uns weitererzählt haben. Maurice – diese alte Tratschtante . . ."

Paula lachte. „Bevor du nacheinander jeden deiner Freunde beschuldigst, überlege bitte: Wer gehört denn noch zu einer leeren Bar? Du vergißt Maitai und die beiden anderen Serviermädchen. Die haben euch doch sicher die ganze Zeit belauscht. Und laut genug wart ihr, ich habe euch bis zu unserem Bungalow gehört. Es ist aber auch eine saftige Geschichte, mindestens so interessant wie die von dem Italiener, der voriges Jahr versuchte, sich während des Gottesdienstes am Glockenstrick aufzuhängen, weil ihn Miß Moorea nicht erhörte. Und du hast deinen Prinzen nicht gewarnt, daß Tratsch der liebste Zeitvertreib der Polynesier ist? Paul, Paul!"

Paul Hollinger starrte ernst auf seine Hände und murmelte: „Ich glaube nicht, daß es eine erfundene Geschichte war. So etwas erzählt niemand aus Spaß. Janneau hatte vorgeschlagen, eine Serie prächtiger Bordfeste zu veranstalten, damit Prinz Philip die schönen *vahines* von Moorea kennenlernt; aber der Prinz hat ersucht, davon abzusehen, weil ihn die Nähe von Damen in arge Verlegenheit bringt. Er leidet noch immer unter einem Kindheitstrauma, seit ihn seine Hauslehrerin in jungen Jahren vergewaltigt hat." Paul Hollinger fuhr sich nervös über die Glatze. „Mein Gott, was mache ich denn jetzt?"

Paula schenkte ihm Kaffee nach. „Du tust überhaupt nichts, Hollinger-*tane*! Du selbst hast kein Trauma, also fang bitte nicht an, die seelischen Schäden deiner Seefahrer zu reparieren. Es reicht, wenn du an ihren Schiffen herumreparierst. Da dein Prinz ohnehin lieber allein an Bord bleiben will, solltest du dich eigentlich für ihn freuen, denn vor zudringlichen Frauen hat er jetzt sicherlich Ruhe."

Paula sah auf ihre Armbanduhr. „Außerdem hast du keine Zeit, dir den Kopf über den Ruf deines Prinzen zu zerbrechen, denn du mußt heute bitte nach Papeete fahren und meine neuen Farben vom Zoll abholen. Ich brauche sie dringend."

Paul protestierte. „Um zehn Uhr will Uwe auslaufen, und ich habe ihm fest versprochen, am Kai zu stehen und zu winken."

„Auch das ist erledigt", lächelte Paula. „Ute war gestern abend noch hier. Der Kleine hat ein paarmal gehustet, sie befürchten etwas Schlimmeres und laufen vorerst nicht aus. Trink deinen Kaffee in Ruhe, der Bus zur Fähre geht erst in zwanzig Minuten." Paula sah, daß ihr Mann noch immer nicht ganz überzeugt war. „Ich brauche diese Farben wirklich dringend, Paul. Die Hotelboutiquen kaufen jetzt für die Saison ein. Ich muß weiterarbeiten können, das bedeutet bares Geld für uns."

Paul faßte einen Entschluß. „Gut", murmelte er. „In diesem Fall gehen die eigenen Interessen vor. Da das Lotsengeschäft in der Pao-Pao-Bucht nicht gerade floriert, hat der Verkauf deiner handbemalten *pareos* Vorrang. Bin schon unterwegs."

Als er eine halbe Stunde später in dem buntgestrichenen Lastwagen – dem *truck,* der den Personenverkehr auf der Insel versah – die Uferstraße entlangschaukelte, begann er aber trotzdem, eine Ehrenrettungskampagne für den Prinzen auszuarbeiten.

Noch am selben Abend trafen sich die Teilnehmer der Barrunde, ohne den Prinzen natürlich, heimlich wie Verschwörer im *Tiare Anani,* einer kleinen versteckten Snackbar am Ende der Bucht. Jeder hatte inzwischen auf dem einen oder anderen Weg erfahren, daß der Prinz zum Inselgespräch geworden war; und alle waren sich einig, daß etwas geschehen müsse.

„Ganz einfach", erklärte Jean Claude Cadousteau. „Wir treffen uns nochmals mit dem Prinzen zu einem tüchtigen Umtrunk, und wenn dann alle Tratschtanten die Ohren gespitzt haben, erzählen wir genau das Gegenteil, *c'est tout!*"

„Unsinn", wehrte Maurice ab. „Man kann ein Gerücht nicht aus der Welt schaffen, indem man im nachhinein alles umdreht!"

Cadousteau sprang ärgerlich auf. „Wenn ihr meine Vorschläge als so unsinnig empfindet, kann ich ja mein Bier auch woanders trinken. Was geht mich schließlich der deutsche Prinz an?"

„Es geht doch nicht nur um den Prinzen", rief Janneau und zog den Gendarm auf seinen Platz nieder. „Es geht doch in erster Linie um Paul hier. Er könnte überall herumgehen und fragen: ‚Habt ihr den feschen Prinzen mit dem großen schönen Schiff gesehen? Er ist mein Freund!' Aber das kann er nicht mehr, denn jetzt werden ihn alle fragen: ‚Das ist doch dein Freund, dieser impo... äh, unglückliche Prinz, nicht wahr? Erzähl doch, wie war das mit der Hauslehrerin?' So eine Schande! Wie steht denn Paul jetzt da?"

„Schuld seid nur ihr zwei!" knurrte Cadousteau. „Du und Maurice. Wärt ihr nicht gekommen, wir hätten uns mit dem Prinzen in seiner Muttersprache unterhalten, und diese dummen Mädchen hätten nicht ein Wort verstanden. Ha! Ich kann nämlich Deutsch. Da staunt ihr, was?" Er klopfte sich auf die Brust und artikulierte mit großer Mühe auf deutsch: „In die Zseit, wo ich gewest bin kommandiert auf Insel du Levant ssu Nudiste Camp, ich bin gewest verlobt mit Fräulein Ingrid. Wir ssprechen viel deutsch: Guten Morgen! Hast du gut geschlafen? Achtung! Wo iss deine Bikini?" Triumphierend blickte er in die Runde. „Da staunt ihr, was? Wegen euch beiden Provinzlern haben wir uns auf französisch unterhalten müssen. So liegen die Dinge, *messieurs!*"

„Aber..." Paul kam nicht weiter, denn jetzt stand Maurice auf und war beleidigt. „Mit Gendarmen soll man sich eben nicht unterhalten." Er schnitt Cadousteau ein Gesicht. „Gendarmen haben den Hohlraum zwischen ihren Ohren nur mit Akten vollgestopft,

aber sie platzen vor Überheblichkeit und haben ein Maul, so groß
wie der weiße Wal."

Cadousteaus Mundwinkel verkrampften sich, er erhob sich ebenfalls. „So! Jetzt könnt ihr euch euren Prinzen sonstwohin stecken.
Ich habe die Nase voll." Er schaute Maurice schräg an. „Und du –
fahr du mir noch einmal mit siebzig Sachen an der Gendarmerie
vorbei, daß mir der Staub in die Tinte fliegt! Du wirst dich wundern,
wie ich dich dann fertigmache . . ."

„Heiliges Blau!" Paul schlug mit der Faust auf den Tisch, daß die
Bierflaschen hüpften. „Wieso streitet ihr? Wir waren uns doch
schon einig, daß wir am nächsten Mittwoch ein *tama'ara'a* für den
Prinzen veranstalten und dazu die Schönheitskönigin vom letzten
tiurai einladen. Soweit waren wir doch schon!"

„Ach ja, das Fest", sagte Cadousteau und nahm wieder Platz.

„Darf ich Miß Moorea einladen?" rief Maurice eifrig und setzte
sich ebenfalls. „Ich kenne sie flüchtig."

„Bleibt immer noch ein Problem", meinte Janneau. „Wie kriegen
wir den Prinzen dazu, daß er sich ein wenig mehr um die Damen
kümmert?"

In der anderen Ecke der Snackbar hatte die ganze Zeit schon Tupai, ein alter Schonerkapitän, gedöst. Er stand jetzt auf und hinkte
an den Tisch der vier Freunde.

„Warum geht ihr nicht zum *tahutahu*?" fragte er.

Die vier Freunde sahen sich mit großen Augen an. Dann platzte
Paul heraus: „Warum gehen wir nicht zum *tahutahu*? Eine großar-
tige Idee! Danke für diesen famosen Tip, Kapitän Tupai. Aber woher weißt du von unseren Sorgen?"

Tupai hinkte wieder zu seinem Bier zurück. „Na, ihr habt doch
schließlich laut genug geschrien, oder?"

Als Paul an diesem Abend heimradelte, pfiff er vergnügt vor sich
hin. Die Sache mit dem Prinzen war so gut wie geregelt.

Wenn Paul und seine Freunde in dieser Nacht „ihren" Prinzen gesehen hätten, sie wären nicht schlecht erstaunt gewesen. Philip war
bester Laune, trällerte *The Best of Abba* mit, das der Kassettenrecorder spielte, und überprüfte zum x-ten Male sein Arrangement im
großen Salon der INDIAN LADY: die Champagnerflasche in der

Kühlbox, die gedämpfte Beleuchtung, den für zwei Personen gedeckten Tisch, die Zeituhr am Backrohr, in dem sein Spezialgericht „*Pâté Venus*" wartete. Dann kuschelte er sich probeweise in die Ecke der Polsterbank und testete, ob die Lichtschalter auch wirklich in Reichweite waren. In der Prinzenkoje schlug er die Seidendecke zurück und strich nochmals glättend über das schwarze Frotteeleintuch. An günstiger Stelle plazierte er Zigaretten, Feuerzeug und Kristallaschenbecher, außerdem schaltete er die Stereoanlage ein. Im Vorbeigehen studierte er sein Spiegelbild im Badezimmer, nickte befriedigt und tupfte sich *Eau Sauvage* hinter die Ohren und auf den Hals. Zwischendurch setzte er sich an die kleine Bar im Salon, rauchte eine Zigarette und nippte an seinem Martini. Kurz, er benahm sich wie ein Hummerfischer, der eine besonders gute Falle ausgelegt hat und nun hoffnungsvoll auf eine prächtige Beute lauert. Er war bei seinem zweiten Martini angelangt und nahm sich nach kurzem Überlegen einen dritten – mit der ruhigen Hand des Jägers, der gelernt hat, ohne Nervosität zu warten.

Als er gerade zu einer neuen Zigarette greifen wollte, ließ ihn ein dumpfer Laut draußen an der Bordwand aufhorchen: als hätte etwas an die Gangway gestoßen. Er stieg lässig die Treppe hoch, blieb aber fasziniert noch halb im Niedergang stehen. Im Mondlicht lehnte ein Mädchen an der Reling. Die Blattspitzen und weißen Blüten seiner Blumenkrone, der bloße Busen und ein vorsichtig vorgestrecktes, schlankes Bein leuchteten silberübergossen, genauso wie die Blüten auf dem lose um die Hüften geschlungenen *pareo*.

„Ich bin gekommen, um für dich zu tanzen, mein Prinz", sagte das Mädchen.

„Ich weiß", antwortete Philip. „Komm!"

Er nahm sie an der Hand und führte sie unter Deck. Schon wollte er nach der Taste der Stereoanlage greifen, da zog sie ihn sanft weiter, und er stolperte ihr etwas verwundert in die Schlafkajüte nach. Im gedämpften Licht der indirekten Beleuchtung sah ihre glatte braune Haut wie vergoldet aus.

Das Mädchen drehte sich zu ihm um. „Ich bin Anémone."

Sie hatte große schwarze Augen mit der Andeutung einer chinesischen Lidfalte, was ihr ein bezaubernd exotisches Aussehen gab, eine kleine Stupsnase, einen breiten, lachenden Mund und

roch nach wilden Blumen. Philip begann, sie mit den Augen zu
verspeisen.

Da legte ihm Anémone die Hände auf die Schultern und drückte
ihn ziemlich kräftig auf das Bett.

„Aber . . ." sagte der Prinz und tastete mit einer Hand hilfesuchend in die Pantry, wo jetzt die Zeituhr für die „*Pâté Venus*" gestartet werden sollte. Doch Anémone knöpfte ihm mit schnellen, ge-
schickten Handgriffen das Hemd auf und zog es über seinen Kopf.

„Aber . . ." Philip kämpfte verwirrt um seine Gürtelschnalle und
suchte krampfhaft nach einem geeigneten Wort oder Manöver, um
die Regie wieder an sich zu reißen. Doch die schlanke Anémone
war kräftig wie ein Mann und riß ihm die Hose von den Beinen, daß
er hintenüber auf die Koje fiel. Philip drehte sich herum, wollte auf
die Knie kommen, da spürte er, wie sie schon an seiner Unterhose
zerrte.

„Aber . . ." Er versuchte es zum letztenmal, bekam aber nur einen
Klaps auf den Achtersteven, der ihn flach aufs Bett warf.

Mit seiner Unterhose verlor er auch sein Selbstvertrauen; leichte
Hysterie befiel ihn, vermischt mit einer seltsamen Spannung.

„Sieh her, mein Prinz!" sagte Anémone. „Ich tanze jetzt für dich."

Philip rollte sich folgsam herum und stützte sich auf die Ellbogen.

Anémone hob die Hände in einer weichen, eleganten Bewegung,
ging leicht in die Knie und begann, langsam mit den Hüften zu kreisen. Philip starrte nur den Knoten ihres *pareo* an, der unter dem Nabel immer schneller in achterförmigen Schleifen tanzte und die goldenen Beine in ihrer ganzen Länge freigab.

Anémone sang halblaut ein Lied in der vokalreichen Sprache der
Inseln; ihre Hände deuteten in einfachen Bewegungen den Text an.
Philip kam sich einen Moment sehr dumm vor, als er merkte, daß er
nackt auf dem Bett liegend versuchte, in den Handzeichen Wellen-
bewegungen, wiegende Palmen, fortfliegende Augen und geblasene
Küsse zu erkennen.

Plötzlich blieb Anémone mit einem Ruck wie erstarrt stehen,
klatschte in die Hände und fiel dann in einen noch viel sinnliche-
ren, schnelleren Rhythmus; ihr Unterleib bewegte sich in alles ein-
fangenden Spiralen, und Philip hatte das Gefühl, daß sich die ganze

Kajüte mit ihm in einem langsamen, aber unaufhörlichen, schwerelosen Fall konzentrisch auf einen Punkt unter ihrem Nabel zubewegte. In seinen Schläfen pochte es, als ihre linke Hand wie ein goldener Schmetterling an ihrem Körper entlangflatterte, an den zitternden Brüsten vorbei, und über den flachen, kreisenden Bauch zum Knoten des *pareo* fand. Philip starrte wie hypnotisiert den Knoten an, der sich langsam unter ihren spielerischen Fingern löste.

Der *pareo* fiel.

Philip sah mit Verwunderung, daß sich seine Hände wie selbständige Lebewesen nach Anémone ausstreckten, daß sich sein ganzer Körper ihr entgegenreckte.

„*Auueeee!*" lachte Anémone und kam näher. „Der Fluch der Hexe ist von dir gewichen, mein Prinz."

Philip hörte nichts mehr. Er spürte ihre weiche, warme Haut, unter der die Hüftmuskeln tanzten, und preßte Anémone so hart an sich, als hätte er einen verlorenen Teil seines Selbst wiedergefunden.

Die vier Sterne des südlichen Kreuzes hingen schon tief unten über dem Berg, als Anémone wieder an Deck kletterte. Ihre Freundin, die in der Piroge gewartet hatte, machte leise: „Mmm-mmm-mmm!" und streckte den Arm ins Mondlicht, um auf die Uhr zu sehen.

Anémone ließ ihren *pareo* in die Auslegerpiroge fallen und glitt wie ein Fisch ins schwarze Wasser unter der Gangway der INDIAN LADY. Als sie wieder auftauchte, fragte die Freundin leise: „Konntest du den Fluch wegtanzen?"

Anémone strich sich die nassen Haare zurück; ihre Zähne leuchteten im dunklen Gesicht. „*Auee!* Gleich mehrfach!"

„*E taure'are'a maita'i e Anémone!* Ob es auch mir gelingt?" flüsterte die Freundin und knüpfte ihren *pareo* auf.

„*Aue!* Er ist ein kräftiger Mann, der Prinz!" lachte Anémone und tauchte kichernd nochmals unter, als ihre Freundin schimmernd wie ein bronzener Aal an Bord der INDIAN LADY glitt.

„Uppps!" Paul Hollinger wäre beinahe aus dem Jeep gefallen, als Cadousteau wieder über eine große Wurzel rumpelte. Der Weg war oft schmaler als der Jeep, dann wurden die vier Freunde von Ästen und Blättern grob frisiert. Der üppig wuchernde Tropenwald deckte die schmale Schneise beinahe komplett gegen den Himmel ab; Cadousteau hatte schon versucht, das schlechte Halblicht mit den Scheinwerfern zu erhellen, aber damit nichts erreicht, weil der Jeep zu stark schaukelte und schwankte.

„Oh, mein Rückgrat!" stöhnte Maurice. „Was ich alles auf mich nehme, nur wegen Pauls Prinz."

„Wir sind schon da", sagte der Gendarm und ließ den Jeep auf einer Lichtung ausrollen. Zwei mit Pandanusblättern gedeckte Hütten standen unter einem riesigen Farnbaum, und dahinter klapperten grüne Bambusstangen im leichten Bergwind. Auf der Lichtung liefen Hühner und junge Schweine herum, sonst war niemand zu sehen.

„Ob der *tahutahu* überhaupt zu Hause ist?" fragte Janneau.

Der Gendarm, geschult in guter Beobachtung, zeigte nur wortlos auf den dünnen Rauchfaden, der hinter den Hütten aufstieg. „Habt ihr die Flasche Whisky mit?"

Paul hob den Johnny Walker, und sie stiegen aus.

„Gebt mir die Flasche", forderte Maurice. „Ihr setzt euch still auf die Veranda und laßt mich sprechen, *hein*? Ich bin der älteste von euch, und der *tahutahu* kennt mich."

Die drei Freunde setzten sich auf der Veranda der größeren Hütte auf ihre untergeschlagenen Beine, und Maurice grüßte in die dunkle Türöffnung hinein; er sprach wie Paul fließend tahitianisch. „*Ia ora na ia'oe, e tahutahu!*"

Nach einer Weile erschien ein für tahitianische Verhältnisse erstaunlich magerer Mann mit weißen Haaren und einem kleinen Kugelbauch über dem *pareo*; er nahm neben der Tür Platz. Er hatte eine *tiare-Tahiti*-Knospe hinter dem Ohr, die wie ein Phallus aussah.

Maurice führte die Unterhaltung in schnellem Tahitianisch. Nach ein paar Minuten stellte er die Whiskyflasche vor den polynesischen Zauberer und Kräuterdoktor.

Paul übersetzte für Janneau, der nur Französisch verstand:

„Der alte Knabe will nicht so recht anbeißen. Wahrscheinlich weil wir *popa'a*, Europäer, sind. Er weicht Maurice dauernd aus und behauptet, die tahitianische Kräutermedizin kenne keine Liebesmittel, die Männer hier können und wollen immer, schon seit undenklichen Zeiten, weil sie keine so nervösen Frauen hätten wie die *popa'a*."

Janneau flüsterte zurück: „Ich wußte gar nicht, daß es hier noch so alte Zauberer gibt."

Paul neigte sich näher zu Janneaus Ohr. „Die Tahitianer gehen zwar fleißig in die Kirche und zum Bibelunterricht, aber oben in den Bergen pflegen sie nach wie vor die *marae*, die Kultstätten ihrer Vorväter. Sie fühlen sich dabei nicht als Heiden. Sie haben immer einen Obergott ohne aussprechbaren Namen verehrt und eine Menge Mittel- und Untergötter, die leichter anzusprechen waren als der Chef. Als sie Christen wurden, haben sie einfach unsere 365 Heiligen, Maria und Josef, den Teufel, die Erz- und anderen Engel zusätzlich übernommen; wenn nun der heilige Johannes nicht hilft, dann hilft vielleicht *Te Nuhunuhu,* der Quellenmurmler, oder *Pele,* die Vulkangöttin, oder der nächste Familien-*tiki,* dem man einen Blumenkranz umhängt. Genausowenig haben sie ihre alten Medizinmänner in Pension geschickt, als das Krankenhaus gebaut wurde, sondern sie im Wald gelassen, als zusätzliche Versicherung gegen Krankheiten. Diese *docteurs tahitiens* sind übrigens außerordentlich tüchtig, wenn es sich um Grenzfälle der modernen Medizin handelt. Unser lieber Dorfarzt Dr. Lebaucher hätte den Fall des Prinzen sicher sofort an seine Kollegen von der Psychiatrie weitergegeben, wären wir zu ihm gegangen. Der *tahutahu* aber versteht sich darauf, ohne je eine Zeile von Sigmund Freud gelesen zu haben. Paß auf, jetzt tut sich etwas."

Maurice schwitzte, denn die Unterhaltung mit dem *tahutahu* wurde anscheinend immer komplizierter. Die Insekten summten, die Hühner gackerten, und der Kräuterdoktor schnippte mit den Fingern.

Ein junger Bursche erschien und servierte halbe Kokosnüsse, mit verschiedenen Nüssen gefüllt.

Paul übersetzte wieder: „Das ist der Zauberlehrling, der *tamaroa tahutahu*. Maurice argumentiert jetzt sehr geschickt, er spricht nicht mehr von einem Liebestrank, sondern verlangt nur ein Mittel, das etwa so stark enthemmt wie vier Glas Gin, aber ohne die betäubende Wirkung des Alkohols. Ich glaube, jetzt kommen wir weiter; der *tahutahu* war viel zu stolz, um sich nur durch Geld überreden zu lassen."

Ein wenig später gab Maurice ihnen einen Wink, stand auf und rief zum Aufbruch. Sie schüttelten dem *tahutahu* die Hand und kletterten in den Jeep der Gendarmerie. Cadousteau startete, und die Wurzelhüpferei ging wieder los.

„Was wird jetzt also?" wollte Janneau wissen.

„Das war meine schwierigste Verhandlung seit vorigem Juli", knirschte Maurice durch die Zähne, während er sich an dem stoßenden und rüttelnden Fahrzeug festhielt. „Damals mußte ich meiner Frau einreden, daß kein Grund besteht, auf Miß Moorea eifersüchtig zu sein. Er wollte uns zunächst überhaupt nicht helfen, weil er einerseits eine neue Medizin ungern aus der Hand geben wollte, andererseits befürchtete, daß ihm die ja bekanntlich verrückten *popa'a* die Tür einrennen, wenn sich sein Enthemm-Mittel als Erfolg erweisen sollte. Ich mußte heilige Eide auf das Verdorren meines intimsten Körperteils schwören, das Geheimnis nicht zu verraten, aber dafür braut er uns jetzt einen Trank, daß dem Prinzen ganz anders wird, wenn wir ihm den nächste Woche in den Punsch praktizieren!"

„Uppps!" Janneau wurde hochgeschleudert. „Und ihr meint, so ein Kräutersud wirkt Wunder? Das ist doch Aberglaube!"

Maurice lachte. „Du bist noch nicht lange auf der Insel, Janneau! Ich habe hier schon Dinge erlebt, bei denen jede rationale Erklärung versagte. Das hier ist die Südsee, Janneau, nicht Paris!"

Am Mittwochmorgen summte Paul fröhlich vor sich hin und zerteilte seine Spiegeleier mit besonderer Sorgfalt.

„Du bist ja märchenhaft gut aufgelegt, Hollinger-*tane*", stellte Paula fest.

Paul häufte Eigelb auf ein Stück gebutterten Toast. „Heute gibt es ein großes Fest, außerdem habe ich einen anstrengenden Tag vor mir. Da bin ich immer fröhlich. Um zehn Uhr verabschiede ich die BUMERANG, denn Uwe, Ute und Klein-Coco gehen endgültig ankerauf; Rarotonga ist ihr nächstes Ziel. Dann muß ich Madame Apatahi helfen, denn ich bin ins Festkomitee gewählt worden und für die Sitzordnung verantwortlich. Die aber ist heute abend der Schlüssel zu einem gelungenen Fest." Paul kicherte in sich hinein.

Paula schaute ihren Mann prüfend an. „Bist du wirklich nur deshalb so aufgekratzt? Du siehst in den letzten Tagen immer so zufrieden drein wie der Kater, der den Papagei gefressen hat. Wie geht es eigentlich dem Prinzen?"

Paul wedelte leicht mit der Hand. „Ach, dem armen Kerl geht es nicht besonders gut. Das Fest heute wird ihn hoffentlich etwas aufmöbeln. Er war schon lange nicht mehr an Land und scheint die Tage grübelnd an Bord zu verbringen. Ich war gestern draußen, um ihn zum Fest einzuladen, da sah er gar nicht gut aus: hohläugig, mit dunklen Ringen um die Augen wie nach in einsamer Verzweiflung durchwachten Nächten, dazu geschwollene Lider; ein wenig heiser war er auch, als hätte er zuviel geraucht in den endlosen Stunden ohne Ansprache." Paul schwieg teilnahmsvoll. „Ich glaube, er ist sogar ganz froh über dieses Fest. Er hat tatsächlich gelächelt, als ich ihm sagte, Miß Moorea sei seine Tischnachbarin."

Paula sah ihrem Mann gerade in die Augen. „Sag, Hollinger-*tane*, du hast dem Prinzen nicht zufällig einige tahitianische Sagen und Märchen erzählt, wie du das manchmal so gern tust?"

Paul war leicht verärgert. „Ich weiß nicht, warum du mich immer als Märchenerzähler oder Schwätzer hinstellst. Immerhin kenne ich diese Insel und die Bräuche der Einheimischen, und wenn mich ein Tourist oder Segler aus wirklichem Interesse um nähere Informationen ersucht, soll ich ihm dann vielleicht sagen: ‚Ich bin keine Tratschtante. Leben Sie doch erst mal sieben Jahre hier und beantworten Sie dann Ihre Fragen selber'?"

Paula hob entschuldigend die Hände. „So war das nicht gemeint, Paul. Aber ich habe das Gefühl, daß mit dem Prinzen etwas nicht stimmt. Es ist nichts Handgreifliches, nur so ein intuitives Gefühl. Und ich versuche nur, für mich herauszufinden, was das sein kann. Mir ist, als hätte ich die Geschichte vom armen Prinzen und der Hexe schon irgendwo gehört. Aber ich komme nicht darauf, wo und wann."

„Ach, du und deine intuitiven Ahnungen!" Paul beruhigte sich wieder. „Nach dem Fest wird bald alles in Ordnung sein. Außerdem, was haben Märchen mit Philip zu tun?"

„Wir werden ja sehen", sagte Paula etwas orakelhaft; dann fügte sie mit einem Seitenblick auf ihre Uhr hinzu: „Wenn du für die BUMERANG noch Muschelketten zum Abschied kaufen willst, mußt du dich auf den Weg machen, Kapitän Hollinger."

Also küßte Paul seine *vahine* und holte das Fahrrad aus dem Bambusschuppen.

„Macht's gut!" schrie Paul vom Kai, während die Segelyacht BUMERANG langsam Abstand vom Ufer gewann. „Gute Reise, guten Wind, und grüßt Rarotonga von mir. Schreibt mal von unterwegs."

Er winkte, bis die weiße Slup durch die Riffpassage gesegelt war und der Mast in der Dünung der See zu schwanken begann. Dann schwang er sich auf sein Fahrrad, um ins *Hotel Aimeo* zu fahren.

Im Hotelgarten waren zwei Tahitianer damit beschäftigt, den Erdofen zu überprüfen, der schon frühmorgens angeheizt worden war.

„*E aha te huru?*" fragte Paul im Vorbeigehen. „Wie geht's?"

Die beiden winkten ihm zu und versicherten, daß bestens für das große Fest, für das *tama'ara'a,* am Abend vorgesorgt sei.

„*Maita'i roa!* Sehr gut!" Paul spazierte in den Speisesaal, wo Madame Apatahi das Mittagessen beaufsichtigte.

„Ich fahre jetzt mit Maurice die Blumen holen, Madame", sagte Paul. „Haben Sie besondere Vorstellungen?"

„Allerdings!" stellte Madame Apatahi fest. „Zum Beispiel entsprechen die Preise der Kommune Pao Pao für den Blumenschmuck nicht meinen Vorstellungen. Die guten Damen sind größenwahnsinnig geworden. Ich bin die einzige, die ihnen fast täglich Blumen abkauft, trotzdem haben sie den Preis beinahe verdoppelt, nur weil sie gehört haben, daß das *Bali Hai Hotel* drüben in Maharepa mehr bezahlt. Aber die Müttervereinigung in Afareaitu liefert mir den Blumenschmuck gern zum halben Preis, denn dort gibt es überhaupt kein Hotel und keine Touristen. Fahren Sie also bitte zu Madame Tikehau, ich habe alles mit ihr abgesprochen."

Paul schnitt ein Gesicht. Afareaitu lag am anderen Ende der Insel, aber Madame Apatahi war eisern. So blieb Paul nichts anderes übrig, als sich mit Maurice in dem Jeep mit der langen Ladepritsche auf den Weg zu machen. Unterwegs gingen sie ihren Plan nochmals durch.

Paul malte mit dem Zeigefinger auf der staubigen Windschutzscheibe herum. „Das Sternchen hier ist der Prinz, mein Daumenabdruck daneben ist Miß Moorea, ich sitze hier neben ihr, meine Frau da . . ." Paul machte einen weiteren Punkt auf der Scheibe. „Du sitzt dem Prinzen gegenüber, daneben Cadousteau und Janneau." Er betrachtete wohlgefällig die verschmierte Scheibe.

Maurice schielte auf die Staubskizze und nickte wohlgefällig. „Das ist so einfach wie Karnickelmachen. Jedesmal, wenn einer von euch durch einen Trinkspruch oder einen Witz die allgemeine Aufmerksamkeit ablenkt, schütte ich dem Prinzen den Wundertee ins Glas. *Auuueeee . . .*" Er verriß den Wagen, weil eine gackernde und flatternde Hühnerschar die Straße blockierte.

Sie erreichten Afareaitu gegen Mittag, und Maurice schlug vor, erst einmal in Miß Mooreas Speiselokal eine Kleinigkeit zu essen.

Während sie gegrillten *mahimahi* in Kokosmilch mit Brotfrucht futterten, fragte sich Paul, ob er die Sitzordnung nicht doch noch ändern sollte. Denn Maurice benahm sich in Gegenwart Miß Mooreas wie ein kleiner Junge, der zum erstenmal verliebt ist. Er folgte der hübschen Tahitianerin mit den Augen, er verschlang sie und zog sie aus, oder er zog sie aus und verschlang sie dann, so genau konnte das Paul nicht ausmachen; aber Maurice blieb so geistesabwesend, daß er ohne es zu merken Pauls Weinglas austrank und außer dem Brot auch noch das Brotkörbchen gegessen hätte, hätte es Paul nicht auf den Nebentisch gestellt. Paul hatte so eine Ahnung, daß Maurice ihm am Abend keine große Hilfe sein würde, solange Miß Moorea ihm gegenübersaß. Er tröstete sich jedoch damit, daß ja auch noch Cadousteau und Janneau da waren für den Taschenspielertrick mit des Prinzen Punschglas.

Sie kamen erst spät am Nachmittag wieder ins *Aimeo,* weil die Müttervereinigung mit den Blumengirlanden und Kränzen noch nicht fertig gewesen war.

Danach kam Paul nicht mehr zum Verschnaufen. Er half Maitai, die Girlanden anzubringen; mit einem Amerikaner namens Sam montierte er die Scheinwerfer im Garten; und dann zog er sich endlich an die Strandbar zurück, um mit einem Filzschreiber die Tischkärtchen zu beschriften: ein für die Südsee ungewohnter Brauch, den Paul aber durchgesetzt hatte unter Hinweis auf bestimmte Wünsche des Prinzen hinsichtlich seiner Tischnachbarn.

Kurz nach Sonnenuntergang kam Paula. Er fand sie hinreißend schön mit der Blumenkrone eigenen Entwurfs und dem neuen, pastellfarben bemalten Seiden*pareo,* den sie auf raffinierte Art um ihre schlanken Hüften gewickelt hatte.

Wenig später kamen die ersten Gäste. Die Damen standen in plaudernden Gruppen zusammen, und verschiedene Bekannte boten Paul ihre Unterstützung an, weil sie dachten, es wäre ohnehin schon alles organisiert. Aber Paul setzte die Überraschten rücksichtslos für allerlei Botengänge und Vorbereitungen ein und schlug erleichtert sein Hauptquartier bei Maitai an der Bar auf, die er um den ersten „Hollinger Spezial" bat.

Alles klappte wie bei einem gut inszenierten Schauspiel mit internationaler Besetzung. Die Fackeln unten am Ufer beleuchteten die Landung des Prinzen, der sich stilgerecht von seinen neuen Boots-

40

leuten an den Steg rudern ließ, während Maurices roter Landrover mit Miß Moorea vorfuhr. Der im Dinnerjacket hinreißend aussehende Prinz und Miß Moorea im weißen langen Kleid wurden wie lange getrennte Königskinder in einem Ring ergriffener Gäste zusammengeführt, und Paul erwartete fast, daß die Gitarrengruppe Vincent Tehuritanas jetzt das tahitianische Hochzeitslied anstimmte.

Der Prinz beugte sich über die Hand seiner schönen Begleiterin, sagte etwas, und das Lachen der Schönheitskönigin war wie ein Signal. Alle atmeten erleichtert auf, grinsten oder lachten ebenfalls und griffen nach den Punschgläsern.

Paul machte seine Runde, schüttelte Dutzende von Händen, küßte die Frauen auf beide Wangen und verbrauchte seinen ganzen Vorrat an Allgemeinplätzen wie: „*Ça va?*" – „Alles in Ordnung, alter Junge?" – „Wie geht's, du Heupferd?" – „Na, schon wieder schwanger, Cynthia? Du bist ein richtiger Schlingel, Gaston!" – „*E aha te huru? E Tetuamanuhiri?*" – „Oh, guten Abend, Pater Bruno!" – „*Oh là là!* Ganz große Gala heute, Commandeur Célestin? Das Band der Ehrenlegion? *Tata!*" – „Hör mal, du trägst deine Krawatten immer zu tief, Colombani! Diese da hat auch schon wieder in der Soße gehangen." – „*Mon capitaine*, ganz entzückender Abend, wie?", und: „Hoho! Max, du altes Saufloch!"

Dann wurde zu Tisch gebeten und der Erdofen angestochen. Lucien in hoher Kochmütze stürzte sich mit seinen Hilfsköchen auf die dampfenden Blätterbündel wie ein Schwarm Korallenfische auf das Innere eines aufgehackten Seeigels. Die Speisen wurden aufgetragen, und Paul erklärte dem Prinzen die Zubereitungsart. Zu seiner Befriedigung sah er aus den Augenwinkeln, wie Maurice sehr geschickt aus einem im Hemdärmel verborgenen Fläschchen des *tahutahu* Wundertee in des Prinzen Glas schüttete. So aß Paul mit ruhigem Herzen und unterhielt sich blendend mit Paula und mit Janneaus junger Frau Marie Claude.

Nach dem Essen folgte der traditionelle Tanz, der *tamure*. Im Scheinwerferlicht nahm die Trommlergruppe in langen Baströcken, mit Blumenkränzen und phantastischem Strohkopfputz seitwärts Aufstellung; die ähnlich geschmückten Tänzer sammelten sich im Hintergrund des Gartens. Die ersten Trommelwirbel, das Vorspiel, dann ein rasanter Rhythmus: die Tanzmädchen liefen ins Licht, und ein mitreißender Wirbel der fransenbekleideten Hüften begrüßte die Gäste. Paul hörte es über dem Glas dem Prinzen glukkern.

Nach einer Pause kamen schnelle Stakkatos; die Tänzer hüpften herbei und tanzten mit, die Männer mit schnellem Knieschlagen, die Frauen und Mädchen mit Hüftkreisen; alle schienen spezielle Kugelgelenke eingebaut zu haben, während Schultern und die mit Kokosschalen bedeckten Busen sich kaum bewegten.

Paul hatte schon viele tausend *tamures* gesehen, aber der Tanz gefiel ihm immer wieder, weil er so viel Lebensfreude und -lust ausdrückte.

Der Prinz klatschte nach jedem Tanz höflich Beifall, unterhielt sich aber sonst auffallend intensiv mit Miß Moorea.

„Fuiiiiit!" Der Pfiff riß Paul herum, aber es war nur Cadousteau, der den Daumen nach oben reckte, als wolle er sagen: Alles in Butter, alles in Öl, eins zu null für uns.

Dann kam der Fackeltanz, und alle Lichter wurden ausgedreht. Leider blieb es dabei einen Moment so still, daß man das Gluckern eines Fläschchens hörte.

„Sag mal, Hollinger-*tane,* was geht denn hier die ganze Zeit vor?" fragte Paula. „Was treiben denn deine Freunde da?"

„Oh, nichts! Wir sind nur gut aufgelegt, weil sich der Prinz anscheinend amüsiert. Und das ist ja der Sinn des Festes."

„Ach, wie lieb!" Paula klatschte sarkastisch in die Hände. „Und das feiert ihr, indem ihr euch aus einem Flachmann Cognac in die Gläser nachgießt? Manchmal glaube ich, man sollte euch trotz eurer Uniformen, Vollbärte und Orden einen schönen roten Gummiball oder eine Indianerausrüstung schenken."

Paul lachte gutmütig und war froh, daß Paula es so auslegte. Im Garten wirbelten die schweißglänzenden Tänzer durcheinander, unter und durch die sich drehenden Flammenkreise der Fackeln; allgemeiner Applaus belohnte die Gruppe. Das Licht ging wieder an, und Paul sah zu seinem Entsetzen, wie Maurice mit glänzenden Augen selbst aus seinem Fläschchen trank.

Er warf ihm einen warnenden Blick zu, aber Maurice sah und hörte nichts. Er himmelte Miß Moorea an.

„Einen feinen Komplizen habe ich mir da ausgesucht", knurrte Paul. Da fiel sein Blick auf Cadousteau, der Maurice das Fläschchen vom Mund wegriß, als dieser schon wieder von dem Wundertee trinken wollte. Maurice griff hastig danach, das Glas des Prinzen fiel um. Der Gendarm improvisierte blitzschnell, er nahm das Glas, verschwand damit und kehrte mit einem randvollen Punschglas zurück. Er zwinkerte Paul zu, als er es dem Prinzen hinstellte. Paul nickte dankbar.

Die Tanzgruppe holte wenig später Gäste von den Tischen, für einen kurzen Unterricht in *tamure*. Der Prinz als Ehrengast und Miß Moorea waren natürlich dabei. Paarweise zeigten Tänzer und Tänzerinnen ihren Partnern Schritte und Tanzhaltung. Dann wurde zur ersten Runde getrommelt.

„Donnerwetter!" stieß Paul verblüfft hervor und packte seine Frau. „Sieh dir bloß diesen Philip an. Er hat Gelenke wie aus Gummi, er tanzt den *tamure,* als hätte er in seinem ganzen Leben nichts anderes gemacht. Du siehst mich neidvoll erblassen, Hollinger-*vahine.*"

Paula kniff die Augen zusammen. „Das überrascht mich. Er muß heimlich Tanzstunden genommen haben. Sieh nur, Paul, jetzt tanzt er mit Anémone, unserer Schönheitskönigin. Die beiden sehen aus, als hätten sie schon oft zusammen getanzt, dabei hat er doch Miß Moorea heute zum erstenmal gesehen. So würden die beiden bei jedem *tiurai* den ersten Preis im Paartanzen gewinnen. Ich fasse es nicht!"

Philip tanzte wie ein Südseeprinz, der um die schönste aller Prinzessinnen wirbt, und Anémone Vaihere, die Miß Moorea, drehte sich zwischen seinen Knien mit unwahrscheinlich schnellen Hüftbewegungen auf der Stelle. Der Trommelrhythmus wurde fordernder, lockender. Anémone bewegte sich aufreizend langsam, hob eine Hüfte seitwärts in einer streichelnden Bewegung und berührte kurz den Bauch des Prinzen; eine schnelle Drehung, dann strich sie wieder mit liebkosendem Hüftschwung an seinem Körper entlang. Im Publikum schrien die ersten begeistert auf, und die Trommeln wurden noch langsamer. Die anderen Paare waren zurückgewichen, nur Philip und Anémone drehten sich noch im Scheinwerferlicht, ihr Tanz war zu einer unbeschreiblich sinnlichen Werbung geworden. Tetuamanuhiri, der riesige Volksredner, klatschte im Takt auf seine Schenkel und stieß gutturale „Hhe, hhe, hhe!"-Rufe aus wie bei einem heidnischen Ritual.

Die Trommeln verklangen in einem kurzen Wirbel, Anémone senkte ihre rechte Hand und hielt sie dem Prinzen hin. Der packte sie und lief mit ihr davon; sie sprangen lachend aus dem Kreis der Lampen und verschwanden in den Büschen.

„Schön, oh, schön!" grölte Tetuamanuhiri und trommelte vor Begeisterung auf seinen riesigen Brustkasten, daß es dröhnte. „Schön! So muß der *tamure* getanzt werden! Nicht dieses schüchterne, sittsame Hüpfen für zartbesaitete Touristen. Hheee! Nach dem *tamure* muß man seine *vahine* packen und sich hinter den Büschen eine Sandkuhle suchen, um das zu machen, wogegen die Missionare so gewettert haben. Hhheee!"

Die Gläser am Tisch klirrten, so wurde applaudiert.

Paul wandte sich wieder seiner Frau zu. Sie hatte feuchte Augen.

„Hollinger-*tane*!" sagte sie. „Wenn du so um mich tanzt, dann werfe ich mich sofort an dich weg. Auf der Stelle und auch ohne Sandkuhle!"

Paul sah seine Frau etwas unsicher an; bei ihr erkannte man schwer, ob sie einen Schwips hatte.

Da zupfte ihn Maurice am Ärmel. „Wo ist Miß Moorea?"

„Da irgendwo in den Büschen mit dem Prinzen", sagte Paul grob, denn Maurice ging ihm auf die Nerven.

„Ich muß sie nämlich warnen", murmelte Maurice mit unnatürlich großen Augen.

„Dazu ist es jetzt zu spät", knurrte Paul.

„Wieso, hat sie schon davon getrunken?" fragte Maurice.

„Von was denn getrunken?" fauchte Paul. „Sie ist mit dem Prinzen abgehauen, verstehst du?"

„Dann ist's ja gut", murmelte Maurice abwesend. „Sie darf nämlich von dem Punsch nichts mehr trinken. Ich hab' draußen in der Bar die ganze Vorratsflasche Zaubertee in den Punschkessel geleert!"

Paul taumelte. Einen Moment dröhnte die Welt um ihn herum wie unter einem gigantischen Gongschlag. Dann stellten sich ihm die Nackenhaare auf. In der Flasche war genug Tee gewesen, um ein ganzes Dorf in Ekstase zu versetzen. Dieser verdammte Maurice! „Sieg, Sieg auf der ganzen Linie!" brüllte Cadousteau, umarmte Paul und tanzte mit ihm im Kreis. „Dein Prinz hat sich soeben mit Miß Moorea zu seinem Schiff hinausrudern lassen. *Allons, enfants de la patrie...*" Er begann wieder mit der Marseillaise.

Paul riß sich los. Das Fest war eigentlich schon vorüber. Nun galt es, Paula heil von hier wegzubringen, denn sie schien sich enorm zu amüsieren und hatte glitzernde Jungmädchenaugen. Zum Glück fiel ihm ein Trick ein. Er legte einen Arm zärtlich um sie. „Hollinger-*vahine*", flüsterte er in ihr Ohr, „ich möchte ganz schnell mit dir nach Hause. Auch der Prinz ist schon gegangen."

„*Aueee!*" Paula schaute ihn an, als hätte sie plötzlich eine unheimlich interessante, neue Seite an ihm entdeckt. „Hollinger-*tane*, du überraschst mich! So einen Blick habe ich schon lange nicht mehr in deinen Augen gesehen." Sie nahm ihn bei der Hand und zog ihn aus dem Speisesaal. „Das muß ich ausnützen."

Paul stolperte mehr, als daß er lief, hinter Paula zu ihrem Bungalow. „Verdammter Maurice!" schoß es ihm durch den Kopf. „Verdammter Aufmunterungstee!"

Paula hatte am nächsten Morgen leichtes Kopfweh; mit geschlossenen Augen rief sie leise nach ihrem Paul.

Dann rief sie laut.

Nichts rührte sich. Sie öffnete die Augen. Paul lag nackt quer über dem unteren Bettende und schnarchte. Erst kraulte sie ihn leicht mit den Zehen. Als er sich nicht rührte, stieß sie ihn an, aber Paul schaukelte nur auf der Matratze und blies weiter sein sonores Solo. Paula sah auf ihre Uhr und stand schließlich auf.

„Es wird langsam zur Gewohnheit, daß ich das Brot holen muß, weil mein Götter-*tane* von den ständigen Lustbarkeiten zu erschöpft ist, um aufzuwachen", murmelte sie und tastete sich ins Bad.

Nach der kalten Dusche und dem Abfrottieren war das Kopfweh verflogen. Sie kehrte ins Schlafzimmer zurück. Paul lag noch immer unverändert da. Paula band sich einen *pareo* um, schürzte ihn zwischen den Beinen wieder zu den Hüften hoch, weil sie radfahren wollte, und betrachtete eine Weile den haarigen Kerl im zerwühlten

Bett. Keine Kissen, keine Decken waren mehr da, alles lag verstreut im Zimmer.

„Sexbesessener Brummbär!" sagte sie liebevoll und küßte ihn auf die Stirn. Dann nahm sie den Brotsack und ging hinaus zum Fahrrad. Diesmal brauchte sie für die kurze Besorgung länger als sonst, denn der kleine Bäckerladen war voller *vahines* und schwirrte nur so vor Geschichten. Paula hörte eine Weile belustigt zu, und plötzlich beantwortete sich ein Großteil der Fragen, die sie schon eine ganze Weile beschäftigten, wie von selbst.

Dann kam Marie Claude in Janneaus gelbem Jeep. Paula blieb noch eine Weile stehen und unterhielt sich mit der jungen Frau des Buchhändlers, bis diese ihre Einkäufe erledigt hatte.

„Also, als ich das Gerücht über den Prinzen zum erstenmal hörte", sagte Marie Claude, „habe ich gleich zu Janneau gesagt, davon glaube ich kein Wort. Am Tag seiner Ankunft war er bei mir im Laden und so charmant um mich bemüht, daß ich schon dachte, er hat es auf mich abgesehen. Ich habe mir den kleinen Michel hereingeholt und auf dem Arm herumgetragen, damit er sieht, ich bin verheiratet und Mutter."

Paula horchte auf. „Der Prinz war schon am ersten Tag bei dir? Was hat er denn gekauft?"

Marie Claude legte den Finger an die Nase. „Er wollte einen Plan der Insel, einen Führer durch Moorea, ja, und etwas zu lesen. Er hat sich für die *Contes et fables du Tahiti* entschieden."

Paula hob den Kopf wie Kommissar Maigret, wenn er unter den Papieren des Ermordeten die entscheidende Spur entdeckt.

„Marie Claude!" rief sie. „Ich komme mit dir. Ich glaube, ich habe gefunden, was ich seit Tagen suche."

Paula kam erst eine Stunde später wieder nach Hause und fand ihren Mann in der Küche vor einem tadellos gedeckten Frühstückstisch, wie er an einem Stückchen alten Brotes herumkaute.

„Guten Morgen, Hollinger-*tane*!" begrüßte sie ihn aufgekratzt und mit Triumph in der Stimme. „Ich habe mich beim Bäcker etwas vertratscht."

„Das habe ich gemerkt", brummte er. „Kein Fahrrad, kein Brotsack und kein vernünftiges Brot." Er hob anklagend das verschrum-

pelte, bei der hohen Luftfeuchtigkeit schlabbrig gewordene Stückchen, an dem er herumkaute.

„Schon da!" rief sie fröhlich und legte die frischen Baguettes und
einen Laib dunkles Mischbrot auf den Tisch. „Sei so nett und
schneide das Brot inzwischen auf, ich mache uns schnell ein paar
Eier."

Paul deutete nachlässig auf ein verknotetes Handtuch auf dem
Tisch. „Ich habe schon Eier gekocht", sagte er brummig, damit sie
nicht merkte, wie schwer ihm dieser Entschluß gefallen war.

„Oh, das ist großartig, du bist der beste Ehemann der Welt, Hol-
linger-*tane*!" Sie zögerte einen Moment. „*Aue!* Und du verstehst es,
arme, schwache Frauen zu verführen."

Paul mußte grinsen. „Ich und verführen? Wer hat denn gestern
einen harmlosen und nichtsahnenden Mann vom Fest gezerrt wie
der Polyp eine zarte Muschel vom Riff?"

Paula nahm Platz und ein Ei. „Männer haben immer dieselben
Ausreden. Erst machen sie die Frauen rasend vor Leidenschaft, und
dann wollen sie es nicht gewesen sein, wenn das Bett zerwühlt ist."
Sie kicherte und klopfte ihr Ei auf. „Dein Prinz ist mir aber auch einer. Der hat euch ganz schön an der Nase herumgeführt. Ich hab's
dir doch gesagt, irgend etwas an dieser Geschichte mit der Hauslehrerin kam mir bekannt vor. Und jetzt hab' ich's gefunden." Triumphierend legte sie Paul ein kleines Buch hin, das die Aufschrift
Contes et fables du Tahiti trug. „Der erste Weg deines so bemitlei-
denswerten Prinzen führte zu Marie Claude in den Bücherladen, wo
er unter anderem dies hier kaufte. Darin hat er ein Märchen gefunden, das ihm sehr gelegen kam. Dein Prinz ist nämlich kein schüch-
terner Klosterschüler, Paul, sondern ein ganz gefährlicher Frauen-
jäger, der zu seinem guten Aussehen und jugendlichen Charme
noch eine ganz raffinierte Intelligenz einsetzt, um möglichst viel
Beute in möglichst kurzer Zeit zu machen. Ein . . ." Paula suchte
nach Worten, „. . . ein Don Juan im Impotenzpelz. Sehr schlau!"

„Das saugst du dir aus den Fingern", sagte Paul mißtrauisch.

„O nein!" Paula schlug das Buch auf und deutete auf eine bestimmte Stelle. „Lies dieses Märchen hier, und dann sag mir noch
mal, daß ich mir das aus den Fingern sauge."

Erst widerwillig, dann immer interessierter las Paul ein Märchen, das stark an die biblische Geschichte von Josef und Madame Potiphar erinnerte. Er war nicht weiter erstaunt, denn in Südseesagen und -märchen gibt es eine Menge Gleichnisse, die auch in der westlichen Sagenwelt vorkommen. Auch in der Südsee gibt es Geschichten über eine Sintflut, eine unbefleckte Empfängnis, über einen Helden mit Tarnkappe und über Tiere, die sprechen können und den Menschen helfen. Wie in der biblischen Geschichte wurde der Königssohn auf eine ferne Insel verschlagen und von einem König freundlich aufgenommen; doch als der König beim Fischfang war, warf die Königin ein lüsternes Auge auf den Prinzen. Dann ging es allerdings anders weiter als bei Josef und Potiphar; da der Prinz standhaft blieb, belegte sie ihn mit einem Fluch, damit er nie wieder eine Frau lieben sollte. Doch nach langen Irrfahrten lernte der Prinz eine weise Schildkröte kennen, die ihm verriet, daß allein der Liebestanz der Mädchen von Moorea ihn von dem Fluch erlösen könne. Sofort segelte der Prinz über den Ozean nach Moorea und sprach mit den alten Priestern; diese schickten ihm das schönste Mädchen. Es tanzte für ihn, der Fluch wich, sie heirateten und hatten viele Kinder ...

Paul sah auf und starrte Paula ungläubig an. „Das ist ja wortwörtlich Philips Geschichte!"

Paula Hollinger lehnte mit verschränkten Armen stolz in ihrem Sessel und wünschte sich eine Pfeife wie Sherlock Holmes, dann hätte sie ihre Erläuterungen für den begriffstutzigen Dr. Watson ab und zu durch ein spannungssteigerndes Paffen unterbrechen können. Im Sherlock-Holmes-Ton fuhr sie fort:

„Ich kombiniere: Philip kam mit seinem großen Schiff nach Moorea und las zufällig dieses Märchen. Er ist ein Mann, der viel von Frauen versteht, vielleicht sogar von polynesischen Frauen. Er beschließt, nicht einfach an Land zu gehen und sich nur ein Mädchen anzulachen, nein, er will sie alle haben, die schönsten *vahines* der Insel, und sie sollen auch noch freiwillig zu ihm an Bord kommen. Also geht er zu den ‚Weisen‘ und ‚Priestern‘ und Hafenkapitänen und setzt sein Märchen sehr geschickt in Umlauf. Was schließen Sie daraus, Dr. Watson?"

In Pauls Gesicht arbeitete es, dann platzte er heraus: „So ein falscher Hund! Du meinst, er hat das Märchen vom armen Prinzen tatsächlich als Stegreif-Action-Show, als Straßentheater in Szene gesetzt, und ich Depp bin ihm darauf hereingefallen?" Er hämmerte mit dem Brotmesser auf den Tisch.

Paula lachte schadenfroh. „Du nicht allein, Hollinger-*tane*. Auch deine Freunde, ja, die ganze Insel, und besonders die schönen *vahines* sind ihm darauf hereingefallen. Beim Bäcker ging es heute gar nicht mehr um seine Impotenz. Es scheint, daß der liebe Philip in all diesen Nächten eifrigsten Damenbesuch hatte, während du noch vor Mitleid vergingst, weil er solche dunklen Augenringe hatte. Diese Ringe bekommt man nicht von der Einsamkeit, mein lieber Paul, sondern von der Vielsamkeit!"

Paul stieß nur ein Knurren aus.

Paula erzählte weiter: „Es gibt unter den Müttern von Pao Pao jetzt zwei Parteien. Die einen sind stolz darauf, daß ihre Töchter den Fluch erfolgreich wegtanzen konnten, und dann gibt es eine Minderheit, die Anti-Prinz-Partei, das sind die Mütter, deren Töchter in der Nacht umsonst schwimmen gegangen sind. In einem aber sind sich beide Parteien einig: Noch nie hat sich ein einzelner Mann hier in so wenigen Nächten einen solchen Ruf zusammengeliebt. Das schönste Mädchen der Insel, Anémone Vaihere, ist angeblich noch immer bei ihm an Bord. Ich bin nur gespannt, ob sich auch der Schluß des Märchens bewahrheitet: daß Prinz Philip die Schönheitskönigin heiratet und sie viele, viele Kinder bekommen."

„Dazu wird es nicht mehr kommen", grollte Paul. „Ich fahre jetzt nämlich zur INDIAN LADY hinüber und sage ihm meine Meinung. Wenn er danach noch lebt, repariere ich Cadousteaus Außenbordmotor, dann kann er all den illegalen Whisky und Gin an Bord konfiszieren. Philip geht auf mehrere Jahre ins Kittchen und . . ."

„Welcher Paul erzählt mir das?" unterbrach ihn seine Frau. „Spricht jetzt Kapitän Hollinger zu mir, der unerschütterliche Seefahrer und abgeklärte Südseephilosoph, oder Paulchen, der nachtragende und zänkische Jungsegler, den niemand im Klub mochte, weil er nicht mit Anstand verlieren konnte? Lach doch endlich, Hollinger-*tane*!" Pauls Gesicht blieb noch eine Weile so dunkel wie eine Regenwolke hinter dem Mont Rotui, klärte sich aber dann ebenso schnell auf, wie die Sonne plötzlich wieder über die Lagune strahlt. Er brach in ein befreiendes Lachen aus.

„Danke, Paula, jetzt geht es wieder. Jetzt weiß ich auch, warum uns das Fernsehen hier gar nicht fehlt: Wir zwei machen uns nämlich unsere Talkshows selber. Paula, ich muß dich küssen."

Er stand auf, marschierte um den Tisch herum, und Paula hielt ihm sofort den gespitzten Mund hin.

„So!" sagte er nach einer Weile. „Hiermit ist die Lagunenepisode ‚Der impotente Prinz' abgeschlossen. Gehen wir zur Tagesordnung über."

„Nein!" widersprach Paula. „Ein Detail paßt noch nicht in den Rahmen. Die Bäckerin schwört, daß der *tamaroa* des *tahutahu* gestern vor dem *tama'ara'a* eine große Flasche mit irgendeinem Hexentrank im Hotel abgegeben hat. Wieso versuchte der Prinz plötzlich, Anémone mit irgendeiner polynesischen Kräuterlimonade zu verführen, obwohl er doch seiner Sache längst sicher war?"

„Ach, darüber brauchst du dir nicht den Kopf zu zerbrechen", sagte Paul. „Das hat mit dem Prinzen nichts zu tun. Es sollte unser Beitrag zum Gelingen des Festes sein, aber Maurice hat in seiner Dummheit alles verpfuscht."

Paul wedelte mit der Hand.

„*Aueeee!* Ich hab's doch gewußt." Paula lachte. „Ich hab' doch gewußt, daß du Schicksal spielen wolltest, die feine griechische Hand hinter den Kulissen, wie du das öfter bezeichnest." Sie schüttelte den Kopf. „Mein Hollinger-*tane* wird immer ein romantischer Junge bleiben. Von diesem Trank dürfte aber auch etwas in andere Gläser als die des Prinzen gelangt sein, denn nur so kann ich mir erklären, daß Madame Bontemps, die Klavierlehrerin, plötzlich Pater Bruno packte und mit ihm in den Swimming-pool sprang. Aber weißt du, Paul, ich sehne mich jetzt wirklich nach ein paar ruhigen Tagen, an denen du wieder das Brot holst. Ich muß mich auf neue Muster und Entwürfe konzentrieren."

„So sei es!" Paul stand auf. „Pack deinen Skizzenblock, Ölkreiden und Filzschreiber ein, wir gehen sofort an Bord meiner Lotsenbarkasse, holen den Anker auf und fahren in die Lagune hinter Kap Aroa. Dort wollen wir ein paar Tage nur in der Sonne liegen, am Riff schnorcheln und Muscheln sammeln. Dort kannst du all die bunten Korallenfische und Seeschnecken, Anemonen und Fächerwürmer in traumhafte Muster umsetzen, die du dann auf die Seide malst. Wir hauen einfach ein paar Tage ab, bis Montag ist kein Schiff angesagt, und möge der Prinz *te ma'i tonā** kriegen!"

Paula klatschte freudig in die Hände. „*Auee!* Mein *tane* ist der Beste und Klügste! *A haere atu maua!* Gehen wir!"

Aber Paul Hollinger sollte sich täuschen. Das war noch nicht das Ende der Geschichte mit dem Prinzen. Drei Tage faulenzte er nach Herzenslust, sammelte unter Wasser wunderschöne Kaurimuscheln, einen herrenlosen Pflugscharanker mit abgerissenem Schäkel und mehrere Quadratmeter Fischernetz, das um einen Korallenkopf gewickelt war und sich zur Herstellung einer Hängematte bestens eignete. Auch Paula genoß die Abwechslung in vollen Zügen. Sie schwamm mit offenen Augen im kristallklaren Wasser der Lagune, ließ das von den Wellen reflektierte und vieltausendfach gebrochene, tanzende Sonnenlicht auf sich wirken und sah dem Spiel der vielfarbigen Fische zu; aufregende neue Muster fielen ihr ein, die sie dann abends zu Papier brachte: *api api,* den Chirurgenfisch, *ori i te rotea,* den Tanz der Papageienfische, *puhi matie,* die grüne Muräne, und viele andere. Sonntag nachmittags holten sie in ihrer kleinen Bucht den Anker wieder auf, und Paul steuerte die gedrungene, rot-weiß lackierte Stahlbarkasse mit sicherer Hand und außerordentlicher Vertrautheit zwischen Ufer und Riff wieder nach Pao Pao zurück. Dann brachte er Paula und die Ausrüstung mit dem Beiboot an Land. „Es war ein phantastischer Urlaub, Hollinger-*tane!*" sagte Paula. „Das machen wir öfter, ja?"

„So oft du willst, Hollinger-*vahine!*" Paul band das Beiboot fest. „Nur dürfen wir nächstes Mal nicht das Bier vergessen. Ich laufe vor dem Abendessen noch schnell ins *Aimeo* und bestelle mir ein riesiges kaltes *hinano* mit einem dicken weißen Bart darauf."

„Lauf nur", lachte Paula. „Ich taue uns inzwischen zwei schöne Steaks auf."

Paul trug die Proviantkiste zum Bungalow, fand ein paar Briefe für die INDIAN LADY vor und gab sie am Hotelempfang mit der Bitte ab, sie dem Prinzen bei nächster Gelegenheit auszuhändigen. Das Mädchen sah ihn zwar etwas seltsam an, aber Paul hatte keine Lust, nochmals mit Philip zu sprechen.

* Syphilis

Er hockte sich an die Bar und war gerade bei seinem zweiten Bier, da tauchte Lucien neben ihm auf.

„Paul, Paul! Na, das war eine Katastrophe! Wer hätte sich so etwas gedacht! Der Prinz . . . Uhhhh!" Lucien erschrak wie vor einem Geist und zog sich hinter die Küchentür zurück.

Paul sah sich neugierig nach dem Schreckgespenst um, das Lucien vertrieben hatte, sah aber nur einen geschmackvoll gekleideten älteren Herrn mit grauen Schläfen und grauem, gestutztem Schnurrbart, der auf die Bar zuhielt.

Er zuckte mit den Schultern und vertiefte sich wieder in sein Bier.

„Kapitän Hollinger?" Paul drehte sich um, es war der distinguierte Herr.

„Entschuldigen Sie, wenn ich Sie bei Ihrem Aperitif störe. Aber ich bin der Eigner der INDIAN LADY und möchte mich bei Ihnen herzlich für die Aufbewahrung und Zustellung unserer Post bedanken." Der graumelierte Herr streckte Hollinger lächelnd die Hand hin.

„Ich bin Philip Hohenthun-Halberstädt und hoffe sehr, daß Sie durch die kleine Hochstapelei meines Stewards nicht allzu großen Ärger hatten. Oh, ich weiß", fuhr er fort, als er merkte, wie sich Pauls Kinnmuskeln verkrampften. „Was Philip getan hat – wir haben zufällig den gleichen Vornamen, mein Steward und ich –, ist eigentlich unverzeihlich. Aber er hat es bisher in jedem Hafen gemacht, wenn es ihm gelang, allein an Bord zu bleiben. Andererseits ist er der beste Steward, den ich je hatte. So wie er hat sich noch nie jemand um mich gekümmert, er hat auch für das Schiff gesorgt, alles ist stets makellos gepflegt. Weiß der Himmel, wie er das neben seinen Amouren schafft. Aber ich brauche ihn einfach und kann es mir nicht leisten, ihn wegen seiner Hochstapeleien von Bord zu jagen." Der grauhaarige Prinz Hohenthun-Halberstädt seufzte tief auf. „Ich wollte, ich hätte seine Jugend, seinen Elan und den Mut, ihm seinen einmaligen Trick mit den Frauen nachzumachen."

Der echte Prinz sah einen Moment nachdenklich drein. Dann zückte er seine Brieftasche – Paul sah eine winzige Goldkrone im Leder blinken –, entnahm ihr ein schmales, hellblaues Kuvert und hielt es Paul hin.

„Sie erlauben? Ein kleines Trostpflaster für erlittene Unbill und eventuelle Unkosten. Sie waren verreist, wie ich vom Hotelpersonal erfuhr. Die anderen Betroffenen habe ich schon – äh – persönlich gesprochen. Ich darf doch wohl annehmen, daß damit . . ."

„Nein, Sie dürfen nicht!" unterbrach ihn Kapitän Hollinger. Erst war ihm heiß und kalt vor Wut geworden, dann, als er endlich begriff, was dieses schmale Kuvert bedeutete, wurde er ruhiger. „Stekken Sie das wieder ein, Hoheit. Mit Philip junior hat mich echte Freundschaft verbunden. Es war eine ausgesprochen amüsante Woche, tut mir leid, daß sie vorüber ist. Ihr Steward mag zwar viele Fehler haben, aber er ist ein Mensch mit Herz, verstehen Sie? Ich werde oft an ihn denken."

Paul widmete sich wieder seinem Bier.

Prinz Philip lächelte nun etwas maskenhaft. Er steckte Kuvert und Brieftasche wieder weg und verneigte sich ein wenig förmlich.

„Es war mir ein Vergnügen, Kapitän Hollinger, Ihre Bekanntschaft zu machen. Guten Abend."

„Oh, ganz meinerseits", lächelte Paul. „Einen schönen Aufenthalt auf unserer Insel."

Der Prinz drehte sich um und ging langsam zum Bootssteg.

„Lassen Sie mir Philip – den Steward meine ich – recht schön grüßen!" rief ihm Paul nach, aber im selben Moment tat ihm diese Bemerkung schon leid. Was konnte der alte Prinz dafür, daß er trotz seiner Millionen von seinem Steward abhängig war? Woher sollte er wissen, daß Paul Hollinger hier in Pao Pao schon sein Paradies gefunden hatte und daß man im Paradies kein Geld braucht? Er hätte nicht so grob zu dem armen Mann sein sollen.

Um ein Haar wäre Paul Hollinger aufgestanden und dem Prinzen nachgerannt, wenn nicht in diesem Moment Maurice aufgetaucht wäre.

„Paul, Paul!" stotterte Maurice. „Das mit dem Abend tut mir leid. Cadousteau hat mir eine Liste der Schäden geschickt, die angeblich entstanden sind, weil ich den Zaubertee in den Punsch getan habe. Das sind ein paar hunderttausend Francs! Angefangen bei der Soutane Pater Brunos bis zu den Fensterscheiben der Boutique und dem Auffahrunfall zwischen Commandeur Lachérades in seinem Auto und Tetuamanuhiri auf seinem Skateboard. Das kann mich meine Mietwagenlizenz kosten, wenn Cadousteau seine Drohung wahr macht. Paul! Du mußt mir helfen, es war schließlich dein Prinz."

Paul Hollinger mußte lachen. Er klopfte Maurice auf die Schulter. „Laß dich nicht von Cadousteau ins Bockshorn jagen. Du hast auf dem Fest dafür gesorgt, daß ein wenig Stimmung unter die Leute kam. Man wird über diesen Abend noch sehr lange reden. Du kannst dich dann in die Brust werfen und sagen: ‚Ha! Das haben sie alles mir zu verdanken.' Na, ist das nichts?"

Maurices faltiges Gesicht leuchtete auf. „Du meinst das ehrlich?"

Paul rutschte von seinem Stuhl und schüttelte Maurice herzlich. „Natürlich, alter Junge, haben sie es dir zu verdanken. So, jetzt muß ich aber essen gehen."

Er freute sich schon auf Paulas Gesicht, wenn er ihr das seltsame Ende des Märchens erzählen würde. Denn davon, daß der Prinz in Wirklichkeit nur ein Steward war, davon stand überhaupt nichts in den *Contes et fables du Tahiti.*

Drei Wochen später stand Kapitän Hollinger am Kai und winkte der BUMERANG nach, die wieder einmal von Moorea auslief. Nur eine Tagesreise von der Insel entfernt war Uwe das Großfall gerissen und in den hohlen Mast geschlüpft. Da er allein den Schaden nicht beheben konnte, war er nur unter Vorsegel zurückgekreuzt; Paul hatte ihm geholfen, ein neues Fall zu besorgen, einzuspleißen und wieder in den Mast einzufädeln. Das hatte eine Woche gedauert. Eine weitere Woche hatte Ute im Krankenhaus gelegen, wegen Verdachts auf Mittelohrentzündung, und jetzt war endlich alles bereit, so daß die Düsseldorfer aufbrechen konnten.

„Tschü'üs!" rief Uwe begeistert und winkte am Ruder. „Wir schreiben von unterwegs, Paul!"

„Mach schön winke-winke", redete Ute auf Klein Coco ein. „Sonst weint der Onkel."

„Ja, wenn ihr diesmal wieder zurückkommt, weine ich wirklich", knurrte Paul in seinen Bart und drehte sich um. Ein schäbiger, zerkratzter Inselschoner hatte am Kai festgemacht, und die Mannschaft legte Schläuche aus, um Wasser zu bunkern.

Ein braungebrannter, unrasierter Kerl in schmutziger Leinenhose kletterte barfüßig von Bord und lief Hollinger nach.

„Paul!" schrie er. „Paul!"

Paul fuhr herum und starrte den abgerissenen Matrosen neugierig an.

„Paul, ich bin's, Philip!"

„Mein Gott!" war alles, was Paul herausbrachte, als er unter dem verwahrlosten Äußeren den ehemaligen Steward und falschen Prinzen erkannte.

Philip packte Paul am Arm. „Wie gut, daß ich dich treffe! Du bist wahrscheinlich der einzige Mensch, der mir helfen kann. Wo ist Anémone? Ich kann ohne sie nicht weiterleben."

„Woher kommst du denn, um Himmels willen?"

„Ich bin in Rangiroa von der INDIAN LADY desertiert. Es war die Hölle. Ich kann Anémone nicht vergessen, ohne sie ist mein Leben sinnlos. Ich werde nie wieder eine andere Frau anschauen, nur sie. Am Morgen nach dem Fest war sie einfach verschwunden. Ich habe sie überall gesucht, aber dann kam mein Chef, und wir mußten sofort auslaufen. Paul!" Er packte Hollinger an den Schultern und schüttelte ihn wild. „Sag mir, wo sie ist, ich muß zu ihr und sie noch einmal sehen, bevor ich sterbe."

Paul grinste. „Ihr jungen Leute seid so schnell bei der Hand mit dem Sterben. Eigentlich habe ich ja erwartet, daß du wiederkommst. Diese Insel ist wie Fliegenleim, hier bleibt man leicht kleben. Außerdem war meine Frau sehr unzufrieden mit dem Ende des Märchens."

Philip schüttelte Paul ungeduldig. „Wo ist sie?"

Paul grinste noch breiter. Jetzt konnte er endlich wieder Schicksal spielen.

„Komm, Märchenprinz", sagte er. „Ich weiß, wo Anémone wohnt. Nämlich auf der anderen Seite der Insel. Aber es ist besser, du überlegst dir vorher, was du Anémone jetzt sagst. Ich habe zufällig einen Jeep dabei und bringe dich hin."

„Ich kann ohne sie nicht leben!" schrie Philip.

Kapitän Hollinger nickte zufrieden. „Sehr gut. Das ist gar kein so schlechter Anfang für das gute Ende dieses Märchens."

Hugo ist *fiu*

Als Kapitän Hollinger Hugo zum erstenmal traf, lag Hugo am Straßenrand und hielt sich mit schmerzverzerrtem Gesicht ein blutiges Knie. Wie um das verletzte Knie zu erklären, drehten sich die Speichen des Fahrrades noch, das zwei Meter daneben auf der Straße lag. Paul Hollinger bremste sein Rad und stieg ab.

„Etes-vous grièvement blessé?"

Hugo sah auf und murmelte in breitestem Amerikanisch etwas von verdammten Kieselsteinen.

Paul konnte ohne Schwierigkeiten von Französisch zu Englisch,

Tahitianisch oder Deutsch wechseln und wiederholte seine Frage in der Muttersprache des Verletzten, wobei er sich allerdings bemühte, möglichst viel „Oxford" in sein Englisch zu legen – wie immer, wenn er mit Amerikanern zusammentraf.

Hugo zeigte sein aufgeschürftes Knie. Paul Hollinger hatte auf seinem Fahrrad immer eine kleine Tasche mit Werkzeug, die auch etwas Verbandszeug enthielt.

Er wickelte dem Amerikaner zwei Meter Mullbinde ums Knie, sicherte den Verband mit Leukoplast, stellte ihm das Fahrrad wieder auf, drehte den verbogenen Lenker mit einem kräftigen Ruck in die gewohnte Lage und sah dann dem ungeschickt in Schlangenlinien Davongeigenden grinsend nach.

„My name is Hugo", hatte der Amerikaner noch erklärt. „I really appreciate your kind assistance. You are a great guy, that's for sure!"

Kapitän Hollinger radelte gut aufgelegt weiter und dachte darüber nach, ob es recht oder unrecht war, sich jeden Tag einen Verletzten zu wünschen, dem man beistehen konnte. Als geborener Held bedauerte Paul es manchmal, daß nicht öfter Frauen links und rechts der Straße um Hilfe riefen oder Kinder von Bäumen zu fallen drohten, damit er, Paul Hollinger, wie der sagenhafte Drachentöter auf seinem Drahtesel herbeieilen konnte, um Frauen und Kinder selbstlos aus ihrer Not zu retten.

Aber außer Hugo gab es an diesem schönen Tag niemanden mehr zu retten.

Als Paul Hollinger am nächsten Tag von seiner Lotsenbarkasse zurückkehrte, wo er sein gewohntes Plauderstündchen mit Amateurfunkern in aller Welt gehalten hatte, traf er Hugo zum zweitenmal. „Paul, Paul!" schrie Hugo begeistert von der Strandbar her und ruderte mit den Armen.

Das habe ich nun von meiner dußligen Rotkreuzspielerei, dachte Paul, als Hugo lautstark nach einem Drink für seinen Freund und Samariter rief. Dann bemerkte er die hastigen Handzeichen, die Hugo der Barmaid machte, und den schiefen Seitenblick Maitais auf einen Strandsessel in der Nähe. Der Strandsessel stand verkehrt herum, und Paul sah nur einen wasserstoffblonden Haarschopf.

Hugo gebärdete sich so überschwenglich dankbar, als hätte ihm Paul Hollinger am Vortag mit einer schwierigen Operation das Leben gerettet. Noch am Abend habe er auf Anraten seiner Frau Dr. Lebaucher aufgesucht, der ihm den Verband wechselte und für fünfundzwanzig Dollar Spritzen in den Po jagte.

„Das ist natürlich sehr schlimm für mich, ein enormes Handikap", beklagte sich Hugo und zeigte auf sein bandagiertes Knie. „Jetzt fallen meine Surfstunden aus, und ich muß hier am Ufer hokken. So eine Büffelscheiße!"

„*Hugo, my darling!*" durchschnitt eine scharfe, näselnde Frauenstimme den milden Nachmittag. „Man flucht nicht, wenn Damen in der Nähe sind. Hast du deine Pille schon genommen?"

„Selbstverständlich, Priscilla, *my baby, my dear!*" Hugo suchte eilig in seiner Hemdtasche und stopfte sich eine farbige Kapsel in den Mund. Mit dem letzten Schluck Whisky spülte er das Ding hinunter und bedeutete Maitai mit verschwörerischer Miene, das Glas schnell nachzufüllen. Dann wandte er sich um und rief den Strecksessel an: „Priscilla, *dear,* das hier ist Paul, mein Freund, der mich gestern gerettet und verbunden hat, als ich schwerverletzt im Graben lag. Du mußt ihn begrüßen, Priscilla."

Über dem Rand des Strecksessels erschien eine abgeknickte, gespreizte Hand mit grellroten Fingernägeln, schweren Goldbändern und Ringen.

„*Hi,* Paul!" sagte die scharfe Frauenstimme. „Jede Menge Dank für die Rettung meines kleinen, ungeschickten Hugo-*darling!*"

Paul war begierig, die Besitzerin einer Stimme kennenzulernen, die auch bei freundlichen Worten wie Ätznatron in den Ohren brannte; deshalb marschierte er um den Strecksessel herum und ergriff die verdrehte Hand.

„*Enchanté, Madame!*" sagte er und beugte sich in einem flüchtigen Handkuß über die goldglitzernde Kralle.

Priscilla, Hugos *darling,* sah beinahe so scharf und kantig aus, wie ihre Stimme klang. Die schulterlangen, gebleichten Haare, die aufgeklebten Traumwimpern, der breite, rotgemalte Mund, der Sexy-Bikini und der viele Schmuck wirkten an der hageren, sommersprossigen Frau wie eine Verkleidung.

Wie ein Mann, der sich als Frau geschminkt hat, schoß es Paul durch den Kopf. Sollte Hugo ...?

Er dachte den Gedanken nicht zu Ende, denn bei Pauls Handkuß schmolz der kantige Ausdruck in Priscillas Gesicht, und eine hundertprozentige Frau lächelte Paul plötzlich an.

„O mein Gott!" Priscilla richtete sich auf. „Dein Freund ist ja ein richtiger französischer Charmeur, ein galanter Beau Brummel! Wie interessant! Warum hast du mir davon nichts erzählt, *darling?*"

Paul lauschte dem Nachhall ihrer Worte. Es faszinierte ihn, wie diese Frau es ohne den geringsten Fehler in der Tonart schaffte, sich mit ihm in einer ganz angenehmen Altstimme zu unterhalten, aber sofort darauf eine Oktave höher und im Diskant Hugo herumzukommandieren. Trotzdem – als er sein Bier ausgetrunken hatte, wollte er nichts wie weg, um sich woanders zu entspannen. Mit Priscilla zu flirten kam ihm vor wie das gefährliche Spiel mit gewissen netten Tieren, die zwar glatt, pelzig und lieb sind, von denen man aber nie weiß, ob sie nicht plötzlich eine scharfe Kralle, einen Stachel oder eine Stinkdrüse einsetzen. Das war ihm zu anstrengend, und er schützte eine dringende Besorgung vor.

Während Paul Hollinger quer durch den Garten des *Aimeo* ging, hörte er noch das schrille Organ Priscillas: „Ein unheimlich interessanter Mann, dieser Freund von dir, Hugo, *my darling, my dear.* Ein Mann, der mit Frauen umzugehen weiß! Ein Killer, und nicht so eine Flasche wie du, Hugo, *my darling, my dear.*"

Vor dem Hotel stieg Paul auf sein Rad und fuhr einfach die Uferstraße entlang. Zehn Minuten später fragte er sich, welcher übelwollende Buschdämon ihn wohl veranlaßt hatte, die Uferstraße nach rechts hinunter zu fahren statt nach links. Nach links wäre er zur Anlegestelle der Papeete-Fähre, der KEKE, gekommen, wo er mit den Bootsleuten hätte plaudern und zusehen können, wer da alles ankam; nach rechts aber radelte er vierkant in die ausgebreiteten Arme von Uwe, dem Skipper der BUMERANG.

„Mann, Paul!" schrie Uwe fröhlich. „Wie gut, daß du gerade vorbeikommst."

Er zerrte Paul förmlich vom Rad und zum Kai, wo die BUMERANG vertäut lag. „Wir waren schon hinter Bora Bora, da ist mein Radio ausgefallen. Ohne Radio getraue ich mich aber nicht weiterzusegeln. So sind wir umgekehrt. Komm, sieh dir mal den Oszillator an, ich glaube, da liegt der Fehler. Komm, ich habe schon alles zerlegt."

Zähneknirschend und seinen Unglückstag verfluchend, kletterte Paul über die Reling der BUMERANG, den Niedergang hinunter, begrüßte Ute und Klein Coco und beugte sich über die Radiobestandteile, die auf dem ganzen Tisch verstreut lagen.

Paul seufzte. Drüben in Papeete gab es ja Radiotechniker, aber hier in Moorea ... Er winkte Uwe. „Wo ist dein Meßgerät? Gib mir das Handbuch, eine Lupe, einen feinen Schraubenzieher und mach mir ein Bier auf. Dann sehen wir uns diese Schweinerei mal an."

Uwe zwinkerte Ute zu und reichte Paul die verlangten Instrumente wie eine Operationsschwester. Ute kramte in der Eisbox nach einem besonders kalten Bier.

Als Paul an diesem Abend ungewöhnlich spät nach Hause kam, saß seine Frau unter der Stehlampe im Lehnsessel und stickte.

„Die BUMERANG?" fragte sie und bemerkte sofort seine müden Augen.

Paul nickte wortlos und ließ sich in den zweiten Lehnsessel fallen.

„Möchtest du ein kaltes Bier?" fragte Paula.

Paul schüttelte den Kopf und rülpste. „Entschuldige. Aber Ute hat mich mit Bier angefüllt, als wäre ich ein Karawanenkamel vor der Saharadurchquerung. Ich könnte aber einen großen Rum vertragen, ohne Eis."

Während Paula sein Glas füllte, erzählte Paul: „Ich hab' mir geschworen, daß ich Uwe diesmal nicht wieder helfe. Zwei Tage hat er selber an dem Gerät herumgeschraubt und dabei mehr kaputtgemacht, als man an einem Tag reparieren kann. Tausend Dollar wären das mindeste, was er in Papeete für die Reparatur hätte zahlen müssen, und du weißt doch, diese Weltumsegler leben mit einem derartigen Mini-Budget, daß sie schon ächzen und stöhnen, wenn sie eine neue Taschenlampenbatterie kaufen müssen. Was hätte ich also machen sollen? Hab' ich ihm halt das Ding wieder zusammengebaut." Paul griff kopfschüttelnd nach seinem Rum. „Ich weiß nicht, was diese Sportsegler in ihren Segelschulen lernen. Durch den Sextanten gucken kann jeder, aber ein einfaches Radio richten hat keiner gelernt."

Er trank langsam und genoß den in der Kehle brennenden

Schluck. „Wenn ich das ausgetrunken habe, muß ich dir von einer neuen Bekanntschaft erzählen. Hugo und Priscilla werden dir gefallen."

Am nächsten Tag gefiel ihm Priscilla nicht mehr. Er kehrte gerade fröhlich pfeifend von seiner Amateurfunkstunde zurück und steuerte wie gewohnt die Strandbar des *Aimeo* an, da rannte er Priscilla so überraschend in die Arme, daß es zu spät war für eine rettende Kursänderung. Priscilla hielt ihm die Hand zum Kuß hin wie eine Königin.

Wenn du das noch oft machst, Priscilla, dachte Paul ingrimmig, dann beiß' ich eines Tages fest zu.

Priscilla tätschelte auffordernd den Barhocker neben sich und zog einen Schmollmund, der zu ihr paßte wie ein Babyhäubchen zu einem Haifisch.

„Paul, Sie Ekel, warum haben Sie mir nicht erzählt, daß Sie Kapitän sind? Ich sterbe doch für Schiffe und die harten Männer, die darauf zur See fahren. Erzählen Sie mir etwas Aufregendes, am besten von einem gefährlichen Sturm."

Paul suchte fieberhaft nach einer passenden Ausrede, aber ihm fiel nichts Geeignetes ein, und er mußte wohl oder übel seine Sturmgeschichte erzählen.

„Hm ... Am aufregendsten war wahrscheinlich der Sturm vor vier Jahren, als ich noch nicht meine starke Stahlbarkasse fuhr, sondern einen alten hölzernen Segelkutter. Dieser Sturm hat damals hier viel Schaden angerichtet. Eine tropische Depression war in der Nähe von Rapa stationär geworden und brachte uns hier in Moorea kräftige Winde und sintflutartige Regenfälle. Dann fiel eines Abends das Barometer sehr schnell auf 860 Millibar, und jeder wußte, jetzt kommt es aber balkendicht."

Paul bemerkte, daß ihn Priscilla fasziniert ansah. Er fuhr fort: „Das war eine schauerliche Nacht, zappenduster, und dazu ein Platzregen, daß man vom Ruder aus den Bug nicht sehen konnte. Das Barometer sank und sank, und dann kam plötzlich der Sturm. Unsere Pao-Pao-Bucht ist ja gegen Wind von beinahe allen Seiten prächtig geschützt ..." Paul drehte sich um und wies auf die umliegenden hohen Berge. „Aber damals heulte es aus Norden heran, über das Riff, voll in die Bucht. Es stürmte so infernalisch, daß die Wanten orgelten und pfiffen . . .‟

Paul bremste sich in letzter Minute, weil er um ein Haar, mitgerissen von seiner eigenen dramatischen Erzählung, das Pfeifen der Wanten auf den Fingern nachgeahmt hätte. Er legte die Hände vor sich auf die Theke, um sie besser kontrollieren zu können, und nahm seine Zuflucht zu meteorologischen Daten.

„Die Windgeschwindigkeit wuchs innerhalb von zwei Stunden so an, daß die Spitzenböen mit 80 bis 85 Knoten in die Bucht jagten und hier auf diesem begrenzten Wasser eine hohe steile See von eineinhalb bis zwei Metern aufbauten; die hier liegenden Schiffe stampften und zerrten gewaltig an ihren Ankern. Im Hotel begannen selbst festgebundene Liegestühle davonzufliegen, bis dort hinüber zum Restaurant *Hakka*.‟

Priscilla hielt den Atem an und blickte über die kleine Halbinsel zum erwähnten Restaurant. Erst jetzt konnte sie sich vorstellen, was 80 Knoten Wind bedeuteten.

„Da muß es ja fürchterlich geweht haben“, rief sie. „Wahrscheinlich konnte man kaum ins Freie gehen, ohne daß einem die Frisur verwüstet wurde, nicht wahr?‟

Paul lachte. „Das kann man wohl sagen.‟ Er wollte gerade erzählen, wie damals dem armen Gärtner alle Haare ausgerissen wurden, als er versuchte, auf dem Bauch ins Pumpenhaus zu kriechen, entschied sich aber dann gegen dieses Detail, weil er nicht gern über Haarlose sprach.

„Der Gärtner wollte damals noch das Dach dieser Bar hier retten. Aber kaum hatte er den Schutz des Pumpenhauses verlassen“, erzählte er statt dessen, „da fetzte ihm der Wind mit einem Ruck alle Kleider vom Leib; fliegender Sand und Gischt frottierten ihn derart, daß der arme Kerl noch Tage später am ganzen Körper Schürfwunden hatte.‟

Priscilla versuchte, sich den nackten Gärtner im Sturm vorzustellen, und schauderte. Paul steigerte sich noch.

„Abgerissene Kokosnüsse flogen quer über die Bucht und schlugen da hinten ein wie Kanonenkugeln einer Schiffsbatterie. Das Dorf Pao Pao sah am nächsten Morgen wie zerbombt aus.‟

„Um Gottes willen, das muß ja schrecklich gewesen sein!‟

Paul sprach schneller: „Na, und erst die Schiffe! Wann die Yacht SNOWGOOSE ihre Anker ausbrach, weiß niemand, der Kapitän hatte ein Schlafmittel genommen und alles verschlafen. Die SNOWGOOSE trieb jedenfalls quer durch die anderen Yachten, zerschmetterte einige Beiboote, riß der Ketsch WHISKYBOTTLE den Korken – äh", Paul unterbrach sich, „den Bugspriet weg, wodurch der Mast von oben kam, und strandete dann am Ende der Bucht. Auf der MERRY GIRL brach ein Ankerschäkel, und sie trieb ebenfalls schnell ab, obwohl der Skipper mit der Maschine dagegenhielt. Aber der Sturm war stärker. Zum Glück verfing sich der Zweitanker der MERRY GIRL hinter einem Korallenblock, und so ritt sie den Sturm bis zum Morgen ab, wenn auch die Luken zu Bruch gingen und unten in der Kajüte allerlei zerbrach. Mein Anker hielt zwar, der war groß genug, aber dafür riß mir die Ankerwinsch aus dem Deck, dann gaben die Klampen nach, und mein Lotsenkutter trieb breitseits ab. Da war nichts zu machen. Die Mannschaft der BLUENOSE berichtete mir später, sie habe meinen Kutter im Gischt vorbeirasen sehen wie den Fliegenden Holländer. Kurz danach wurde er an den Strand vor Dr. Lebauchers Bungalow geworfen. In der Brandung rutschte er Meter um Meter höher, riß sich die Bordwand an der Gartenmauer auf und durchbohrte mit dem Mast die Wand von Dr. Lebauchers Schlafzimmer. Der arme Doktor ist ganz schön erschrocken, als mein Kutter da so in sein Schlafzimmer eindrang, das können Sie mir glauben, liebste Priscilla." Paul griff durstig nach seinem Bier.

Wie ein kleines, erschrockenes Mädchen schlug Priscilla die Hand vor den Mund und starrte Paul mit ängstlich aufgerissenen Augen an.

„Das muß ja schrecklich gewesen sein, Paul!" stieß sie hervor und griff impulsiv nach seiner Hand. „Was haben Sie in diesen letzten Sekunden empfunden, als der entsetzliche Orkan Sie ans Ufer schmetterte? Haben Sie an Frau und Kinder gedacht oder ein Gebet gesprochen – angesichts des sicheren Todes?"

„Ich? Ach, mir ging's gut", sagte Paul leichthin. „Während mein Lotsenkutter in Dr. Lebauchers Garten strandete, saß ich in Honolulu im De-Bishop-Museum und lauschte einem Vortrag Thor Heyerdahls."

Paul verdeckte Augen und Mund mit dem Bierglas und wartete

grinsend auf Priscillas Reaktion. Ihre Augen blieben noch eine Weile groß und aufgeregt, bis sie seinen letzten Satz richtig verstanden hatte, dann wurde ihr Gesicht scharf und kantig wie eine frisch gezückte Waffe. Paul wich unwillkürlich zurück. Vielleicht lag es an seinen zuckenden Mundwinkeln, jedenfalls stieß Priscilla plötzlich ein schrilles Lachen aus, boxte ihn in die Rippen und rief, nach Atem schnappend: „Du miserabler Gauner, du Pferdedieb, du notorischer Lügner!"

Paul grinste jetzt offen, aber nicht lange. Denn Priscilla sprang blitzschnell auf und fing ihn mit ihren Armen ein, daß ihm die Luft wegblieb; sie kicherte in sein Ohr, während ihr Schmuck klingelte und klimperte wie ein chinesisches Windgeläut.

Paul schwankte unter diesem Ansturm und sah sich hilfesuchend um. Die Rettung erschien in Gestalt des Dorfgendarmen, der aufgeregt winkend durch den Garten lief.

„Paul, Paul! Deine Barkasse! *Vite, vite!*" schrie er und zerrte Paul vom Barhocker. Vor Priscilla salutierte er zackig und bat sie in rasendem Französisch um Vergebung, aber es sei ein Schiff draußen am Riff in Seenot, und sein eigener Außenbordmotor streike schon wieder.

„Was sagt er?" wollte Priscilla wissen.

Paul machte sich schnell los von ihr. „Am Riff ist jemand gestrandet. Vielleicht sind Menschenleben in Gefahr. *Bye-bye, my darling, my dear.*"

Er rannte zu seinem Beiboot, gefolgt von dem Gendarm, der sein Käppi festhielt.

Priscilla sah ihnen zu, wie sie das Beiboot in einer eleganten Kurve längsseits an die rote Lotsenbarkasse brachten, die unweit vom Ufer ankerte. Cadousteau band das Beiboot an die Ankerboje und warf die Leine der Barkasse los, als Kapitän Hollinger den Dieselmotor gestartet hatte. Vom Ruder der Barkasse winkte ihr ein breitschultriger, rotbärtiger Seeräuber ein letztes Mal zu, während der Gendarm, den Schirm des Käppis in den Nacken gedreht, durch ein Marinefernglas nach vorn starrte.

„Was für ein Mann!" seufzte Priscilla und strich sich die gebleichten Locken zurück. „Hart wie eine Flasche Gin, aber immer bereit, sein Leben für andere einzusetzen."

Da fiel ihr Blick auf Hugo, der am Arm des Sportlehrers in den Garten humpelte. Er trug einen neuen Verband um die Stirn, was ihm ein morgenländisches Aussehen verlieh.

Priscillas gute Laune verflog. Ihre Lippen wurden schmal, sie bleckte die Zähne, und ihre Augen funkelten wie die Spitzen zweier Karborund-Bohrer. Maitai, das Barmädchen, bekreuzigte sich unwillkürlich.

„E mea ino ino! Das ist aber unangenehm!" stieß Jean Claude Cadousteau hervor, als der ROTE BIBER die Riffeinfahrt erreichte. „Der sitzt fest zwischen den Korallenblöcken. Nahezu 150 Meter ist der Teavaroa-Paß breit, aber er muß sich da rechts hinter der schwarzen Tonne aufs Riff werfen. Dieser Deutsche schielt wohl wie eine Seezunge, die man zwischen den Augen gefaltet hat."

Die weiße Stahlyacht mit der deutschen Flagge am Heck stak fest zwischen der westlichen Riffumrandung und den vorgelagerten Korallenblöcken. Wie zum Hohn ragte die schwarze Fahrwasserbegrenzungstonne etwa fünf Meter an Backbord aus dem glatten Wasser.

Hinter der Yacht brachen sich die Seen donnernd am Riff, und der Salzschaum flog über die Reling des Havaristen.

„Er hat Glück, dieser blinde Magellan", stellte Paul Hollinger fest. „Hier im Paß ist das Wasser ruhig, da kann ihm nicht viel geschehen."

Beim Näherkommen studierte er das Schiff, das so kurz vor der schützenden Bucht doch noch ins Riff eingeschlagen war. Überall an Deck lagen Segel herum, und ein hagerer, älterer Mann kämpfte mit flatternden Fallen und Schoten. Er hatte ein Stück buntes Vorhangtuch um die Hüften gebunden und eine ausgebleichte Prinz-Heinrich-Mütze auf. Am Heck las Paul befremdet in altmodischen gotischen Buchstaben den Schiffsnamen: KIOSK.

Sie waren inzwischen auf Rufweite heran, und Paul manövrierte vorsichtig mit Maschine und Ruder, um nicht zu nahe an die scharfen Riffkanten zu treiben; der Strom setzte gerade quer über die Einfahrt.

„KIOSK ahoi!" brüllte Paul hinüber, weil der Hagere sich nicht um die Lotsenbarkasse kümmerte, sondern fortfuhr, Segel einzurollen und Fallen festzulegen. Erst jetzt drehte er sich langsam um und schaute herüber. Er hatte einen mehrtägigen Stoppelbart und einen Unterbiß, was ihm mit dem vorgestreckten Kinn einen grimmigen Ausdruck verlieh. Er musterte den ROTEN BIBER aus zusammengekniffenen, wasserhellen Augen und fragte gedehnt: „Ja?"

„Oje, das ist einer von den ganz Schnellen", flüsterte Paul dem Gendarm zu, bevor er auf deutsch zur KIOSK hinüberrief: „Was machst du denn da auf dem Riff?"

Der Mann, der anscheinend Kapitän und Mannschaft der KIOSK in einer Person war, weil an Bord niemand zu sehen war außer einem braunen Dackel, der aus dem Niedergang guckte und jetzt zu bellen begann, fragte nach längerem Nachdenken zurück: „Wer läßt denn fragen?"

Paul sah kurz zum Himmel auf; das konnte ja noch gut werden. Er wendete den ROTEN BIBER und näherte sich wieder auf dem anderen Bug.

„KIOSK, für Späße ist jetzt keine Zeit. Wir fahren ganz dicht vorbei und werfen dir eine Leine zu, vielleicht können wir dich von den Blöcken schleppen."

Der Skipper grinste jetzt breit und tippte sich mit dem Zeigefinger an die Stirn. „Ihr könnt's mich! Den Trick kenn' i. Erst schleppt's mich mit euerem Tau ab, und nachher verlangt's ihr Haderlumpen a Million Bergegebühr. Da werd' nix draus! So g'scheit bin i scho' lang. I mach' euch scho' nix kaputt an euerem Riff. Fahrt's nur wieder zu euere Südseeweiber, bei mir könnt's nix erben."

„Was ist los? Was sagt er?" fragte Cadousteau, dessen Deutschkenntnisse doch nicht so weit reichten.

Paul seufzte. „Das scheint ein dickschädeliger Bayer zu sein. Er will sich nicht helfen lassen, sondern hält uns für Strandräuber."

Cadousteau dreht seine Kappe wieder mit dem Schirm nach vorn und zupfte sich das Hemd zurecht. „So? *Alors,* Paul, bring mich längsseits, ich werde diesen Bayern wegen Mißachtung der Gendarmerie Nationale verhaften. Dann sperren wir ihn in die Toilette und können dieses häßliche Eisenschiff in Ruhe von unserem Riff ziehen. *En avant!*"

„So geht das leider nicht. Wir würden mit dem ROTEN BIBER ge-

67

nauso festsitzen wie diese seltsame KIOSK." Paul hob die Stimme und brüllte wieder zu dem Bayern hinüber: „Verdammter Dickschädel! Ich bin Kapitän Hollinger, der Hafenmeister von Pao Pao. Du kannst hier nicht liegen bleiben. Wenn die Flut kommt, wirft es dich vielleicht über die Kante, und das Schiff ist verloren. Gib uns halt *deine* Schleppleine herüber, wenn du schon so mißtrauisch bist."

Der Bayer hörte gar nicht mehr zu; er bückte sich zu dem kläffenden Dackel, und Paul schnappte wegen des dröhnenden Dieselmotors nur ein paar Worte auf.

„. . . Gelt, Eusebius, dir g'fallen diese Franzmänner auch net. Vor hilfsbereiten Franzosen hüt' dich, Bub, hat mein Großvater immer g'sagt. Des machen's nur, damit's dir dann leichter dein Geldbörsel ziehen können. Na, na . . ."

Jetzt riß Paul die Geduld. „Übernimm bitte das Ruder, Jean Claude! Ich schwimme mit einer Leine hinüber und werde diesen störrischen Bayern zähmen. Laß mir dieses Tau nach."

Paul band sich ein dünnes Tau mit einem Palstek um die Brust, zog die Leinenhose aus und hechtete mit einem Satz über die Reling. Er kraulte ein Dutzend Meter mit der Strömung und ließ sich dann von den Wellen hinter die schwarze Tonne tragen. Auf dem ersten Korallenblock richtete er sich im hüfttiefen Wasser auf und besah sich die Situation. Dann schwamm er auf den weißen Rumpf zu. Kurz vor der hoch aufragenden Bordwand holte er tief Luft und tauchte. Im Unterwasserblau tanzten Lichtreflexe, und ganze Schwärme bunter Korallenfische schossen aufgeregt hin und her. Die KIOSK lag wie in einem kleinen Schwimmbecken. Der Kiel saß auf einem runden Felsblock, und die Strömung hielt das Schiff fest an die Riffkante gedrückt. Genau das hatte Paul überprüfen wollen. Es mußte möglich sein, die KIOSK achteraus abzuschleppen, wenn nur der Kiel wieder von dem Felsen glitt. Pauls Luft ging zu Ende, er tauchte schnell auf und schwamm, von der letzten Welle getragen, hoch an die Bordwand heran; in der nächsten Sekunde hing er mit beiden Händen an einer Relingsstütze.

Ein drohender Schatten überragte ihn und schwang eine Winschkurbel. „Ah, hast denkt, du überlistest mich, wenn'st tauchst? Trau dich nur raufzuklettern", rief der Bayer vom Deck herunter. „Ich schlag' dir sofort den Schädel ein."

Jetzt wurde Paul langsam böse. „Hör doch, du Depp!" schrie er. „Ich will dir nur helfen, da runterzukommen, bevor deine Kiste da oben verrostet. Wie kann man nur so stur und vernagelt sein?" Der Kapitän der KIOSK lachte hämisch. „Da werd' nix draus. Das hab' ich überall g'lesen, daß die Kanaker in der Südsee erst freundlich winken und an Bord schwimmen, und wann'st wegschaust, schneiden's dir die Gurgel durch, und du landest im Kochtopf. Hast dir das falsche Opfer ausg'sucht, Herr Riffpirat! Nicht mit dem Panninger Sepp!"

„Dann schlag mir halt den Schädel ein, Arschloch!" stieß Paul jetzt schon ganz fuchtig hervor und schwang sich mit der nächsten Welle an Bord.

Als er hochsah, stand der Panninger Sepp am Backbordwant und kratzte sich seinen Stoppelbart.

„Arschloch, hast g'sagt?" murmelte er nachdenklich.

„Ja, das hab' ich gesagt."

„Hm", murmelte der bayrische Kapitän. „Wenn'st einen net kennst, ist es allerweil das Beste, du bist erst mal fei' mißtrauisch, hat mei' Großvater g'sagt. Bist aber zuvuil mißtrauisch, heißen's dich eh' a Arschloch, hat er g'sagt." Der bayrische Kapitän fixierte Paul schräg. „Ich . . . ich bin also ein Arschloch."

Paul grinste. „Jawohl, das bist du. Sonst wärst du nicht so saublöd hinter die Tonne da gelaufen, wo doch der Paß breiter ist als die Schank vom Hofbräuhaus, oder?"

Der Panninger Sepp fuchtelte mit den dünnen Armen. „Die Strömung und der mistige Wind war'n des. Zuerst bin ich sauber und grad' auf den Paß zu, genau mit der Peilung, die wo in dem englischen Hafenhandbüchl drinsteht. Und weil der Wind so schön g'standen ist, hab' i mir denkt, Sepp, da fahrst fei' schnurgrad' unter Segel rein, damit die Weiberleut hier mal was zu sehen kriegen. Ja, und auf einmal fahrt mir der Malefizwind von der andern Seit'n unter die Segel, die schlackern umeinander, und bevor i noch schimpfen kann: ‚Hol euch der Geier!', packt mich die Strömung und pappt mich hier an die Felsblöck'." Er richtete wieder ein mißtrauisches Auge auf Paul. „Du denkst doch nicht etwa, der Panninger Sepp weiß net, daß man die schwarze Tonne an Steuerbord lassen muß, oder?"

„Wäre mir nie im Traum eingefallen", sagte Paul, ohne eine Miene zu verziehen. „Also? Wollen wir jetzt versuchen, deine KIOSK vom Riff zu schleppen?"

Sepp starrte hinüber zum Ufer. „Nacha gemma's an! Gibt's fei' a gutes Bier dort drüben? Mei' letzte Flasch' ist vor Wochen über die Reling."

Paul wußte, daß er jetzt gewonnen hatte. Er sicherte dem Bayern ein großes kühles *Hinano*-Bier zu, von einer beinahe bayrischen Qualität. Der Panninger Sepp entwickelte daraufhin eine zielsichere Aktivität, schleppte wortlos eine schwere Trosse an Deck, und mit wenigen Handgriffen hatten sie die dünne Leine angesteckt; Kapitän Hollinger schwang sich wieder über die Reling.

„Du startest deine Maschine und gibst jedesmal voll zurück, wenn die KIOSK zu rucken beginnt. Wir werden sie in dieser Richtung vom Felsen ziehen." Er deutete mit ausgestreckter Hand in die geplante Abbergerichtung. „Also, viel Glück für uns beide, Sepp!"

Paul ließ sich ins Wasser fallen und von Cadousteau an der Leine wieder zurückziehen zum ROTEN BIBER. Dann holte er gemeinsam mit dem Gendarm die schwere Trosse an Deck. Fünf Minuten später wurde der stille Nachmittag vom Dröhnen der Dieselmotoren zerrissen, Auspuffschwaden zogen über das schaumig aufgerührte Wasser, und die schwere Manilatrosse spannte sich knackend. Paul wartete, bis eine besonders große Welle über das Riff gerauscht kam und sich tosende Kaskaden in das kleine Bassin der KIOSK ergossen, dann gab er Vollgas. Das Heck der KIOSK kam von der Riffkante frei, und der hohe Mast der Yacht neigte sich jetzt schräg auf die andere Seite. Wieder kam eine große Welle, und sie gewannen einen weiteren Meter. Paul blickte zurück. Das verkniffene Nußknackergesicht Sepp Panningers war über seinem Ruderrad zu sehen, er hob die Faust mit hochgestrecktem Daumen. Wieder spannte sich die Trosse, die Festmacherklampen begannen zu ächzen, da – ein schabendes, kratzendes Geräusch, als schleife jemand leere Benzinkanister über eine Gehsteigkante, dann schoß das weiße Schiff mit dem Heck voran in das kochende, aufgewühlte Wasser des Passes. Der Mast tanzte, als wolle er vor Freude abbrechen.

„*Ça va, ça va!*" brüllte Cadousteau begeistert und schwenkte

seine Kappe. Paul gab Vollgas und donnerte durch den Paß, die
KIOSK mit dem Heck voran durch die Einfahrt schleppend. Sepp
Panninger kurbelte wie besessen am Ruder. Paul Hollinger stellte
den Gashebel auf Leerlauf und machte die Trosse los.

„Ganz prima!" Der Bayer tanzte in seinem Cockpit. „Das ist der
erste Hafen, wo ich mit dem Arsch voran eingelaufen bin. Wie ist
das nun mit dem Bier?"

„Dieser Panninger Sepp ist ein richtiges Münchner Original", erzählte Paul beim Abendessen seiner Frau. „Ich habe ihn wegen des
Schiffsnamens gefragt, weil doch KIOSK nicht so leicht mit Schiffen
und der See in Verbindung gebracht werden kann, sondern eher an
Zeitungsstände und Bahnhofsgeschäfte erinnert. Darauf hat er gesagt, gerade für ihn sei KIOSK der direkte Weg zum Meer. 35 Jahre
lang habe er in seinem Kiosk am Münchner Hauptbahnhof Äpfel,
Schokolade, Wurstsemmeln, Käsestangen, warmen Leberkäse,
Salzbrezeln, Limonade und Bier verkauft. 35 Jahre lang habe er sich
vom Zeitungskiosk nebenan Reisemagazine und Yachtzeitungen
ausgeborgt und sei in Gedanken in der ganzen Welt herumgesegelt.
An seinem 55. Geburtstag hat ihn dann der Rappel gepackt, er
konnte Leberkäse und Senf nicht mehr riechen; er hat den Kiosk
verkauft, für das Geld in Holland ein preiswertes Stahlschiff erwor-
ben und ist losgesegelt, um zu sehen, ob die Welt wirklich so schön
ist wie in den Magazinen." Paul lachte. „Und deshalb heißt das
Schiff KIOSK. Dieser Sepp war noch nie auf See, aber nachdem er 35
Jahre lang Yachtzeitungen gelesen hat, ist derart viel bei ihm hängengeblieben, daß er eigentlich sehr gut mit seinem Schiff zurecht-
kommt. Er will jetzt so lange hierbleiben, bis seine Pension überwie-
sen ist oder ihn die Gendarmerie hinauswirft. Obwohl er kein Wort
Französisch spricht, ist er allein mit Cadousteau zum Einklarieren
gegangen und wollte keine Hilfe von mir. Er ist das Gegenteil von
diesem Uwe auf der BUMERANG. Sepp macht am liebsten alles selber
und beißt sich eher die Zunge ab, bevor er jemanden um Unterstützung ersucht. Wir müssen ihn mal zum Essen einladen, er wird dir
gefallen, Paula."

„Meinst du, er wird mich trösten, wenn du wieder mit Priscilla
flirtest?" fragte Paula spitz.

Paul sah von seinem gegrillten Fisch auf. „Erstens flirte ich nicht mit diesem grauslichen Weib und . . ."

Jetzt hörte auch Paula zu essen auf. „Ach nein? Dann ist sie ja wirklich grauslich, wenn sie harmlos vorbeigehende Männer ohne Grund anfällt und küßt. Ja, was machen wir denn da?"

Paul ging auf ihren spöttischen Ton nicht ein; er starrte perplex auf seinen Teller. „Das ist wirklich eine gute Frage. Was mache ich bloß? Ich kann ja nie wieder gemütlich ein Bier an der Bar des *Aimeo* trinken, solange diese Priscilla und ihr Hugo hier Urlaub machen. Soll das der Lohn für meine gute Tat sein?"

Paula sah ihren Mann genauer an. „Das hört sich ja so an, als hättest du wirklich Probleme, Hollinger-*tane*?" fragte sie mit veränderter Stimme.

Paul nickte. „Die habe ich in der Tat, Hollinger-*vahine*. Aber nicht nur, weil mich Priscilla jagt wie das seltene weiße Nashorn, jetzt habe ich auch noch diesen Hugo am Hals." Er schnitt eine jammervolle Grimasse. „Als ich abends meinen Sender abstimmte, paddelte Hugo zum ROTEN BIBER und guckte plötzlich durchs Bullauge. Bevor ich etwas sagen konnte, war er schon an Bord und machte es sich in der Kajüte bequem. Er fand es unheimlich gemütlich auf dem Schiff, zog eine Flasche Whisky hervor und bat um Gläser."

Paula pfiff durch die Zähne. „Hast du ihm nicht gesagt, daß du beim Funken absolut nicht gestört werden willst?"

Paul schüttelte unglücklich den Kopf. „Ich hab's nicht übers Herz gebracht, ihn gleich hinauszuschmeißen. Er hat mich auch zuerst nicht gestört, hat ganz ruhig drei Glas Whisky in sich hineingekippt, dann hat er gefragt, ob er die Flasche bei mir an Bord lassen könne, und ist leise mit dem geliehenen Auslegerkanu wieder ans Ufer gerudert."

Paula schüttelte verwundert den Kopf. „Das heißt also, er kommt morgen wieder auf die Barkasse, um weiterzusaufen."

„*E mea papu!* Ganz sicher", murmelte Paul dumpf. „Ich bin von diesen Amerikanern umzingelt."

„Mein armer Paul." Paula griff hinter sich auf den Schreibtisch und stellte eine bemalte Kokosnuß vor ihn hin. „Wie gefällt dir das? Der Lack ist schon trocken, du kannst sie anfassen."

Paul griff neugierig danach. Die Nuß war poliert, oben weiß und unten rot bemalt, mit einem schwarzen Streifen in der Mitte. Oben hatte sie einen Schlitz wie ein Sparschwein. Paul las die Aufschrift: „MGzRSch – Was ist denn das?"

Paula tat erstaunt. „Das kennst du nicht? Die Nuß ist eine Sammelbüchse der MOOREA-Gesellschaft zur Rettung Schiffbrüchiger. Ich habe sie heute entworfen, als ich euch da unten an der Bar Bier trinken sah. Diese Büchsen werden jetzt in allen Hotels, Postämtern und Banken aufgestellt, damit die wackeren Retter sich auch dann ein Bier kaufen können, wenn sie einmal jemanden retten, der nicht so gut bei Kasse ist wie der Panninger Sepp."

Paul Hollinger kniff ein Auge zu. „Dir entgeht wohl nichts auf dieser Insel, *hein?*" Er lachte lauthals. „Aber diese Sparbüchse gefällt mir. Saubere Arbeit." Paul schüttelte die Büchse. „Da ist ja sogar Geld drin." Er versuchte, durch den Schlitz ins Innere zu schielen. „Kannst du mir noch eine knallrote basteln mit der Aufschrift: ,Lotsenbarkasse ROTER BIBER, Korkengeld'? Dann kassiere ich wenigstens ab, wenn Hugo bei mir an Bord seine Flasche leert. Das ist nur recht und billig."

Um vier Uhr früh stand Paul endlich auf, nachdem er sich die ganze Nacht schlaflos im Bett gewälzt hatte. Die Sache mit der ausgehöhlten Kokosnuß ließ ihm keine Ruhe: Wie war es Paula gelungen, das harte Kokosfleisch durch den kleinen Schlitz zu entfernen? Er schlich sich ins Zimmer, zündete die Petroleumlampe an und untersuchte die bemalte Sammelnuß von neuem.

So fand ihn seine Frau im Morgengrauen: am Schreibtisch eingenickt, das Kinn in die Hand gestützt, die Nuß prüfend in der Hand – wie der berühmte dänische Prinz mit dem Totenschädel.

„Hast du eine Antwort auf deine Frage gefunden, Hamlet?" weckte Paula ihn.

„Wie, was, wo?" Paul brauchte eine Zeitlang, um in die Wirklichkeit zurückzufinden. Da fiel der erste Sonnenstrahl schräg auf die lackierte Nuß. Jetzt erst sah er den winzigen Schatten des gut verschliffenen Sägeschnitts, wo Paula die Nuß erst zersägt, das weiße Kokosfleisch entfernt und die Nuß dann wieder zusammengeklebt hatte. Ein lautloses Lachen begann ihn zu schütteln.

„Ja, ich habe die Antwort auf meine Frage gefunden", sagte er und zog Paula in seine Arme. „Ich habe die raffinierteste Frau der Welt."

Am nächsten Tag war Paul Hollinger ziemlich viel unterwegs. Er half Cadousteau, den Außenbordmotor des Patrouillenboots zu reparieren, verabschiedete Uwe, Ute und Klein Coco von der BUMERANG, die wieder einmal endgültig nach Rarotonga aufbrachen, und er fuhr mit dem Rad zur Post in der Nähe des Flughafens Temae und gab verschiedene Päckchen auf: besonders exklusiv bemalte *pareos* für Boutiquen in Papeete und Bora Bora, die Paula auf Bestellung angefertigt hatte.

Als er um fünf Uhr wieder daheim auftauchte, sah ihn Paula erstaunt an. „Was ist denn los, Hollinger-*tane*? Kein Sonnenuntergangstrunk im *Aimeo,* keine Funkplauderstunde heute?"

Paul stapfte schwer zum Lehnsessel und ließ sich fallen wie ein vergeßlicher Taucher, der noch alle Bleigewichte um die Hüften trägt und sich wundert, warum er sich so niedergedrückt fühlt.

„Ich werde verfolgt von diesen Amerikanern!" stieß er hervor. „Jetzt muß etwas geschehen. Da ich seit gestern einen großen Bogen um die Strandbar mache, hat mir Priscilla beim Bootssteg aufgelauert; sie hat sich unter dem Steg im Wasser versteckt. Als ich das Beiboot losmachen wollte, bekam ich beinahe einen Herzschlag, als plötzlich zwei weiße Arme aus dem Wasser fuhren und mich an den Ohren packten. Dann tauchte eine schreckliche Medusa auf und küßte mich mit Salzwassergeschmack." Er hob seine Hände, die leicht zitterten. „Gib mir bitte etwas Kräftiges zu trinken, Paula, *my darling, my dear . . .* Um Himmels willen!" Paul sprang auf und stürzte zum Spiegel im Badezimmer. „Das ist doch hoffentlich nicht ansteckend? Ich habe sonst nie *my darling, my dear* gesagt." Er starrte sein Spiegelbild fragend an.

Paula packte ihn bei den Schultern und schubste ihn zurück zum Lehnstuhl.

„Nun mal ganz ruhig, Hollinger-*tane!*" sagte sie und bügelte seine zuckenden Finger mit den Handballen flach auf die Sessellehnen. „Erzähl mir, was dich erschreckt, oder erzähl es mir nicht, ich mache dir einen schönen Drink, aber bitte sause hier nicht herum

wie dieser nervöse französische Schauspieler mit dem Gummige-
sicht."

Paul sah ihr zu, wie sie die Rumflasche holte.

„Ich bin die Ruhe in Person", stieß er hervor. „Aber das ist zuviel.
Ich habe niemandem etwas zuleide getan, und trotzdem kann ich
nicht mehr in Ruhe auf mein Schiff gehen. Jeden Abend kommt dieser verdammte Hugo und trinkt seinen geschmuggelten Whisky.
Und jetzt finde ich auch noch ein Briefchen an Bord. Von Priscilla."

Er sprach diesen Namen mit demselben furchtsamen Beben in der
Stimme aus, wie die Bewohner flacher Atolle die weiblichen Vornamen von Hurrikanen stammeln, deren Bahnen sich den Inseln nä-
hern.

„Sie schrieb mir, sie hätte sich vom Sportlehrer eine Piroge geliehen und würde mich heute abend nach Einbruch der Dunkelheit an
Bord besuchen . . ." Er ließ das Ende des Satzes wie eine fürchterli-
che Drohung in der Luft hängen.

Paula lachte kurz auf. „Dann ist ja alles in Ordnung. Das hast du
sehr geschickt gelöst, Hollinger-*tane*. Heute abend werden sich
Hugo auf der Suche nach Whisky und Priscilla auf der Suche nach
Liebe auf deinem Schiff treffen. Und morgen werden wir ja sehen,
ob sie sich gegenseitig erwürgt, gemeinsam besoffen oder miteinander versöhnt haben. Gefällt dir das nicht?"

„Nein!" sagte Paul bestimmt. „Das gefällt mir deshalb nicht, weil
es sich auf meiner Barkasse abspielt. Ich werde ganz wild bei dem
Gedanken, daß ich mein eigenes Schiff nicht mehr betreten kann.
Ich werde mich jetzt mit einem schönen Bier zurückziehen und einen genialen Plan ausarbeiten, wie ich diesen Hugo und diese Priscilla wieder aus meinem Leben entferne."

Paul war am nächsten Morgen unzufrieden. Am Vorabend war er
nicht mehr dazu gekommen, einen durchtriebenen Anti-Priscilla-
Plan zu entwickeln, weil er vor Erschöpfung in der Hängematte eingeschlafen war. Nach dem Frühstück borgte er sich einen Jeep von
Maurice und fuhr rund um die Insel, um verschiedene Boutiquen
im *Bali Hai* und *Kia Ora Hotel,* im *Club Méditerranée* und in Papetoai mit *pareos* aus Paulas Werkstatt zu beliefern. Am späten Nachmittag fuhr er fröhlich pfeifend durch das Dorf Pao Pao, da sah er

eine bekannte Gestalt aus dem Wartezimmer Dr. Lebauchers hinken. Er bremste den Wagen.

„Hallo, Hugo! Was machst du denn schon wieder beim Doktor?" Hugo drehte sich langsam um. Er stützte sich schwer auf einen Holzstock. Als er Paul erkannte, rief er: „Paul, Paul!" Dann schaute er weg und schniefte. Der Stock, den er umklammerte, zitterte.

Paul stieg aus, ging um den Jeep herum und drückte Hugo wortlos in den Beifahrersitz. Er legte ihm den Stock auf den Schoß und hob seine Beine hinein. Dann stieg er wieder ein und fuhr los. Aber nicht zum *Hotel Aimeo,* sondern in die andere Richtung. Bei der Brücke bog er nach links ab und brauste die Straße durch den Buschwald hinauf zum alten *marae* oben im Tal. Hugo blieb stumm. Paul fuhr in Rennfahrermanier, mit Zwischengas in den vielen Kurven, er flitzte durch die Teakpflanzungen, vorbei an der landwirtschaftlichen Versuchsstation, bis hoch hinauf zum Belvedere, dem Aussichtspunkt, von dem man in die Pao-Pao-Bucht und in die benachbarte Papetoai-Bucht hinuntersehen konnte. Es war vollkommen ruhig, nur ein paar Vögel pfiffen irgendwo im Wald; die beiden Buchten wirkten von hier oben wie Silberspiegel zwischen faltigen grünen Samtbergen.

Sie saßen eine Weile schweigend da, dann stieß Paul den Amerikaner an. „Erzähl!"

Hugo starrte auf die Bucht hinunter und begann dann übergangslos mit einer flachen, unbeteiligten Stimme: „Als ich dich gestern besuchen wollte, war das Schiff abgesperrt, und du warst nicht da. Da habe ich mich vorne hingesetzt, um zu warten. Als es schon ganz dunkel war, kam ein Boot. Ich dachte, jetzt kommst du endlich, und stand auf, um dir an Bord zu helfen. Aber der Schatten sagte mit der Stimme meiner Frau: ‚Ich bin es, Priscilla, dein *darling,* dein *dear.*' Da bin ich sehr erschrocken, weil ich dachte, sie hat das mit der Whiskyflasche herausbekommen, und habe versucht, im Dunkeln zu fliehen. Priscilla hat aber blitzschnell eine Taschenlampe aus dem Ruderstand gerissen und mich angeleuchtet. Dabei schrie sie: ‚Hugo, du gemeiner Verbrecher!', und schlug mir mit der großen Stablampe auf den Kopf. Ich habe versucht, die Lampe festzuhalten, da ließ sie los, ich fiel plötzlich ins Wasser, und die Lampe ging unter."

Paul nickte sarkastisch. „Das war ein Akkuscheinwerfer für dreihundert Mark."

Hugo überhörte diesen Einwand. „Als ich das Wasser aus den Ohren hatte, hörte ich Priscilla schreien. Sie befahl mir, sofort zu ihr zu kommen, damit sie mich umbringen könne. Sie tobte, wie ich es bei ihr noch nie erlebt hatte. Da suchte ich mein Kanu, band es los und schwamm damit fort. Als ich sie nicht mehr hörte, kletterte ich in das Kanu und beschloß, auf den Ozean hinauszurudern, um dort zu sterben. Ich bin sehr lange gerudert, bis man keine Lichter mehr sehen konnte, und habe mich dann hingelegt. Aber als ich erwachte, war ich am Ufer bei Dr. Lebauchers Garten."

Paul nickte wieder. „Bei Nordwind treibt alles bei Dr. Lebaucher an, genau wie mein alter Kutter. Ich frage mich, ob er seine Praxis deshalb da hinten gebaut hat."

Hugo sprach weiter: „Priscilla macht mich jetzt bestimmt fertig, wenn ich zurückkomme." Er zupfte an seiner zerknitterten Hose. „Paul, was machst du eigentlich, wenn du mit deiner Frau mal Streit hast?"

Paul kam plötzlich die Idee, die er seit einem Tag gesucht hatte: Er würde Hugo psychologisch aufbauen und sich dann ihn und Priscilla auf einen Streich vom Hals schaffen. Endlich wußte er, wie.

„Hör gut zu, Hugo", sagte er und rekelte sich in seinem Kübelsitz bequem zurecht. „Paula und ich, wir streiten schon lange nicht mehr. Wir haben viel von den Tahitianern gelernt. Die sind nicht nur ein glückliches Volk, weil sie in der Südsee leben, sondern weil sie miteinander ohne ständige Streitereien auskommen. Sie haben da ein uraltes System, das ausgezeichnet funktioniert und unseren westlichen Regeln des Zusammenlebens haushoch überlegen ist. Es wundert mich immer wieder, daß keiner unserer Philosophen oder Psychologen je darauf gekommen ist, obwohl es das Natürlichste und Einfachste der Welt ist. Die Polynesier nennen es *fiu*. Paß auf, ich werde es dir anhand eines einfachen Beispiels erklären. Was machen unsere westlichen Pärchen, wenn sie geheiratet haben? Sie glauben, daß sie von nun an leben werden wie im Märchen, in einem ewig währenden rosa Glücksrausch, zärtlich turtelnd bis an ihr Lebensende. Ausgerüstet sind sie nur mit guten Ratschlägen über

Güte, Demut, Verständnis, Selbstkontrolle, meist unpassenden Sprichwörtern und dem sehr oft negativen Vorbild der Eltern; aber die jungen Tahitianer haben als Glücksgarant schon den *fiu*-Trumpf in der Tasche. So passiert in unseren Ehen immer wieder dasselbe: Damit es möglichst lange keinen Streit gibt, schlucken beide Partner Verärgerung, Unmut, Vorwürfe, Zurücksetzung und Beleidigungen hinunter, bis sie davon so aufgebläht sind wie gereizte Kugelfische, die bewegungsunfähig im Meer treiben und weder atmen, noch schwimmen, noch fressen können. Bevor sie platzen oder ersticken, müssen die Kugelfische dann doch alles ausspucken, und genauso machen es viele Ehepaare. Dann ist Feuer am Dach, dann fliegen die Fetzen, und Gift und Galle spritzen bis zu den Nachbarn. Die vorher so zärtlich Verliebten verletzen einander brutaler, als es ein Außenstehender je könnte." Paul lachte kurz auf. „Siehst du, Hugo, so etwas kennen die Tahitianer nicht. Und weißt du, warum? Weil sie sofort aufstehen und fortgehen, wenn sie merken, daß sie *fiu* sind. *Fiu* ist jeder, der fühlt, daß ihm irgend etwas auf die Nerven geht, daß er unlustig wird, daß er mit seinem Partner, mit seiner Familie, mit seiner Umgebung, mit seinem Leben nicht mehr zufrieden ist. Dann ist er *fiu,* läßt alles liegen und geht weit fort; er kommt erst zurück, wenn er absolut nicht mehr *fiu* ist. Dann freuen sich alle und lachen wieder, es gibt keinen Streit und keine verletzten Gefühle. Das ist das ganze Geheimnis. Na, was sagst du dazu? Ist das nicht ganz phantastisch?"

Hugo schien echt verwirrt zu sein. „Was heißt, sie gehen einfach fort? Wohin gehen sie?"

Paul machte eine weitschweifende Handbewegung. „Ach, irgendwohin. Aufs Riff fischen oder in eine Bucht baden, oder sie legen sich unter eine Palme und spielen Gitarre. Sie fahren auch mal auf eine andere Insel zu Freunden oder Bekannten oder einfach ins Blaue."

„Das hört sich ja ganz vernünftig an, aber ..." Hugo schüttelte den Kopf. „Was sagen sie denn ihrer Frau? Und was sagt denn die Frau dazu, wenn der Mann einfach weggeht? Sie wird doch sofort wissen wollen, wohin und warum und ..."

„Aber das ist ja der springende Punkt beim *fiu*", rief Paul. „Niemand sagt natürlich, daß er jetzt weggeht. Wer kann denn schon erklären, warum er *fiu* ist? Da geht der Wirbel ja erst recht los! Nein, wer *fiu* ist, verschwindet wortlos. Verstehst du jetzt diese grandiose Einrichtung?"

Hugo wurde etwas munterer. „Ich kann mir nicht vorstellen, daß die Frauen hier es sich gefallen lassen, wenn ihre Männer ständig ohne ersichtlichen Anlaß abhauen. Das ist doch keine Lösung. *Jeepers, creepers,* wenn ich daran denke, wie Priscilla . . ."

„Du hast die Hauptsache noch immer nicht verstanden, Hugo", unterbrach ihn Paul. „*Fiu* darf jeder sein, ob Mann, Frau oder Kind. Wenn der Mann *fiu* ist und wegbleibt, wird sich die Frau überlegen, was ihn wohl *fiu* gemacht hat, und während sie allein ist, fällt es ihr vielleicht ein. Wenn er dann zurückkommt, ist sie glücklich, daß er es inzwischen vergessen hat, und ist besonders nett zu ihm. Wenn sie aber nicht weiß, warum er *fiu* ist, dann wird sie selbst im Lauf der Zeit *fiu,* und wenn der Mann zurückkommt, ist das Haus leer, weil jetzt die Frau weg ist. Nun muß der Mann kochen und das Haus in Ordnung halten und kann darüber nachdenken, ob seine Frau vielleicht gar nicht schuld an seinem *fiu* war. Und wenn sie zurückkommt, ist er besonders nett zu ihr. Wie man es auch dreht, wenn man statt zu streiten *fiu* anwendet, sind am Ende alle glücklich und froh. Ich sage dir, es funktioniert immer, und ich spreche aus Erfahrung. Ich bin immerhin schon dreißig Jahre verheiratet."

Hugo sah zum blauen Himmel auf und betrachtete die ziehenden Wölkchen. Er seufzte. „So, wie du das schilderst, Paul, hat die Sache etwas von einem Zauberspruch an sich. Irgendwo ist darin eine Wahrheit versteckt, die mir etwas sagt. Aber ich sehe noch nicht, was. Ich muß über diese Geschichte erst nachdenken, muß mir klarwerden, worin für mich der Profit liegt. Aber du hast mir schon viel geholfen, ich bin längst nicht mehr so niedergeschlagen wie vor einer halben Stunde. Du bist ein großartiger Bursche, Paul!"

Kapitän Hollinger sah auf seine Uhr. „Ich muß jetzt den Jeep zurückgeben. Wohin soll ich dich bringen?"

Hugo rappelte sich plötzlich auf und kletterte aus dem Wagen. „Ist schon okay", sagte er. „Fahr los, Paul, alter Freund. Ich bleibe noch eine Weile hier sitzen, hier auf diesem Berg, und halte mir selber ein großes Jamboree. Fahr los!"

„Du läufst gut zwei Stunden bis hinunter", warnte Paul.

„Das ist okay." Hugos Laune schien immer besser zu werden. „Ich bin ein alter Jogger. Bergab schaffe ich das in der Hälfte der Zeit. Fahr zu, Paul! Und Dank dafür, daß du mir wieder in den Sattel geholfen hast."

Paul zögerte einen Moment, dann zuckte er mit den Schultern und ließ den Jeep anrollen. Hugo war schließlich alt genug und konnte auf eigenen Füßen stehen. Nur das mit dem verlorenen Akkuscheinwerfer ärgerte Paul gewaltig.

Als er am Kai vorbeifuhr, sah er ein so ungewöhnliches Bild, daß er bremste. Kisten, Kanister und Schiffsausrüstung waren dort zu einem Berg gestapelt. Der weiße Rumpf einer Yacht wurde von schweren, am Mast angebrachten Taljen so weit seitwärts gekrängt, daß das grünbewachsene Unterwasserschiff in der Sonne schimmerte. Ein halbes Dutzend Tahitianer zog unter Gelächter und Gebrüll an den Taljen, dazwischen rannten kleine braune Kinder und ein bellender Dackel herum.

„Ja, grüaß Gott, Paul!" Sepp Panninger, Kioskbesitzer im Ruhestand, war fast nicht wiederzuerkennen. Statt der verblichenen Prinz-Heinrich-Mütze hatte er einen mit Kaurimuscheln verzierten Palmstrohhut auf, Blumengirlanden hingen um seinen Hals, und der Vorhangstoff um seine Hüften war einem kräftig gemusterten *pareo* gewichen.

„Gelt, da schaugst? Fei' hamm's mi rausputzt, meine Kanaken. Ja, der Chef muß immer der Schönste sein, damit man ihn auch als Chef erkennt. Und dick muß er sein, dann wer'ns rasend, die Teufelsweiber, die braunen." Er schlug sich klatschend auf seinen Bauch, der schon leicht rund geworden war.

Paul begriff immer noch nicht ganz, was Sepp da mit seinem Schiff machte. „Du willst doch nicht etwa versuchen, die KIOSK so weit zu krängen, daß du am Unterwasserschiff arbeiten kannst? Da geht dir doch der Mast zu Bruch!"

Sepp drehte sich stolz um und lachte. „Ja, was glaubst! Da tät' ich vielleicht weit kommen, wenn ich allemal in einer Werft aufslippen wollt, wenn da unten ein Hacker oder ein Loch oder zuvuil Gras drauf ist. Am besten is', den Mast aufs Ufer runterziehen, wie's schon die alten Seefahrer g'macht haben, als noch nicht überall Werften war'n. Das hab' i den Holländern gleich g'sagt. ‚Mijnheeren!' hab' i g'sagt, ‚macht's mir fei' vuil Auftrieb am Schandeck und einen festen Mast, daß ich den Kübel so weit wegkrängen kann, daß der Kiel fei' trocken rauskommt.' So hab i denen's damals g'sagt. Und g'macht ham'ses." Sepp Panninger nickte stolz.

Paul Hollinger sah den Münchner jetzt in einem anderen Licht. Dieser Gemischtwarenhändler war aus echtem Weltumseglerholz geschnitzt, kein Romantiker wie Uwe von der BUMERANG. Der Panninger Sepp wurde sehr gut mit allen auftauchenden Schwierigkeiten selber fertig. Paul war beeindruckt, aber eines interessierte ihn noch.

„Wie ist es dir denn gelungen, die Leute hier zum Arbeiten zu bringen? Normalerweise sind sie weder für Geld noch für gute Worte zu so schwerer Arbeit zu haben."

Sepp Panninger lachte kurz auf. „Bei mir is' was anders. Das is' mei' Familie, die da arbeit'. Und i bin der Chef, da gibt's nix. Wenn i sag: ‚Jetzt werd' g'arbeit'', werd' g'arbeit', und wenn i sag': ‚Jetzt is' Brotzeit', dann werd' Brotzeit g'macht. Wenn der Kiel aus'm Wasser ist, isses eh' soweit. Die Weibersleut' san scho' da mit'n *ma'a*, wie die Brotzeit bei euch da herunten hoaßt." Er deutete zu einem großen Brotfruchtbaum hinüber, in dessen Schatten einige *vahines* mit Körben und Kochgeschirren saßen.

Paul sah immer noch nicht ganz klar. „Was heißt denn deine Familie? Ich denke, du bist zum erstenmal in Moorea und kennst hier keinen?"

„Ja, sicher hab' i keinen kannt in Moorea." Sepp Panninger blieb gelassen. „Aber das war vor zwei Tagen. I werd' mir doch mei' Supp' nit selber kochen, wenn ich scho' im Paradies bin. ‚Sepp!' hab' i zu mir g'sagt, ‚Sepp, du suchst dir fei' so eine dralle Südseeurschel.' Da drüben", er zeigte wieder auf den Brotfruchtbaum, „da drüben die mit dem roten Blumeng'steck auf'm Kopf, des is' die Meinige. Die hab i so zur Linken g'heiratet, als *vahine fa'aea,* wie sie da herunten sagen. Also, i mein', den Pfarrer hamma g'rad' nicht g'fragt. Aber 's is' trotzdem abg'macht. Meine *vahine* is' die Witwe von so einem Chef oder Bürgermeister, den ein Hai g'fress'n hat – genau weiß i's nicht. Aber jetzt, wo ich ihr neuer *tane* bin, jetzt bin i der Chef. Is' ja akkurat ein Glück, daß des alles so kräftige Lackeln sind, meine Onkeln und Schwager da." Er drehte sich um und rief der Gruppe an der Talje zu: „Holla, es Nasenbohrer! Fest ziehen, fest!" Er beugte den Rücken, als ziehe er an einem imaginären Tau.

Paul mußte schmunzeln. Wie es der dürre Münchner angestellt hatte, sich binnen weniger Stunden in Moorea einzunisten und mit allen lebenswerten Dingen zu umgeben, sogar in eine große Familie einzuheiraten, ohne die geringsten Sprachkenntnisse zu haben, das konnte ihm wohl nicht so schnell ein anderer Weltumsegler nachmachen.

„Bleibst zur Brotzeit?" Sepp pfiff einem der herumlaufenden Jungen, gab ihm einen Geldschein und zeigte auf die nahe liegende Snackbar *Tiare Anani.*

„Holst zwoanzig Bier, verstehst? *Piti ahuru pia!"*

Er wandte sich erklärend an Paul, als der Junge wie ein Pfeil davonschoß. „Ein sehr ein intelligenter Bursch', mein Sohn . . .", sagte er nicht ohne Stolz. „Na ja, is' auch kei' Wunder bei dem Vater."

„Ich muß jetzt diesen Jeep zurückgeben", sagte Paul. „Aber ich wollte dich sowieso später aufsuchen, weil ich einen Brief für dich habe." Paul zögerte, ihm war etwas Unangenehmes eingefallen. „Ich komme um sechs Uhr wieder, da können wir hier im *Tiare Anani* gemütlich ein Bier trinken. Im *Aimeo* ist mir momentan zu viel Betrieb. Also, bis später."

„Pfiat di' Gott!" Sepp drehte sich um und pfiff wie ein Dampfboot. „Brotzeit!" brüllte er. „Beleg die Trosse da! Jetzt kriegt's ihr eucher *ma'a.*"

Die schwitzenden Männer vom Kai kamen lachend gelaufen, die Frauen öffneten ihre Körbe, und der Junge schleppte Bierflaschen herbei. Paul wollte diese bayrisch-tahitianische Brotzeit nicht länger stören und fuhr los.

„In der letzten Zeit warst du überhaupt nicht mehr bei deiner Amateurfunkstunde", sagte Paula eines Morgens beim Frühstück. Es gab gekochte Eier, und Paul hütete sich, zuviel zu sagen, weil die Kocheier ja schon schlimmes Omen genug waren. Er murmelte etwas von einem Yachtkapitän drüben in Huahine, der nicht mehr aufhörte zu reden, und daß er ein paar Tage warten wolle, bis dieser lästige Kerl auf eine andere Frequenz oder eine andere Sendezeit ausgewichen war.

„Das beruhigt mich", sagte Paula. „Ich dachte schon, du fürchtest dich vielleicht, Hugo oder Priscilla zu begegnen, und meidest deshalb das *Hotel Aimeo.*"

Paul versicherte ihr sofort eifrig, er fürchte sich vor niemandem und nichts. „Aber bei dieser Gelegenheit frage ich mich", fuhr er fort, „ob sie nicht schon abgereist sind. Sonst sind sie mir doch immer irgendwo über den Weg gelaufen, aber jetzt habe ich beide schon länger nicht mehr gesehen."

Paula stieß ihren Mann an. „Da ist jemand auf der Veranda."

„Ähem, ähem", machte der Gendarm und klemmte sein Käppi unter den Arm.

Paul sprang auf und eilte zur Tür. „Jean Claude! Nimm Platz! Willst du ein Ei und einen Kaffee?"

Doch Cadousteau blieb in der Tür stehen. Er fuhr sich mit einem Finger in den Hemdkragen, als sei ihm nicht besonders wohl, räusperte sich und sagte hölzern: „Dank für die Einladung, aber ich bin dienstlich hier. Ich muß dich etwas fragen."

Paul zog seinen Freund am Ellbogen ins Zimmer. „Dann schieß los! Ich gestehe alles. Ja, ich habe gestern die erste reife Avocado aus Dr. Lebauchers Garten geklaut, aber es war schon dunkel, und ich habe sie gleich aufgegessen. Du siehst also, es gibt kein Corpus delicti mehr. Jetzt komm und frühstücke mit uns."

Der Gendarm schnitt eine Grimasse, dann befreite er sich mit einem Seitenschritt aus Pauls Griff und zog Block und Kugelschreiber aus der Hemdtasche.

„Mach bitte keine Witze, ich muß dir eine ernste Frage stellen."

„Oh, oh!" Paul setzte sich wieder. „Ich werde doch nicht mit meinem Fahrrad die Geschwindigkeitsbeschränkung überschritten haben?"

Cadousteau räusperte sich nochmals. „Kannst du mir sagen, wo sich Hugo Vanderbilt zur Zeit aufhält?" Er fixierte Paul aus zusammengekniffenen Augen.

„Keine Ahnung", antwortete der. „Wir haben uns gerade darüber unterhalten, warum die beiden Vanderbilts mir aus dem Weg gehen. Sind sie nicht mehr im Hotel? Das wäre allerdings einen Jubelruf wert. Aber warum fragst du nicht im *Aimeo,* warum kommst du zu mir?"

Cadousteau setzte sich rittlings auf einen Stuhl und ließ sein Käppi um den Zeigefinger kreisen. Dann merkte er anscheinend, daß diese Konzentrationsübung nicht ganz passend war, und stand wieder auf.

„Entschuldige, Paul, aber die Fragen muß ich stellen. Meine nächste: Wann hast du Hugo Vanderbilt zum letztenmal gesehen?"

Paul grinste. „Das hört sich ja an wie ein Verhör. Also gut: Ich habe Vanderbilt vor zwei Tagen vor Dr. Lebauchers Praxis getroffen. Da er sehr niedergeschlagen wirkte, habe ich ihn zum Belvedere hochgefahren, um ihm die schöne Aussicht zu zeigen. Es ist mir anscheinend gelungen, ihn etwas aufzuheitern, denn er stieg dort aus, um später zu Fuß nach Hause zu joggen, weil er dabei in Ruhe über sein Problem nachdenken könne. Ich bin heimgefahren und habe ihn seither nicht mehr getroffen. Jetzt sag mir aber, was ist mit Hugo?"

Der Gendarm runzelte die Stirn und hieb mit der Faust durch die Luft. „*Merde!* Also warst du doch einer der letzten, die ihn gesehen haben. Zu dumm!" Er setzte sich seufzend.

„Ich hole neuen Kaffee", sagte Paula und stand auf. „Das ist ja wie in einem Kriminalroman. Wartet auf mich, ich muß das unbedingt hören." Sie erschien gleich wieder aus der Küche mit einer großen Thermoskanne und schenkte Cadousteau eine Tasse ein.

Der zündete sich eine Zigarette an und begann mit mißmutigem Gesicht zu erzählen. „Dieser verdammte Amerikaner ist verschwunden. Madame Vanderbilt kam gestern zu mir ins Büro und gab eine Vermißtenanzeige auf. Sie sagte, daß er sich Montagnachmittag ein Auslegerkanu geliehen hätte, um in der Bucht zu rudern. Als er zum Abendessen noch nicht zurück war, machte sie sich keine Sorgen, weil Monsieur Hugo doch ein ungeschickter Mensch sei, der bestimmt von Wind und Strömung meilenweit abgetrieben worden war und sie ihm den langen Fußmarsch nach Hause gönnte. Als er aber auch am nächsten Morgen nicht zurückkam, hetzte sie Jérôme, den Sportlehrer, auf die Suche nach dem Kanu und ihrem Mann. Jérôme nahm das Motorboot und fuhr die ganze Bucht ab, fand aber kein Kanu und keinen Monsieur Hugo. Dann rief Dr. Lebaucher im *Hotel Aimeo* an und sagte, das Kanu von Monsieur Hugo sei bei ihm abzuholen. Madame Vanderbilt fuhr mit Jérôme zum

Arzt, um ihren Mann heimzuschaffen, aber der war schon wieder verschwunden. Und er blieb verschwunden. Jetzt kam sie zu mir, drohte mit dem amerikanischen Konsul und der US-Marineinfanterie, falls ihr Mann nicht sofort ausgeliefert würde. Da aber der nächste amerikanische Konsul in Samoa residiert, habe ich mich gemütlich auf den Weg gemacht, um erst ein wenig zu recherchieren. Dr. Lebaucher bestätigte mir, Monsieur Vanderbilt habe sich bester Gesundheit erfreut, obwohl er ein wenig mit den Nerven herunter war, wegen einer Nacht im Kanu." Cadousteau nahm sich Zucker und sah Paul pfiffig an. „Hier kann niemand auch nur einen Meter gehen, ohne daß ihn jemand sieht. Es dauerte also keine zwanzig Minuten, da wußte ich, wohin Monsieur Hugo gegangen war. Oder besser, mit wem er gefahren war. Madame Bontemps hat geschworen, daß der Amerikaner mit einem gewissen Kapitän Hollinger in einem gelben Jeep an ihrem Garten vorbeigefahren sei. So!" Der Gendarm beugte sich vor und tippte mit dem Zeigefinger gegen Pauls Brust. „Du hast mir jetzt auch bestätigt, daß du mit ihm weggefahren bist. Aber du bist allein zurückgekommen, und kein Mensch hat Monsieur Vanderbilt danach je wiedergesehen. Verstehst du nun, warum ich dich nochmals fragen muß: Wo ist Monsieur Hugo?" Er trommelte mit den Fingern auf den Tisch.

Paul lachte auf. „Bewundernswerte kriminalistische Arbeit, Jean Claude! Kommissar Maigret hätte seine helle Freude an dir. Und jetzt erwartest du von mir, daß ich dir sage, warum ich den armen Hugo in den Wald geschleppt, abgemurkst und dort verbuddelt habe. Nicht daß es mich kränkt, wenn mein bester Freund mir einen kaltblütigen Mord zutraut, nein, ich . . ."

„Halt!" unterbrach ihn Cadousteau mit ernstem Gesicht. „Nicht kaltblütig! Davon ist nicht die Rede. Aber um das zu erklären, muß ich Madame Hollinger bitten, uns Männer kurz allein zu lassen."

„Jean Claude", grinste Paul, „das kannst du Paula nicht antun, jetzt, wo es spannend wird. Außerdem habe ich vor meiner Frau keine Geheimnisse. Los, raus mit der Sprache!"

Cadousteau warf Paula einen prüfenden Blick zu. „*Alas!* Du hast es so gewollt." Er beugte sich wieder vor und blätterte in seinem Notizbüchlein. „Ich habe gesagt, nicht kaltblütig, denn das traue ich dir nicht zu, Paul. Aber da war doch diese . . . äh . . . Liaison zwischen Madame Priscilla und dir, Paul. Oder willst du das leugnen?" Der Gendarm sah schnell zu Paula hin, und als sie nichts sagte, fuhr er trotzig fort: „Es gibt nämlich jede Menge Zeugen im Hotel, die gesehen haben, wie ihr euch geküßt habt; und im Hotelzimmer dieser Amerikaner gab es jede Menge Eifersuchtsszenen, die Nachbarn haben sich darüber bei der Rezeption beschwert. Aber das ist noch nicht alles." Cadousteau lehnte sich zurück und fuhr sich wieder mit dem Finger in den Kragen. „Tut mir leid, aber es kommt noch schlimmer, Monsieur Henderson von der britischen Yacht SNOOPY hat mir berichtet, daß sich am Montagabend auf der benachbarten Lotsenbarkasse ROTER BIBER eine laute Szene abgespielt hat, die ihn weckte. Er berichtete von einem Kampf und schwört, die schrille Stimme der Amerikanerin gehört zu haben; sie rief den Namen ‚Hugo'. Dann sei jemand ins Wasser gestoßen worden." Der Gendarm seufzte tief. „Von Jérôme weiß ich, wer sich am Montagabend ein Auslegerkanu nahm, ich weiß, wer zu dieser Zeit üblicherweise an Bord seiner Lotsenbarkasse weilt, und den Rest kann ich mir zusammenreimen."

Pauls Augenbrauen hatten sich zusammengezogen, er starrte auf seinen Teller.

„*Alors!*" schrie der Gendarm plötzlich unglücklich. „Sag mir selbst, welche Schlüsse soll ich ziehen, wenn ich dann noch höre, daß kurz darauf der eifersüchtige Ehemann spurlos verschwindet? Sag mir das! Was soll ich denken, wenn man gesehen hat, wie er in Begleitung des Liebhabers in den Wald gefahren ist? Du bist ein kräftiger Mann, Paul. Und in Maurices Jeep liegt ein kurzer Spaten, der erst kürzlich gewaschen wurde, wie die Untersuchung ergab. *Alors,* jetzt möchte ich von dir hören, was ich denken soll, wenn ich das höre! Du sagst, er ist am Belvedere ausgestiegen, einfach so. Ha! Sehr lustig. Aber wo ist er? Niemand hat ihn seither gesehen. Ich muß jetzt die Brigade anrufen, die kommen mit Hunden und Fingerabdruckexperten. Sie werden deine Barkasse und den Jeep untersuchen, und du kannst mir glauben, die sagen bestimmt nicht: ‚Nein, der gute Paul kann's nicht gewesen sein'!"

Paul Hollinger ballte die Fäuste. „Die verflixten gekochten Eier!"

Das war zuviel für Paula. „Was haben denn die Eier damit zu tun? Außerdem verstehe ich überhaupt nicht, warum ihr euch beide so in Hitze redet, statt oben am Belvedere nachzusehen, ob Hugo nicht noch dasitzt und auf die Aussicht in der Morgendämmerung gewartet hat."

„Paula!" Kapitän Hollinger sprang auf, umarmte seine Frau und küßte sie. „Na, wenigstens du bezweifelst, daß ich diesen harmlosen Hampelmann im Urwald vergraben habe. Was sagt das Auge des Gesetzes zu diesem äußerst vernünftigen Vorschlag? Wollen wir noch einmal gemeinsam nach Hugo suchen, bevor es hier von Detektiven aus Papeete wimmelt?"

Jetzt sprang auch der Gendarm auf. *„En avant!"* rief er und schwenkte sein Käppi. „Daß ich daran nicht gedacht habe! *Mon Dieu,* bin ich froh, daß ich mit dem Anruf bei der Brigade noch gewartet habe. Madame Hollinger, Sie haben einen ebenso scharfen Verstand wie Miß Marple, führen Sie uns, mein Jeep wartet."

„Also, hier sitzt er nicht mehr!" stellte Paul fest, als sie am Belvedere angekommen waren. Der kleine Parkplatz und der Aussichtsplatz mit der Palmblatthütte waren leer bis auf zwei rostige Abfallkübel und ein halbes Dutzend *utu pua'atoro*-Vögel, die laut über die Störung schimpften.

Cadousteau entwickelte trotzdem eine hektische Aktivität. „Ich nehme den linken Parkplatzrand, Paul, untersuche bitte den rechten, und lassen wir unserer Madame Paula das Aussichtshäuschen, einverstanden?"

„Meinetwegen", erklärte sich Paul bereit. „Wenn er sich irgendwo in die Büsche geschlagen hat, sehen wir das sofort. Nicht einmal ein Indianer könnte in diesem Dickicht verschwinden, ohne eine Schneise zu hinterlassen."

Sie teilten sich auf und liefen mit gesenkten Köpfen hin und her wie Bluthunde. Paul untersuchte den Parkplatzrand genau, fand aber nichts, das auch auf entfernte Weise so aussah, als hätte sich ein großer und ungeschickter Amerikaner querfeldein geschlagen.

„Sergeant Cadousteau, kommen Sie her!" rief Paula plötzlich. „Ich glaube, ich habe was. Sehen Sie sich das an!"

Paul folgte dem Gendarm zu dem gedeckten Häuschen. Paula zeigte auf eine winzige Inschrift unter den Tausenden von eingeschnitzten oder eingravierten Inschriften in den Balken der Aussichtshütte.

Cadousteau las vor:

„Here I sat with grief and dismay
and felt so blue.
There I saw hope sail into the bay.
Now Hugo is fiu."

Der Gendarm sah betroffen auf. „Was bedeutet das?"

„Hm", meinte Paul, „es könnte wirklich von ihm stammen. Vielleicht ist ihm die Geschichte im Kopf herumgegangen, die ich ihm erzählte. Daß er aber eine so poetische Ader hat, hätte ich ihm nicht zugetraut."

„Welche mysteriöse Geschichte hast du deinem amerikanischen Freund erzählt, Hollinger-*tane*?" Paula wandte sich erklärend an den Gendarm. „Du mußt wissen, Jean Claude, wenn in Pauls Umgebung unerklärliche Dinge geschehen, ist meistens eines seiner Märchen schuld. Bei Paul heißt es weniger: *,Cherchez la femme!'* sondern eher: *,Cherchez la conte!'* Also komm, Paul, was hast du diesem Vanderbilt für eine Geschichte erzählt?"

Paul schnitt eine ärgerliche Grimasse. „Ich verstehe nicht, warum du mich immer als Märchenerzähler hinstellst? Ich wollte Hugo helfen und habe ihm erzählt, wie die Polynesier ihre Ehekrisen mit *fiu* lösen. Das war alles!"

Paula sah auf den winzigen, mit Bleistift gekritzelten Vers und übersetzte:

„Ich saß hier mit Trauer und Bestürzung
und fühlte mich so mutlos.
Da sah ich Hoffnung in die Bucht segeln.
Jetzt ist Hugo fiu.

Das reimt sich zwar nicht mehr, gibt aber langsam einen Sinn." Paula knabberte an ihrem Zeigefinger. „Was kann also in die Bucht gesegelt sein, das unserem Hugo Mut machte, Pauls Rat mit dem *fiu* zu befolgen?" Sie sah hinunter, wo die zwei Buchten in der Sonne glitzerten. „Was seht ihr da?"

Paul wußte nicht, worauf seine Frau hinauswollte, aber er schilderte bereitwillig das Panorama: „In der Pao-Pao-Bucht ankern die üblichen Yachten, dort hinten kommt die KEKE, das Fährschiff, durchs Riff, und in der Papetoai-Bucht auf der anderen Seite gibt es auch nichts Auffälliges. Der chinesische Laden ist zu sehen, das rote runde Kirchdach und die Tamarii Moorea, der Inselschoner . . ."

„Der Inselschoner, der am Dienstagabend auslief!" Cadousteau packte Paula und schleppte sie zum Jeep. „Das ist die Hoffnung, die in die Bucht segelt, weil sie nach Bora Bora und den anderen Inseln fährt. Hugo hat Pauls Rat befolgt, er ist *fiu*. Paula, wenn du je dieses bärtigen Hafenkapitäns überdrüssig wirst, ich heirate dich sofort!" Der Gendarm hob Paula in den Jeep und drückte ihr zwei schnalzende Küsse auf die Wangen.

„He!" rief Paul Hollinger und sprang gerade noch auf. „Sei vorsichtig, Jean Claude! Vergiß nicht, daß ich ein potentieller Eifersuchtsmörder bin, dem es überhaupt nichts ausmacht, auch Gendarmen im Wald zu vergraben!"

„Jetzt wird's allerdings kompliziert", meinte Cadousteau, als er den Landrover eine Stunde später von Papetoai wieder in Richtung Pao Pao lenkte. „Ich brauche ein gutes Foto von Hugo, sonst finden ihn meine Kollegen auf den anderen Inseln nie. Jedenfalls bin ich sehr erleichtert, daß sich der Zahlmeister des Schoners an einen großen, am Stock gehenden Amerikaner erinnern kann, der nach Bora Bora mitgefahren ist. Damit kommt Paul nicht mehr als Mörder in Betracht."

„Ich danke dir für dein enormes Vertrauen." Paul Hollinger warf Cadousteau eine Kußhand zu.

„Tja", murmelte Jean Claude nachdenklich, „jetzt müßte jemand zu Madame Vanderbilt gehen und ihr mitteilen, daß ihr totgeglaubter Mann ausgerissen ist wie ein schlimmer Junge."

„Ich bin dieser Jemand ganz sicher nicht", stellte Paul mit Bestimmtheit fest.

„*E mea ino ino.* Das ist eine unangenehme Sache", sagte Cadousteau zögernd. „Ich gehe ungern zu dieser Frau, sie ist nämlich in mich verliebt. Sie macht mir immer große Komm-zu-Bett-Augen und möchte aufregende Geschichten aus meinem Leben hören. Aber sie ist mir ein wenig zu kantig und knochig. Ich habe Frauen lieber weicher und runder . . ." Er zeichnete mit beiden Händen frauliche Rundungen in die Luft und griff erst nach dem Lenkrad, als der Jeep fast schon im Straßengraben lag.

„Womit du Priscillas Problem glasklar erkannt hast, Erzengel im Paradies!" feixte Paul vom Rücksitz. „Sie ist verrückt nach starken Männern. Deshalb hat sie wahrscheinlich an ihrem Hugo herumgenörgelt, um ihn mit harter Hand zum Helden zu erziehen. Wie bei den meisten selbstgestrickten Erziehungsmethoden wurde auch hier genau das Gegenteil erzielt. Aber das ist jetzt dein Problem, Jean Claude. Ich als Privatmann kann und darf mich da nicht einmischen. Würdest du uns jetzt bitte zu unserem so jäh unterbrochenen Frühstück zurückbringen? Ich habe Hunger."

„*Merde!* Dreimal *merde!*" knurrte der Gendarm und sauste durch das Dorf, daß die Hühner gackernd nach allen Seiten davonflatterten.

Als Paul Hollinger am nächsten Abend zum Kai kam, war die Kiosk verschwunden; verschwunden waren auch die Verwandten von Sepp. Madame Swoboda, die polynesische Frau des tschechischen Besitzers der Snackbar, übergab ihm ein Briefchen:

„Lieber Paul! Mei' Tochter Maeva möchte einen Kerl in Huahine heiraten, und nachdem die Farb' scho' trocken war, hab' i die ganze Sippschaft aufs Boot g'laden und segel' rüber nach Huahine, damit wir das Madl standesgemäß verheiraten. Melde mich wieder, sobald die Feierlichkeiten vorüber sind. Dein Sepp Panninger."

Paul starrte auf die Zeilen. Die abendlichen Gespräche mit Sepp waren ihm schon in der kurzen Zeit eine liebe Gewohnheit geworden. Er sinnierte ein paar Minuten über das traurige Schicksal von Freundschaften.

In einem Anfall von Trotz fuhr er ins *Hotel Aimeo* und setzte sich an die Strandbar. Er bemerkte wohl, daß Priscilla am anderen Ende der ovalen Bar saß und ihn mit großen Augen ansah. Paul nickte grüßend, bestellte sich einen „Hollinger Spezial" und wappnete sich gegen den Überfall, der gleich stattfinden würde. Aber nichts passierte.

Nach einer Weile sah Paul auf. Priscilla saß noch immer auf ihrem Platz und schaute ihn an. Aber sie hatte den Blick, mit dem kleine Kinder einen Märchenonkel ansehen, der gesagt hat, das

Märchen geht gleich weiter. Paul hielt das nicht aus, es brach ihm das Herz. Er saß noch fünf Minuten still, dann stand er auf, nahm sein Glas, ging um die Bar herum und setzte sich zu Priscilla.

„Hat man schon eine Spur von Hugo gefunden?" fragte er.

Priscilla schüttelte den Kopf. „Der nette Gendarm war vorhin bei mir und hat berichtet, daß auf allen Inseln, die der Schoner anläuft, nach Hugo gefahndet wird. Sie wissen aber noch nichts Neues." Sie sah Paul bittend an. „Bin ich wirklich so eine gräßliche Frau, daß Männer vor mir davonlaufen, Paul?"

Paul merkte, daß für Priscilla von dieser Frage viel abhing.

„Du bist keine gräßliche Frau, Priscilla", sagte er dann vorsichtig und suchte lange nach den passenden Worten. „Du bist eine sehr liebenswerte Frau und kannst einen Mann verdammt aufreizen. Aber was ich bei dir nicht verstehe: Warum setzt du deinen Charme, deine Fraulichkeit nie bei deinem Mann ein? Warum mußt du gerade ihn wie einen kleinen Jungen behandeln? Das, Priscilla, wundert mich wirklich, und es treibt die Männer vor dir in die Flucht, weil jeder Angst hat, daß er in dem Moment, wo er dir näherkommt, ebenfalls wegen jeder Kleinigkeit zusammengestaucht und heruntergemacht wird. Das ist der Haken bei dir, Priscilla."

Sie starrte lange in ihr Ginglas, dann hob sie den Kopf, und ihre Augen waren ein wenig wäßrig, als sie antwortete: „Ich wollte immer einen starken Mann. Und Hugo ist so weich wie eine Butterbirne. Ich habe geglaubt, wenn ich ihn unter Druck setze, wenn ich ihn herausfordere, dann wird er sich ändern. Paul, ich bin verzweifelt. Ich liebe Hugo, und er fehlt mir sehr. Dabei habe ich selbst ihn vertrieben. Ich weiß nicht, warum ich dir das alles erzähle, aber du bist anders als die meisten Männer, die ich kennengelernt habe. Ich habe das Gefühl, daß man sich bei dir anlehnen kann, du wirkst so selbstsicher, so stark."

Paul grinste. „Dann frage bitte meine Frau, wie oft ich mich bei ihr anlehne; ziemlich häufig, würde ich sagen. Dadurch, daß du Hugo immer als Trottel hingestellt hast, ist er erst ein Trottel geworden." Paul stockte, dann fuhr er sanfter fort: „Ich werde dir jetzt erzählen, wie die Eingeborenen hier ihre Eheprobleme bereinigen."

Und er erklärte Priscilla die Sache mit dem *fiu*.

Hugo blieb verschwunden. Der Gendarm von Bora Bora befragte Kapitän und Mannschaft der TAMARII MOOREA, aber niemand konnte sich erinnern, wo Hugo ausgestiegen war. In Bora Bora war er jedenfalls nie angekommen, das stand nach einer Woche fest. Auf den anderen Inseln blieben die polizeilichen Nachforschungen ebenfalls erfolglos. Nur in Huahine fand sich eine Spur: Im Hotel hatte ein Amerikaner ein Bier bestellt, und der Barkeeper erinnerte sich anhand des Fotos an den ungeschickten Gast, der sein Bier umstieß und forteilte, weil die Sirene des Schoners zur Abfahrt rief. Es konnte ohne weiteres sein, erklärte Cadousteau mit einem Achselzucken, daß der Amerikaner in einer finsteren Nacht auf See über die Reling gefallen war oder daß er sich irgendwo im Busch versteckte und von Bananen und Mangofrüchten lebte.

So lag Priscilla allein am Strand des *Hotel Aimeo*. Paul wunderte es nur, daß sich Paula plötzlich der Verwaisten annahm. Sie erzählte ihm, daß Priscilla manchmal zum Kaffee käme, und ein anderes Mal zeigte sie ihm ein Kopftuch, das Priscilla bemalt hatte, wenn auch mit viel Unterstützung von Paula.

Paul war es recht, daß er wieder ungehinderten Zutritt zu seinem Schiff und zur Strandbar des *Aimeo* hatte.

Nach zwei Wochen segelte die KIOSK kurz vor Einbruch der Dämmerung durch die Teavaroa-Passage und steuerte den Kai vor der Snackbar an. Diesmal kam Kapitän Panninger nicht mehr in Schwierigkeiten, denn ein Dutzend Tahitianer sprangen als Mannschaft an Deck herum. In den Wanten hockten Kinder, blumengeschmückte *vahines* saßen im Kreis um den bayrischen Skipper und sangen ein Lied ums andere.

Paul holte sein Fahrrad und fuhr los, um Sepp zu begrüßen und ihm zwei Briefe zu bringen.

„So, eine Tochter bin i los", lachte Sepp und schüttelte ihm die Hand. „Dafür hab' i jetzt die ganze Sippschaft von Huahine am Hals. Schwiegermama und Schwiegerpapa sind glei' mit der ganzen Familie nach Moorea gesegelt, damit sie hier Verwandte b'suchen und weiterfeiern können. Beim heiligen Gambrinus! Feste können's schmeißen, die Insulaner. Schau mein' Bauch an, jetzt komm i scho' recht stattlich daher, gelt?"

Paul mußte lachen. Der ehemals dürre Kioskbesitzer sah jetzt aus wie ein wohlhabender Bierbrauer, dem das Essen sein Leben lang geschmeckt hatte. Sepp Panninger war für tahitianische Verhältnisse von so imposantem Körperumfang, wie sich das für den Chef einer so großen Familie ziemte.

„Ein' neuen Maat hamma auch g'funden", erzählte Sepp und zeigte auf einen großen, braungebrannten Weißen, der am Achterschiff Leinen versorgte. „Den hab' i in Huahine auf'klaubt, weil ihm sei' Dampfer davong'fahr'n is'. Des is' mir fei' a wilder Kerl. So was wie Angst kennt der nicht. Immer vorneweg mit die Insulaner beim Fischen. Der geht mit seiner Harpune jeden Hai an. Fürcht' sich vor nix. Den muaßt anbinden, wenn sich im Wasser a paar Flossen zeigen. Und mit die Weiber, Paul, mit die Weiber! Die jagt der Hallodri wie die Fisch. *Itoito* hoaßen ihn die Kanaker, des hoaßt ‚der Tollkühne' oder so. Wie er wirklich hoaßt, weiß i net." Sepp hob die Stimme und rief zum Achterschiff: „He, Itoito, kumm her da! Gib meinem Freund Paul die Hand. *Make shake hands!*"

Er beugte sich erklärend zu Paul vor. „Woaßt, viel Münchnerisch hat er no' net g'lernt, weil er Amerikaner is' oder so."

Der neue Maat der KIOSK legte eine sauber aufgeschossene Bunsch weg und kam über das Deck heran. Paul starrte ihm offenen Mundes entgegen. Es war Hugo.

„Nein!" Paula verschüttete vor Aufregung beinahe ihren Abendkaffee. „Hugo! So mir nichts, dir nichts kommt er auf einer Yacht zurück? Erzähl weiter! Was ist danach passiert, was hat er gesagt?"

Paul ließ die Eiswürfel in seinem Glas kreisen.

„Nichts", sagte er dann. „Eigentlich ist nichts passiert. Hugo hat mir die Hand geschüttelt, als hätten wir uns zufällig am Strand getroffen, als wäre er nie weggewesen. Allerdings hat er einen viel festeren Händedruck als vorher und wirkt irgendwie selbstsicherer. Aber das war alles."

„Hast du ihm nicht gesagt, was Priscilla in den letzten Wochen mitgemacht hat?"

„Nein, das habe ich nicht", seufzte Paul. „Mir ist einfach nichts Gescheites eingefallen. Ich war so perplex, einfach sprachlos. Hugo hat dann gesagt, er sei mit seiner Arbeit gleich fertig, und ich solle

auf ihn warten. Ich habe ihm zugesehen, wie er die Mannschaft her-
umkommandierte, dann hat er sich von Kapitän Panninger verab-
schiedet, hat beinahe die ganze Panninger-Familie geküßt und ist
mit einem kleinen Segeltuchbeutel auf den Kai gestiegen. Ich habe
mein Rad neben ihm hergeschoben und immer gedacht, jetzt, jetzt
kommt irgend etwas, jetzt bricht er in Tränen aus oder klappert mit
den Zähnen. Nichts! Vor dem *Aimeo* drückt er mir die Hand und
sagt: ‚Wiedersehen, Paul‘ und geht ins Hotel.“

„Na und?“ fragte Paula ungeduldig. „Was war dann?“

„Ich sag’ ja, nichts! Ich habe ihm nachgesehen, alle haben ihm
nachgesehen. Madame Apatahi an der Rezeption ist beinahe umge-
fallen, als Hugo plötzlich durch den Eingang marschierte, braunge-
brannt und barfüßig, mit seiner kurzen Hose und dem kleinen Beu-
tel, und so gelassen, als käme er von einem kleinen Spaziergang zurück. Unten an der Strandbar saß Priscilla, als erwarte sie Tätlich-
keiten. Aber wieder geschah absolut nichts. Hugo ging zu Priscilla,
hielt ihr die Hand hin und sagte irgendwas. Priscilla stand darauf
wie ein braves Kind auf, nahm seine Hand und ging ganz einfach,
ohne irgendwen anzusehen oder etwas zu sagen, mit ihm in ihren
Bungalow. Das war alles. Ein unbefriedigendes Ende der Geschichte. Sehr unbefriedigend.“

Paula lehnte sich in ihrem Sessel zurück und lächelte zufrieden.
„Na endlich, da haben wir ja die Hauptsache. Dann ist also alles in
Ordnung.“

„Wieso? Nichts ist in Ordnung“, ärgerte sich Paul „Ich weiß gar
nichts. Diese Geschichte hat einfach keinen Schluß. Dabei hätte gerade ich ein Recht darauf zu wissen, wie es weitergeht. Schließlich
habe ich Hugo verbunden und ihm sein Rad wieder zurechtgebo-
gen, ich habe den Ärger mit Priscilla gehabt, konnte tagelang nicht
auf mein Schiff, war aus meiner Lieblingsbar verbannt. Ich stand
unter Mordverdacht. Und mein versenkter Akkuscheinwerfer! Aber
was passiert? Nichts! Ich weiß überhaupt nicht, woran ich bin.“

Paula machte Rätselaugen. Dann sagte sie: „Wenn du ein kleiner
Gecko wärst, wüßtest du, wie die Geschichte ausgeht.“

Paul sah seine Frau erstaunt an. „Deine Gedankensprünge überraschen mich immer wieder, Hollinger-*vahine*. Was hat bitte so ein
Gecko mit Hugo und Priscilla zu tun?“ Er zeigte auf die Veranda-

wand, wo eine dieser kleinen dicken Eidechsen mit ihren Saugfingern klebte und auf Fliegen lauerte.

Paula lachte. „Wenn du ein Gecko im Vanderbiltschen Bungalow wärst, wüßtest du das Ende der Geschichte vom *fiu,* Paul, mein kleiner Begriffsstutz!"

Paul musterte den Gecko eine Weile, dann grinste er und drohte dem Tier mit dem Finger: „Untersteh dich und erzähl der Bäckerin, was du manchmal im Hollingerschen Bungalow siehst, du glotzäugiger Voyeur!"

Das Tal der Geister

Als Paul Hollinger an diesem Morgen vom Bäcker zurückkehrte, merkte seine Frau sofort, daß etwas Schreckliches passiert sein mußte. Pauls Gesicht war finster und zerfurcht wie die Basaltwände des Mont Rotui kurz vor einem Sommergewitter, und seine Kinnmuskeln zuckten unkontrolliert.

„Ist die Bäckerei über Nacht abgebrannt, so daß wir Poi-Pudding zum Frühstück essen müssen?" versuchte Paula zu scherzen.

„Viel schlimmer: Das Plastiksäckchen ist mir schon wieder geplatzt." Paul schleuderte ein sandiges Einkaufssäckchen mit zwei geknickten Baguettes auf den Tisch. „Ich hab' der Bäckerin extra gesagt, sie soll mir ein festes Säckchen geben, weil schon das letzte gerissen ist und ich ungern Brot esse, über das ich schon mit dem Rad gefahren bin. Es ist das zweite Mal in dieser Woche, daß mir das passiert." Paul starrte zornig auf das zerbrochene Stangenbrot.

Paula putzte die Baguettes mit einem Lappen ab. „Alles schon wieder sauber. Die Bruchstellen schneiden wir ab, damit ist es erledigt."

„Nichts ist erledigt", beharrte Paul trotzig. „Diese langen Baguettes sind allein schon ein teuflisches Radfahrhindernis. Sie kommen einem dauernd zwischen die Beine oder die Speichen, und man kann von Glück sagen, wenn sie einen nicht in den Straßengraben werfen. Mit einem Dutzend Baguettes könnte man die Tour de France lahmlegen. Und dann erzeugen diese Sadisten auch noch Säckchen, die genau zweihundert Meter nach der Bäckerei platzen. Welche Pfuscher waren das denn?" Paul riß das Säckchen vom Tisch und untersuchte es auf einen Fabrikationshinweis.

Plötzlich wurde sein Gesicht fröhlich. „Hoho!" rief er boshaft. „Tipaerui Chimique, die neue Plastikfabrik im Tipaeruital ist für diese Zerreißbombe verantwortlich. Das freut mich aber. Das ist die Firma, in die Maurice investiert hat; seit Tagen liegt er mir in den Ohren, daß ich ihre Aktien kaufen soll. Paula, pack mir dieses zerfetzte Beweismaterial gut ein. Ich werde Maurice besuchen und ein paar Worte mit ihm reden."

„Nach dem Frühstück, mein Geliebter." Paula stellte ihm einen Teller mit Spiegeleiern hin. „Vorher wird gegessen. Du hast einen anstrengenden Tag vor dir."

Paul hob anerkennend die Augenbrauen. „Ach ja, heute sind zwei große Schiffe angesagt. Hm, diese Eier sehen aber sehr appetitlich aus. Der Tag beginnt also doch erfreulich. Vielleicht sollte man eben vor dem Frühstück nicht aus dem Haus gehen." Er warf einen Seitenblick auf das gerissene Plastiksäckchen.

„Du bekommst morgen früh meine schöne neue Hängetasche mit den geflochtenen Henkeln", beeilte sich Paula zu sagen. „Da werden sie dich beim Bäcker beneiden, wenn sie mit ihren geplatzten Einkaufstüten dastehen."

Paul bestrich ein Stück Stangenbrot mit Butter und stürzte sich dann heißhungrig auf die Spiegeleier. „Na warte, Maurice!" murmelte er kauend.

Paula schenkte ihm Kaffee ein und schob ihm die Flasche mit der speziellen Chilisauce für die Eier hin. „Wirst du zum Mittagessen zurück sein?" fragte sie.

„Als behördlich konzessionierter Lotse ist es meine Pflicht, die seemännischen Gepflogenheiten zu beachten", erklärte Paul grinsend. „Lotsen pflegt man nach getaner Arbeit an Bord zu bitten, auf einen kleinen Imbiß. Da es sich bei dem einen Schiff um die PACIFIC QUEEN handelt, einen Luxuskreuzer erster Klasse, der bis oben hin mit Delikatessen vollgestopft ist, werde ich eine Einladung wahrscheinlich nicht ausschlagen. Beim zweiten Schiff habe ich mich noch nicht entschieden. VANCOUVER EXPLORER klingt nach einem Bulk-Carrier mit philippinischer Mannschaft und einer Ladung Zement für die neue Straße. Da werde ich lieber erst schnüffeln, ob es nicht nur nach chinesischer Garküche riecht. Aber ich nehme an, zum Abendessen bin ich wieder hier." Er fächerte mit der linken Hand einen Stoß Briefe auf.

„Dieser Tag beginnt wirklich erfreulich", sagte er nach einer

Weile. „Eine Yachtzeitung nimmt meinen Artikel über Navigation in den Gesellschaftsinseln an. Uwes BUMERANG ist diesmal nicht wegen eines technischen Fehlers zurückgekehrt, sondern wegen Uwes gebrochenem Finger, den er leichtsinnigerweise zwischen Genuaschot und Winsch gesteckt hat; und somit sind es diesmal die Ärzte, die den Schaden reparieren müssen, nicht ich. Da sind übrigens auch ein paar Briefe für dich, Hollinger-*vahine*. Unter deinen Freundinnen ist anscheinend die Schreibwut ausgebrochen."

„Kein Wunder, schließlich habe ich bald Geburtstag. Jetzt iß aber, bevor alles kalt wird, Hollinger-*tane*."

„Selbstverständlich, selbstverständlich." Paul begann mit gesenktem Blick zu essen, um zu verbergen, daß er Paulas Geburtstag schon wieder völlig vergessen hatte. Er nahm sich vor, über ein passendes Geschenk nachzudenken, aber nach ein paar Bissen schielte er doch wieder auf die Briefe und schob sie mit der linken Hand auseinander, um wenigstens zu sehen, wer da geschrieben hatte.

„U'uuuh, u'uuuh!" Paula schnippte mit den Fingern vor Pauls Gesicht, um seine Aufmerksamkeit zu erregen. „Dein Bart ist schon ganz gelb vom Ei. Was beschäftigt dich denn so?"

„Oh, entschuldige, Paula." Er wischte sich mit der Serviette am Mundwinkel herum. „Da sind schon wieder Briefe an diesen geheimnisvollen Expeditionssekretär dabei. Ich kann mich ärgern, wenn Leute etwas völlig hirnlos adressieren. Woher soll ich denn wissen, wer ‚Secretary of M.I. Expedition' ist? Diese Briefe tragen nur meine Postfachnummer, aber sonst keinen Namen. Ich könnte sie auch genausogut wegschmeißen, aber leider weiß ich zufällig, daß irgendwann eine Expedition der Studebaker-Foundation nach Moorea kommen will, um an den alten *maraes*, den polynesischen Tempeln, herumzugraben. Was wäre aber, wenn es hier zufällig von Expeditionen wimmelte? Wie kann sich jemand darauf verlassen, daß ich hellseherische Fähigkeiten besitze? Ich werde den Absendern eine Honorarnote schicken für ‚Decodierung und Suche nach dem richtigen Empfänger mittels Kristallkugel, Dollar: 30.–.' Unterschrift: Paul Hollinger, Wahrsager und Hellseher, Moorea."

Paula lachte. „Das wäre sicher ein lukratives Geschäft. Denn wenn ich richtig gesehen habe, ist die Post für diese Expedition recht umfangreich. Aber kannst du mir erklären, warum diese

Briefe ausgerechnet an dich adressiert sind? Was haben denn Archäologen und Hafenkapitäne gemeinsam?"

„Na, es könnte ja sein, daß man an interessierter Stelle meinen Artikel über die Herkunft der Polynesier gelesen hat, den ich für das Magazin ‚Archaeological Science' geschrieben habe", meinte Paul nicht ohne Stolz.

Paula warf ihm einen schnellen Blick zu. „Ich habe gedacht, deine ganze Liebe gilt der Seefahrt und der Navigation. Seit wann beschäftigst du dich mit Archäologie?"

„Ach, du hast mir doch zu Weihnachten dieses Buch ‚Die verlorene Galeone' von Robert Langdon geschenkt; seine Spekulationen und Hypothesen über die Rätsel der polynesischen Kultur haben mich so fasziniert, daß ich mir eine eigene Theorie zurechtlegte, die ich dann an das Magazin geschickt habe. Zu meiner Überraschung wurde der Artikel gedruckt, sogar mit Fotos."

Paula lächelte ihren Mann an. „Du hast aber Nerven, Hollinger*tane,* als kompletter Laie in einem wissenschaftlichen Magazin eine eigene Theorie zu veröffentlichen."

Paul klopfte mit dem Finger auf den Tisch. „Wenn ein Mann eine Meinung hat, muß er auch dazu stehen. Der Fortschritt in der Wissenschaft beruht auf dem Pro und Contra, auf dem Zusammenprall der Theorien und Meinungen."

„Aha! Und deshalb wurdest du zum wissenschaftlichen Berater dieser Expedition ernannt. Jetzt sehe ich klarer."

„Nichts ist klar." Paul schnitt ein verzweifeltes Gesicht. „Rätselhafte Briefe *en masse,* aber kein einziges vernünftiges Schreiben, aus dem hervorgeht, um was es sich wirklich handelt. Hier . . ." Er blätterte in einigen Briefen. „Empfehlungsschreiben von Universitäten, in denen mir ein gewisser Professor William J. Herzig besonders ans Herz gelegt wird. Hier ein ebensolches Schreiben von der Académie Française. Jemand hat also Gott und die Welt in Bewegung gesetzt, um diesem Professor Herzig alle Wege zu ebnen. Wenn mir jemand derart empfohlen wird, werde ich mißtrauisch. Entweder ist dieser Professor der unbeholfenste und hilfloseste Mensch der Welt, oder er ist ein derart ekelhafter, unsympathischer und schwieriger Typ, daß man durch diesen Hinweis auf höhere Interessen verhüten möchte, daß er sofort nach der Landung von seinen Feinden erwürgt wird. Ich kann Leute nicht leiden, die ihre Verbindungen ausnützen, um sich Vorteile zu verschaffen und ihre eigene Wichtigkeit herauszustellen. Eines haben diese Schreiben bereits bei mir bewirkt: Blumenkränze und ein Empfangskomitee darf dieser Professor von mir nicht erwarten, der mir Werbebriefe schicken läßt, statt sich selbst hinzusetzen und mir einen einzigen persönlichen Brief zu schreiben, der völlig genügt hätte, um meine uneingeschränkte Hilfsbereitschaft zu mobilisieren."

„Gib mir bitte die Kaffeekanne", sagte Paula. „Ich bin ja nur froh, daß du Vorurteile und Voreingenommenheit nicht kennst und diesen Professor vorerst mal neutral behandeln wirst, bis du dir ein Bild von ihm gemacht hast. Diese Charakterstärke macht dich so liebenswert, Hollinger-*tane*."

Paul suchte mißtrauisch den Schalk in ihren Augen, einen sarkastischen Hauch in ihrer Stimme. Aber seine Frau sah ihn offen und gerade an.

„Hm, das klingt ja wie ein Kompliment", sagte er.

„Sollte es auch sein." Paula horchte in den Garten hinaus. „Ich glaube, wir bekommen Besuch."

Draußen im Korallenkies waren kurze, zögernde Schritte zu hören; dann polterte jemand gegen die Bungalowwand und stieß einen leisen Schmerzenslaut aus. Paul stand auf und ging hinaus.

Er fing eine rot-weiße Gestalt auf, die an ihm vorüberstolperte, und hielt verblüfft die schönste Frau der Welt in seinen Armen. Zumindest erschien sie ihm so im ersten Augenblick. Er sah große, aufgerissene Augen und wunderschönes, langes, glänzendes rotes Haar. Die Augen waren von dem unwahrscheinlichen Blaugrün der Lagune, sie hatte eine kleine Nase, volle Lippen und eine makellos weiße Haut ohne die Sommersprossen vieler Rothaariger. Die Frau fühlte sich angenehm weich an und roch sehr gut, und außerdem spürte Paul bei der engen Umarmung den Druck beachtlich großer, fester Brüste.

„Hoppla!" sagte er, dachte aber vorerst nicht daran, sie loszulassen.

„Oh, entschuldigen Sie, ich ... Ich habe Sie nicht gleich gesehen", stotterte die Frau auf französisch, machte aber nicht die geringste Befreiungsbewegung.

Paul schaute freundlich auf sie hinunter und griff höchstens noch etwas fester zu.

Die Frau hing noch immer wie eine Puppe in seinen Armen.

„... Können Sie mir vielleicht sagen, wo ich Monsieur 'ollinger finde?"

Paul fuhr es durch den Kopf, daß Umarmen eine viel angenehmere Begrüßungsform war als Händeschütteln.

Er beschloß, die neue Methode demnächst gründlich auszuprobieren.

„Sie haben Glück, ich bin Paul Hollinger."

„Oh, sehr gut. Ich bin Cynthia Walkers." Sie hob ihren freien Arm und hielt sich eine zusammengelegte Brille vor die Augen. „Ach, Monsieur 'ollinger, ich habe meine Kontaktlinsen heute noch nicht angelegt, Sie müssen entschuldigen."

„Sie haben keinen Grund, sich zu entschuldigen." Paul lächelte die schöne, rothaarige Frau an.

Ein Kameraverschluß klickte.

„Na, endlich lächelst du", hörte er Paula rufen. „Was wäre das auch für ein Verlobungsfoto, wenn du so ernst dreinschaust?"

Paul mußte grinsen; das war wieder typisch für seine Paula, dachte er, daß sie den Fotoapparat holte, statt: „Halt! Was geht hier vor?" zu rufen, wie es viele Ehefrauen getan hätten. Er lockerte den Griff, löste aber nur seinen linken Arm von Miß Walkers Hüften, damit es nicht so aussah, als käme er sich ertappt vor.

„Das ist meine Frau Paula", machte er bekannt und führte Miß Walkers in den Bungalow. Als sie an der Türschwelle wieder stolperte, mußte er nochmals zugreifen und sie zu einem Sessel führen.

„Wenn Miß Walkers öfter ihre Kontaktlinsen vergißt, wirst du ja in nächster Zeit einen Job haben, um den dich deine Freunde heiß beneiden", bemerkte Paula anzüglich.

„Oh, entschuldigen Sie, daß ich Ihren Mann beinahe umgerannt habe", sagte Miß Walkers. „Ich habe ihn wirklich nicht gesehen."

„Ich glaube nicht, daß mein Mann Ihnen sehr böse ist." Paula sah von Miß Walkers auf ihren Hafenkapitän und wieder zurück. „Wollen Sie eine Tasse Kaffee?"

„Vielen Dank", antwortete Miß Walkers bescheiden. „Ich möchte Sie auf keinen Fall aufhalten, ich hätte nur gern gewußt, ob

102

Post für meinen Chef gekommen ist. Mein Chef ist Professor William Herzig."

Paul schnappte nach Luft, als hätte ihm jemand einen Kübel Eiswasser ins Genick gegossen, und Paula konnte sich ein schadenfrohes Lächeln nicht verkneifen.

Paul ging zu seinem Schreibtisch und suchte unter den Briefen.

„Ich glaube, da ist etwas", brummte er und packte nach kurzer Überlegung auch die Hellseherbriefe vom Frühstückstisch dazu; er reichte der kurzsichtigen Schönheit den ganzen Stapel.

Miß Walkers bedankte sich. „Jetzt muß ich aber laufen, mein Chef wird sicher schon ungehalten sein. Er ist schlechter Laune, weil es mir noch immer nicht gelungen ist, ein Motorboot mit Steuermann zu mieten. Er möchte unbedingt unserem Expeditionsschiff entgegenfahren. Ich danke Ihnen nochmals sehr, Monsieur 'ollinger und Madame." Sie stand auf und tastete sich zur Tür.

„Wie heißt denn Ihr Expeditionsschiff, Miß Walkers?" fragte Paula.

Die rothaarige Sekretärin drehte sich um. „Vancouver Explorer. Es soll heute hier eintreffen."

Paul sah seine Frau groß an.

„Keine philippinische Mannschaft, keine chinesische Garküche und kein Zement für die Straße", spottete Paula. „Mein armer Hollinger-*tane,* was für eine Enttäuschung!"

Paul sagte lieber nichts und schaute der Sekretärin nach, die sich in den Garten tastete.

„Also, wenn ich ein Mann wäre, ich hätte sie mit dem Roten Biber hinausgefahren. So eine rothaarige Nixe an Bord sieht sicher sehr nett aus", sagte Paula grinsend. „Außerdem würde ich mir bei dieser Gelegenheit den Professor näher ansehen."

Paul runzelte die Stirn. „Du meinst . . ."

„Ja, das meine ich. Außerdem wird Miß Walkers sicher in den nächsten Graben fallen oder vor den Autobus rennen. Na, mach schon!"

„Wenn du meinst?" Paul zögerte immer noch.

Paula drehte sich um und begann, den Frühstückstisch abzuräumen. „Übrigens, Paul!" sagte sie. „Wenn du abends noch Hunger hast, gibt es Gulasch mit Spätzle. Ich mache dir doch lieber etwas

Kräftiges nach einem so anstrengenden Tag." Paula lachte und spitzte sofort die Lippen, als sie die schnelle Bewegung hinter sich hörte. Paul riß sie mit einer kräftigen Bewegung herum und küßte sie kräftig.

„Gulasch mit Spätzle!" rief er mit glänzenden Augen. „Mein Lieblingsgericht. Ich werde den ganzen Tag fasten. Du bist die beste *vahine* zwischen Apataki und Takapoto!"

Er küßte sie nochmals und machte dann lange Schritte, um Miß Walkers einzuholen.

Den müßte man zeichnen oder besser aus Lehm kneten, dachte Paul, als er eine halbe Stunde später mit seiner Lotsenbarkasse, mit dem Professor und Miß Walkers an Bord, auf die Riffpassage Teavaroa zumotorte. Die rothaarige Sekretärin stand am Bug und schmückte den ROTEN BIBER wie eine exotische Blume. Professor William J. Herzig, dessen Äußeres Pauls künstlerische Ader angesprochen hatte, saß kompakt und unbeweglich wie ein fein gekleideter Mehlsack auf der Cockpitbank. Er war ein mittelgroßer, rundlicher Mann in den Fünfzigern, der auf sonderbare Art wie frisch gebürstet, geschliffen und lackiert aussah. Seine kurzgeschnittenen grauen Haare waren mit einem messerscharfen Scheitel geteilt und glatt an den Schädel gebürstet. Bis auf ein sorgfältig getrimmtes Bärtchen war er so perfekt rasiert, als hätte er Enthaarungscreme verwendet. Seine dunkle Hornbrille hatte dicke Linsen, die die Augen dahinter zu winzigen, stechenden Insektenaugen verkleinerten, und Paul konnte unmöglich feststellen, wo der Professor gerade hinblickte. Auffallend waren auch die zarten, tadellos gepflegten Patschhändchen des Professors, die absolut nicht so aussahen, als ob er damit jemals Spitzhacke und Schaufel geschwungen und in der Erde nach den Artefakten vergangener Kulturen gewühlt hätte. Auch seine Kleidung entsprach nicht ganz Pauls Vorstellung vom Arbeitsdreß eines aktiven Archäologen. Statt schwerer Schnürschuhe, die vor Schlangenbissen schützten, statt Kordhosen mit aufgenähten Taschen für Meißel, Geologenhammer, Lupe, Zollstock, und statt Safarihemd mit Patronentaschen und einer Schlaufe für das Sprechfunkgerät trug der Professor dünne Krokodilledersthuhe und einen leichten, elfenbeinfarbenen Rohseidenanzug. Die einzige Konzession, die er anscheinend an das tropische Klima machte, bestand in der Schalkrawatte, die er unter dem weißen Hemd um den Hals geschlungen trug. Und das einzige, was der Professor bewegte, waren seine Finger. Die aber waren in ständiger Bewegung; entweder spielte er mit dem Bernsteinknauf seines Spazierstocks, oder er fingerte an seinem goldenen Zigarettenetui herum, bevor er sich eines seiner dünnen Zigarillos anzündete und langsam rauchte, wobei er peinlich darauf achtete, daß kein Aschenstäubchen neben die leere Bierdose fiel, die Paul auf Ersuchen des Professors für diesen Zweck neben seine Bank gestellt hatte.

Nach einem Blick auf die manikürten Finger versuchte Paul, seine zerschundenen Mechanikerfäuste zu verbergen; er steuerte das Schiff, indem er lässig einen Fuß in die Speichen des Ruders stellte und die Hände hinter dem Rücken verschränkte.

Paul Hollinger hatte den Professor kurz auf das Ziel der Expedition angesprochen und hörte jetzt bereits seit einer Viertelstunde einen präzise formulierten Vortrag, den William Jonathan Herzig in bestem Englisch hielt. Danach mußte die VANCOUVER EXPLORER das Nonplusultra eines modernen Expeditionsschiffs sein: vollgestopft mit raffinierter elektronischer und fototechnischer Ausrüstung. Der Professor erklärte die Funktionsweise von igluähnlichen Zeltunterkünften, die sich selbsttätig aufblasen konnten und unabhängige Strom- und Klimaanlagen hatten; auch verfügte er über einen ultraschallgesteuerten Baggerroboter und über Infrarotsuchanlagen in den zwei Hubschraubern an Bord, welche die auszugrabende Tempelanlage erst aus der Luft orten sollten.

Paul war wirklich beeindruckt; diese Expedition schien ihm so gut organisiert zu sein wie eine Mondlandung.

„Ich denke gar nicht daran, im Wald herumzustolpern, mir dabei die Hosen zu zerreißen und mich von Moskitos stechen zu lassen", erklärte Professor Herzig. „Ich bin mehr für die theoretische Seite der Forschung, ich betrachte meinen Schreibtisch und meinen Memorecorder als das eigentliche Zentrum der Expedition. Meine Mitarbeiter sind hervorragende Spezialisten, sie sind jung und lieben es sonderbarerweise, im Gesträuch herumzuklettern und sich Finger und Kleider schmutzig zu machen." Er hob bedauernd die Schultern. „Solange sie mir die notwendigen Informationen, Aufnahmen und Meßergebnisse bringen, sollen sie ruhig ihrer romantischen Schatzsuchermanie nachgehen, mich stört das nicht. Ich werde mich in den nächsten Wochen hauptsächlich mit Miß Walkers in meinem Studio einschließen und die Untersuchungsergebnisse auswerten."

Der Professor erschien Paul plötzlich in einem neuen Licht. Er versuchte sich vorzustellen, wie es wäre, im halbdunklen Studio lässig auf dem Philosophiersofa ausgestreckt zu diktieren, während die rothaarige Sekretärin, hingerissen von der Brillanz der Überlegungen, mitstenographierte – in handlicher, erregender Nähe, so daß man ihr Parfüm riechen konnte. Er würde dann im gleichen Tonfall weiterdiktieren: „. . . und jetzt legen Sie bitte Ihre Bluse ab, Miß Walkers . . . Hoppla!" Paul fuhr zusammen, als ein großer Brecher ohne Vorwarnung gegen den Bug des ROTEN BIBERS donnerte und Miß Walkers unter Schaum und Gischt verschwand. Er riß den Gashebel etwas zurück, schätzte mit einem schnellen Blick die Entfernung zur nahen Riffkante und hoffte nur, daß Miß Walkers nicht hysterisch reagieren würde, denn er konnte das Ruder mitten im Paß nicht loslassen.

Als der Bug wieder hochkam und das Wasser durch die Speigatten außenbords gurgelte, tauchte auch Miß Walkers wieder auf; sie war klitschnaß, hielt sich aber immer noch brav an der Reling fest. Sie wischte sich die Haare aus dem Gesicht und sah erschrocken zu Paul zurück.

Professor Herzig rührte keinen Finger, er meinte nur vorwurfsvoll: „Miß Walkers, sehen Sie nur, wie Sie jetzt aussehen! Kommen Sie sofort her!"

Kapitän Hollinger hätte beinahe durch die Zähne gepfiffen, so sah Miß Walkers jetzt aus. Das rote Kleidchen klebte wie eine zweite Haut an ihrem Körper, so daß sie nackter als nackt wirkte. Der Skipper des ROTEN BIBER mußte sich gewaltig zusammenreißen, um seine Barkasse nicht vor Begeisterung aufs Riff zu setzen. Miß Walkers kam mit kleinen Schritten, sich dabei immer an der Reling festhaltend, über Deck zurück und lächelte verlegen.

„Mann, o Mann!" murmelte Paul in seinen Bart. „Habe ich doch richtig gefühlt heute morgen, dieser Busen ist beachtlich."

„Gehen Sie in die Kabine!" befahl der Professor und sah seine Sekretärin strafend an. „Ziehen Sie diese nassen Sachen aus, das schadet der Haut." Er wandte sich an Paul. „Haben Sie ein trockenes Handtuch? Ich muß meiner Sekretärin den Rücken frottieren."

Paul knirschte mit den Zähnen. Solche Rücken zu frottieren gehörte eigentlich zu den Vorrechten eines Kapitäns; aber er konnte Professor Herzig nicht mitten im gefährlichen Paß das Ruder anvertrauen.

„Handtücher finden Sie gleich an Backbord in dem schmalen Schapp – ich meine, in dem schmalen Schrank", verbesserte er sich und hob den Blick zum Horizont, um die Silhouette der VANCOUVER EXPLORER zu suchen und nicht mitansehen zu müssen, wie Professor Herzig den nackten Rücken seiner Sekretärin frottierte.

Der ROTE BIBER erreichte das offene Meer. Paul schaltete den Autopiloten ein, der die Barkasse automatisch in großen Kreisen auf Warteposition hielt, und stellte sein UKW-Gerät auf Empfang. Er war bereit, die VANCOUVER EXPLORER sicher in den Hafen zu geleiten.

Der Professor kam wieder an Deck und zündete sich ein neues Zigarillo an. Paul spähte durch den Niedergang nach unten. Miß Walkers saß in einer Ecke der Kajüte und versuchte, das Notwendigste mit dem feuchten Handtuch zu bedecken. Das nasse Kleid lag achtlos am Boden. Kapitän Hollinger seufzte. An Bord seines Schiffes war er pedantisch. Nasse Kleider gehörten nicht auf die Bootsplanken und feuchte Frauen nicht auf die Kajütpolster. Er verließ das Steuer, suchte aus Paulas Kleiderschapp einen passenden *pareo,* drückte Miß Walkers ein kleines Heft „Zwanzig Arten, einen *pareo* zu binden" in die Hand und hängte das Kleidchen mit einigen Wäscheklammern in den Maschinenraum.

Die Masten, Ladebäume, Aufbauten und Antennen der VANCOUVER EXPLORER waren schon deutlich auszumachen und der erste Radiokontakt war hergestellt, als Miß Walkers wieder an Deck erschien.

Paul stieß absichtlich einen bewundernden Pfiff aus, weil er wußte, daß der Professor zusammenzucken würde.

„Sie erinnern mich an einen wunderschönen Film, den ich als hoffnungsvoller Jüngling gesehen habe, Miß Walkers", erklärte er ihr. „Darin spielte Rita Hayworth eine Südseeprinzessin, die einen verheirateten Kapitän verführte. Sie sehen noch schöner aus als die Prinzessin in dem Film."

Miß Walkers lächelte zurück. In der nächsten halben Stunde, bis die VANCOUVER EXPLORER durch das Riff und an ihren Ankerplatz in der Pao-Pao-Bucht bugsiert war, flirtete Paul ungeniert mit der schönen Sekretärin; er freute sich diebisch, daß der fischblütige Professor ein immer verdrosseneres Gesicht machte.

Die VANCOUVER EXPLORER ließ eine Gangway über die Bordwand herunter, und Professor William J. Herzig eilte ohne ein Wort des Dankes an Bord seines Expeditionsschiffes. Kapitän Hollinger unterhielt sich noch über Funk mit dem Ersten Offizier und überlegte gerade, ob er die Einladung zu einer Tasse Kaffee annehmen sollte, da heulte draußen vor dem Riff ein großes Schiff wie eine beleidigte Riesenkuh auf.

„*Aueee!*" rief Paul. „Die PACIFIC QUEEN hat es aber eilig." Miß Walkers lehnte noch immer an der Reling und sah ihm neugierig zu, wie er mit Mikrophon, Gashebel und Ruder hantierte. Da kam Paul Hollinger ein lustiger Gedanke.

„Der Professor hat jetzt ohnehin keine Zeit, Ihnen etwas zu diktieren", rief er der Sekretärin zu und warf die Leinen los. „Kommen Sie, wir wollen das große Schiff dort begrüßen."

Miß Walkers war es anscheinend gewöhnt, allen Anweisungen, die man ihr gab, wortlos zu gehorchen; sie sagte überhaupt nichts. Paul gab grinsend Gas und legte in einer schäumenden Kurve vom Expeditionsschiff ab.

„PACIFIC QUEEN, PACIFIC QUEEN!" rief er den Luxusdampfer über UKW-Kanal 6 an. „Hier Pao-Pao-Pilot. Einen schönen guten Morgen wünsche ich Ihnen. Willkommen in Moorea. Achten Sie auf eine rote Lotsenbarkasse mit einer rothaarigen Südseeprinzessin am Bug. Ich wiederhole – mit einer rothaarigen Südseeprinzessin am Bug. *Over!*"

Der diensthabende Offizier der PACIFIC QUEEN traute seinen Ohren nicht und fragte noch einmal nach der Südseeprinzessin. Dieses unübliche Marineerkennungszeichen hatte dann einen durchschlagenden Erfolg. Noch nie in der Geschichte der Pao-Pao-Lotsenfahrt wurde so auf den ROTEN BIBER geachtet wie an diesem Tag.

Als Paul näher an den eleganten weißen Riesen herankam, bemerkte er die auffallend große Anzahl von Uniformen, goldbetreßten Mützen und Schulterspangen auf der Brücke der Pacific Queen; Sonnenreflexe blitzten von unzähligen Ferngläsern.

Paul lachte übermütig und forderte den Kreuzfahrer auf, genau in seinem Kielwasser zu folgen. Er drehte den Lautsprecher des Empfangsgeräts lauter: Unzählige Stimmen waren zu hören, schrille Pfiffe und bewundernde Ausrufe in mehreren Sprachen, dann brüllte jemand mehrmals um Ruhe und freie Sicht.

Paul nahm das Mikrophon. „An Pacific Queen. Ist bei euch eine Meuterei ausgebrochen?"

„Mann, Mann!" stöhnte der unsichtbare Funker. „Was ist denn das für eine Superbiene auf Ihrem Bug?"

Ein dumpfer Laut und ein Aufschrei drangen aus dem Gerät, als hätte jemand den Funker niedergeboxt.

„Pao-Pao-Pilot", hörte man dann eine tiefe, befehlsgewohnte Stimme. „Hier spricht der Kapitän der Pacific Queen. Könnten Sie die Dame im Wickeltuch ersuchen, kurz unter Deck zu gehen? Ich habe Schwierigkeiten, ein ordentliches Ankermanöver zu fahren, wenn sich sogar meine Offiziere wie tollgewordene Papagalli aufführen . . ." Der Kapitän unterbrach sich und brüllte irgendeinen Mr. Jefferson an, gefälligst dafür zu sorgen, daß die Köche von der Reling und die schmierigen Maschinisten vom Sonnendeck verschwanden.

„Tut mir leid, Pacific Queen", lachte Paul ins Mikrophon. „Die Dame im Wickeltuch ist mein Erster Maat, ich brauche sie an Deck."

Immer noch lachend, wandte er sich an Miß Walkers. „Das sind außerordentlich freundliche Leute drüben, sehen Sie nur, wie uns alle zuwinken. Glauben Sie mir, Cynthia, wenn der Anker gefallen ist, werden wir vom Kapitän zu einem fürstlichen Champagnercocktail an Bord geladen werden, mit Hummer und Kaviar und Lachs."

Stolz auf seine Idee, Miß Walkers als Garant für eine Einladung auf der Pacific Queen zu benutzen, steuerte Kapitän Hollinger seine Barkasse durch die Teavaroa-Passage, und der große Luxusdampfer folgte ihm so brav wie ein blau-weißer Riesenhai seinem winzigen, rot-weiß gestreiften Lotsenfisch. Miß Walkers machten die vielen winkenden Matrosen und Passagiere Spaß, sie winkte freundlich zurück. Paul sortierte in Gedanken die Hemden in seinem Wäscheschapp, um ein besonders schönes auszuwählen, damit er, wenn er in Begleitung von Miß Walkers die Gangway der PACIFIC QUEEN hinaufspazierte, von der kompletten Mannschaft beneidet und angestaunt wurde. Für Pauls Geschmack kamen so große und schöne Schiffe viel zu selten in die Pao-Pao-Bucht. Paul wußte, daß an Land jetzt unzählige Kameraverschlüsse klickten, um seinen ROTEN BIBER zusammen mit der PACIFIC QUEEN auf den Film zu bannen. Er wußte, daß jetzt Maurices überstarkes Teleskop, mit dem der Autoverleiher sonst die Bucht nach busenfreien Badeschönheiten abzusuchen pflegte, auf ihn gerichtet war, oder besser auf Miß Walkers, die wieder ihre Galionsposition am Bug eingenommen hatte. Paul konnte sich Maurices neidisches Gesicht sehr gut vorstellen. Er geleitete die PACIFIC QUEEN zu einem Ankerplatz im Hintergrund der Bucht, wo das elegante Schiff vor der bizarren Silhouette der dunklen Berge wie ein Postkartenmotiv aussah.

Die riesigen Anker fielen mit gewaltigem Rasseln in das aufzischende Wasser, und Paul spürte bereits das Prickeln eiskalten Champagners auf der Zunge; da meldete sich das Funkgerät wieder:

„An Pao-Pao-Pilot von PACIFIC QUEEN. Vielen Dank für den Lotsendienst." Die tiefe Stimme des Kapitäns klang grollend und verärgert, als er fortfuhr: „Mein Zweiter Offizier wird Sie dann wegen der Formalitäten am Kai aufsuchen. Ich möchte Sie informieren, daß ich die Gangwaywache angewiesen habe, Sie mit Ihrem rothaarigen Maat unter keinen Umständen an Bord zu lassen. Ich kann hier keinen Aufruhr brauchen, die Passagiere sind schon kompliziert genug. *Over and out!*" Der Lautsprecher knackte, als das Gerät abgeschaltet wurde.

Paul starrte einen Moment verblüfft zu der ihn himmelhoch überragenden Brücke des großen Schiffes hinauf, dann wurde sein Gesicht dunkel vor Wut.

„So ist das!" rief er, obwohl er wußte, daß ihn der Kapitän nicht hören konnte. „Diese Anordnung hätten Sie sich sparen können, Sie Neidhammel! Ich hatte nie die Absicht, einen Fuß auf Ihren rostigen Kahn zu setzen und meine Prinzessin von Ihren schielenden Laskaren lüstern anstarren zu lassen. Ich kann mir meinen Champagner selber kaufen!"

Paul gab so ruckartig Vollgas, daß Miß Walkers taumelte, und raste dröhnend los, eine stinkende Dieselqualmwolke zurücklassend.

„Ich kann mir meinen Champagner selber kaufen", wiederholte er knurrend und machte ein derart böses Gesicht, daß ihn Cynthia Walkers erschrocken ansah. Paul bückte sich, um den Gashebel noch weiter nach unten zu drücken, da sah er seine finstere Miene in der Sicherheitsglasscheibe. Prompt mußte er über sich lachen. Er richtete sich feixend auf und rief Miß Walkers zu: „Sehen Sie nur, wie schön das Schiff daliegt. Das haben wir wirklich gut hinbekommen. Dafür haben wir uns ein Glas Champagner verdient."

Mit dröhnender Maschine überquerte er die Bucht und legte den ROTEN BIBER mit einem eleganten Schwung an den Steg des *Hotel Aimeo*. Der Sportlehrer Jérôme sprang herbei und machte die Leinen fest, und Paul ergriff die Hand der schönen Sekretärin und zog sie zur Strandbar.

Aber wieder gab es ein neues Hindernis, diesmal in Gestalt des Gendarmen, der sich ihnen mit ausgestreckten Armen in den Weg stellte.

„Paul, alter Freund!" rief Cadousteau. „Wie freue ich mich, dich zu sehen." Dabei starrte er derart auffällig Cynthia Walkers an, daß unschwer zu erraten war, was ihn wirklich freute.

Paul fuhr es durch den Kopf, daß es vielleicht doch nicht so lustig war, die schönste Frau der Welt als Begleiterin zu haben.

„Miß Walkers", sagte er ohne Enthusiasmus, „das ist mein alter Freund Sergeant Cadousteau."

Cynthia Walkers lief unverzüglich in Cadousteaus offene Arme, umschlang ihn und drückte den Gendarm fest an ihre Brust. Jean Claude knickte unter diesem unerwarteten Ansturm in den Knien ein und verlor sein Käppi. Paul sah über Cynthias nackter Schulter seine aufgerissenen Augen und den offenen Mund und begann wieder zu grinsen. Miß Walkers schaukelte den offensichtlich gelähmten Gendarm eine Weile leicht hin und her und ließ ihn dann los, um ihren Weg zur Bar fortzusetzen.

Cadousteau stand schwankend mit hängenden Schultern da, das Gesicht eine einzige Frage.

„Was war denn das, was war denn das?" flüsterte er schockiert.

Paul hob sein Käppi auf und stülpte es ihm wieder über. „Das war Cynthia. Ich habe ihr heute morgen erklärt, daß wir Polynesier gute Freunde umarmen, das sei eine schöne alte Sitte. Pst! Verrate ihr nichts!"

An der Bar bestellte Paul eine Flasche Champagner. Maitai rollte mit den Augen und warf bezeichnende Blicke auf Pauls rothaarige Begleiterin, bis er ihr auf tahitianisch zurief, sie möge ihrer schmutzigen Phantasie nicht so deutlich Ausdruck verleihen und sich lieber beeilen. Maitai kicherte, als hätte er einen guten Witz erzählt, schenkte die Gläser voll und rannte dann quer über den Rasen in die Küche, um allen Mädchen sofort von Pauls neuer Freundin zu erzählen.

Paul Hollinger ärgerte sich schon, daß er sein Glas nicht in Ruhe mit Miß Walkers trinken konnte. Da stand zum Beispiel Jean Claude, wie vom *tahutahu* in einen Holzgötzen verwandelt, im Schatten des Palmblätterdaches und fixierte Cynthia wortlos. Die männlichen Hotelgäste starrten aus ihren Lehnstühlen herüber, Lucien der Koch starrte aus seiner Küche, alles starrte. Jérôme schlug Salto und ging auf Händen, dann tauchte zu allem Überfluß noch Maurice mit hungrigen Augen auf.

Paul wünschte sich einen großen weiten Mantel, mit dem er Miß Walkers Figur verhüllen könnte, ein Kopftuch, um ihr Haar zu verstecken, und eine schwarze Blindenbrille vor ihre blaugrünen Augen. Aber im nächsten Moment fiel ihm seine Inkonsequenz auf. Er hatte Cynthia Walkers ihrem Chef ja nur entführt, um mit ihr angeben zu können. Es wurde ihm klar, daß er nicht nur seine eigenen Augen mit ihrer Schönheit hatte laben wollen, nein, die ganze Bucht sollte platzen vor Neid.

Paul kam sich mit einemmal nicht mehr so großartig vor. Er trank schnell aus und schenkte nach. Als Maurice ihn dann mit falschem Lächeln überschwenglich begrüßte, wußte er, daß es höchste Zeit für einen guten Abgang war. Er faßte Miß Walkers fest um die Hüften, um sein Besitzrecht deutlich zu zeigen, und zog sie in Richtung Barkasse.

„Jetzt wollen wir aber mal nachschauen, was der arme Professor macht!"

„Oh, Professor Herzig habe ich ganz vergessen", rief Cynthia Walkers erschrocken und schlug die Hand vor den Mund. „Wir müssen schnell zu ihm, er wird schon sehr ungehalten sein."

Sie trippelte zu dem noch immer wie in Trance dastehenden Gendarm, umarmte ihn abermals leidenschaftlich und lief dann aufs Boot zu. Paul amüsierte sich köstlich über Maurices enttäuschtes Gesicht und die neidischen Blicke, die er Cadousteau zuwarf. Er lachte noch, als der ROTE BIBER wieder ablegte und ein Dutzend Männer, wie Marionetten an Schnüren gezogen, bis zum Bootssteg mitkamen, um Miß Walkers abfahren zu sehen.

Paula sah überrascht von ihrer Malarbeit auf, als ihr Lotse und Ehemann gegen vier Uhr nachmittags in der Tür stand.

„Nanu, was willst du schon hier?" Sie unterdrückte gerade noch die Frage, ob er etwa einen Korb von Miß Walkers bekommen hätte. Denn obwohl sie sich immer wieder eingeredet hatte, daß schöne amerikanische Sekretärinnen keine Gefahr für die Standfestigkeit ihres Mannes waren, hatte sie doch einen kleinen Eifersuchtsstich gespürt, als sie im Feldstecher sah, mit welch zufriedenem Grinsen ihr Kapitän Hollinger mit der Busenschönheit in der Lagune herumgedampft war.

Paul Hollinger tat erstaunt. „Was ich hier will? Ich gedenke, zuerst ein erfrischendes Duschbad zu nehmen, weil ich den ganzen Tag in der Sonne herumgestanden habe. Danach freue ich mich auf ein großes kaltes Bier auf der Veranda, während ich die Vorfreude auf Gulasch mit Spätzle genieße. Haben wir Bier im Haus?"

„Selbstverständlich, mein Hollinger-*tane,* ich schenke dir nachher ein großes Glas ein." Paula stand auf und ging fröhlich in die Küche. Was für ein schönes Gefühl, geliebt zu werden, dachte sie, wenn auch nur für mein Gulasch. Aber solange diese rothaarige Hexe nicht besser kochen kann als ich, wird sie meinem Paul nicht gefährlich.

Nebenan im Bad begann die Brause zu zischen, und Paul sang laut ein tahitianisches Liebeslied, ab und zu von Schimpfworten unterbrochen, wenn er sich nach der Seife bücken mußte, die ihm entschlüpft war. Auf seiner breiten Brust glitzerten noch Wassertropfen, als er nach einer Weile wieder auf der Veranda erschien, nach Seife duftend und das Handtuch wie einen *pareo* um die Hüften geschlungen. Er setzte sich zufrieden brummend in den Lehnstuhl und sah Paula zu, die sein Bier so einschenkte, daß eine hohe Schaumkrone stehenblieb.

„Eigentlich müßte man sie bis hierher hören." Paula hielt die Hand wie horchend ans Ohr.

„Wen?"

„Na, die Gerüchte in der Bucht", lächelte sie. „Was meinst du, was auf der Tratschbörse jetzt los ist. Du hättest dich mal sehen sollen, als du so mit Miß Walkers auf und ab gefahren bist. Da haben alle männlichen Einwohner von Pao Pao im Chor aufgeseufzt." Paula schluckte einen kleinen Kloß im Hals, dann sprach sie tapfer weiter: „Diese Miß Walkers ist wirklich eine sehr schöne Frau. Deine Freunde werden dich sehr beneidet haben, und ich kann mir vorstellen, welche Gerüchte über euch beide jetzt in Umlauf sind. Ich werde mich wohl damit abfinden müssen, daß mich in den nächsten Tagen beim Einkaufen alle Frauen ein wenig mitleidig ansehen."

Paul stellte sein Bier ab. „Ich habe heute eine höchst interessante Erfahrung gemacht", begann er und freute sich, daß ihm unterwegs noch eingefallen war, wie er auf dem Umweg über eine philosophische Betrachtung seiner Frau ein neuartiges Kompliment machen konnte, in das sich sehr elegant eine Liebeserklärung einwickeln ließ. „Die von aller Welt so begehrten schönen Frauen stellen nämlich in Wirklichkeit ein äußerst schwieriges psychologisches und philosophisches Problem dar."

„Ach nein!" Paula lehnte sich ans Verandageländer und hörte ihrem Mann lächelnd zu. „Erzähl weiter, Hollinger-*tane*."

„Meine Theorie ist noch unfertig", erklärte Paul, „aber ich frage mich, wieso ich erst heute darüber nachdenke. Was macht eigentlich körperliche Schönheit so wertvoll? Warum müssen Prinzessinnen immer schön sein, warum stellen wir uns Götter oder Göttinnen in menschlicher Gestalt immer als besonders schön vor? Dann müßte ja Schönheit ein göttliches Attribut sein. Ich habe aber erfahren, daß Schönheit im Menschen das Gegenteil von göttlichen Gefühlen hervorruft. Schöne Frauen erwecken in jedem Mann sofort Besitzgier. Überall, wo ich mit Miß Walkers auftauchte, wurden alle Männer von einem geheimnisvollen Fieber angesteckt, ihr Busen und ihre roten Haare lockten sie an wie Riesenmagneten. Auf der PACIFIC QUEEN ist es ihretwegen sogar zu Schlägereien gekommen. Meine Freunde Jean Claude und auch Maurice, der eine sehr nette Frau hat, liefen wie hypnotisiert hinter ihr her, und ich mußte Miß Walkers in Sicherheit bringen, weil es sonst vielleicht einen Kampf gegeben hätte."

„Du bist natürlich gegen ein solches Fieber völlig immun, nicht wahr?" warf Paula ein, ohne eine Miene zu verziehen. „Du wolltest heute morgen auch nur abschätzen, wie viele Kilo sie wiegt, als du sie gar nicht mehr losgelassen hast, wie?"

Paul runzelte ein wenig die Stirn. „Ja, so ähnlich. Aber da wußte ich noch nicht, daß Schönheit anscheinend nur negative Seiten im Menschen weckt. Ich gebe zu, ich bin mit dieser Sekretärin ein wenig länger herumgefahren, als ich zunächst im Sinn hatte, und jetzt weiß ich, ich habe es getan, damit meine Freunde der Neid frißt. Das ist sicher kein göttliches Gefühl. Aber ich war ebenso verwirrt wie die anderen, weil ich noch nie eine wirklich schöne Frau getroffen hatte." Paul redete sich so in Schwung, daß er gar nicht merkte, wie Paulas Lächeln merklich dünner wurde.

„Während ich noch heute morgen glaubte, es müsse der Gipfel des Glücks sein, die schönste Frau der Welt zu besitzen, wurde mir inzwischen klar, welcher Fluch darauf lastet. Nur weil Miß Walkers so schön ist, habe ich auf der PACIFIC QUEEN nicht einmal ein Bier bekommen, ja, der Kapitän hat mir sogar den Zutritt verweigert. Ich konnte mit ihr kein Glas Champagner in Ruhe trinken, meine Freunde und die Männer im Hotel schlichen um uns herum wie Hyänen und ließen uns keine Sekunde aus den Augen. Alle hofften, ich würde in der nächsten Sekunde tot umfallen, damit sie sich auf Cynthia stürzen könnten. Ich sage dir, es wäre die Hölle auf Erden, mit einer schönen Frau verheiratet zu sein . . ."

Paul verstummte, weil er sah, wie Paulas Lächeln schlagartig erlosch und ihre Lippen zu zittern begannen. Das war bei ihr ein Katastrophenzeichen. Während er noch krampfhaft überlegte, was seine Frau wohl so erregt hatte, sagte sie heftig: „Ich verstehe schon. In wenigen Worten besagt deine neue Theorie, daß du ausgesprochen froh bist, mit einer häßlichen Frau verheiratet zu sein, die zum Glück keinen Aufruhr unter den Männern verursacht, wenn du mit ihr Champagner trinken gehst und ..." Paula konnte nicht mehr weiterreden, weil ihr das Wasser in die Augen schoß und sie sich abwenden mußte.

„Ich Idiot!" rief Paul Hollinger erschrocken und sprang auf, als er merkte, was er mit seiner eleganten Liebeserklärung angerichtet hatte. „Das habe ich anders gemeint, Paula!"

Sie schlug die Hände vors Gesicht und lief zur Tür. „Ich weiß schon, Paul, daß du's nicht so gemeint hast. Aber darauf läuft's hinaus. Ich möchte jetzt nichts mehr darüber hören. Du hast dein Bier verschüttet, ich bringe dir ein neues. Und dann laß mich bitte allein in der Küche, wo häßliche Frauen hingehören."

Paul war entsetzt über das, was er da angerichtet hatte, er tanzte um Paula herum, aber sie drehte sich immer von ihm weg. Er kam sich ungeheuer ungeschickt und hilflos vor, denn wenn Paula weinte, hatte er immer das Gefühl, mitheulen zu müssen. Als ihm nichts Besseres einfiel, schloß er seine widerstrebende Frau ganz fest in die Arme und überlegte seine nächsten Worte fieberhaft. Er erinnerte sich an viele Filme, in denen der Held in ähnlichen Situationen genau das Richtige zu seiner Geliebten sagte, aber ihm fiel nichts Passendes ein. So redete er einfach drauflos.

„Paula, du bist für mich die schönste Frau der Welt." Paula begann, sich energisch gegen seine Umarmung zu wehren. Aber er hielt sie noch fester und sagte leise: „Laß mich ausreden. Das war erst der Anfang zu einer meiner besten Liebeserklärungen."

„Haaaaa!" machte Paula.

„Erst jetzt als alter Mann beginne ich zu ahnen, was Liebe wirklich bedeutet", fuhr Paul sanft fort. „Ich halte dich in meinen Armen wie heute morgen Cynthia und begreife plötzlich den Unterschied. Wenn ich dich halte, ist mein ganzer Körper voll Zärtlichkeit, mein linkes Knie, meine rechte Schulter, meine Milz, meine Nase, meine Leber, meine Ohren, mein Verstand, wahrscheinlich auch meine Nieren und meine Hypophyse; alle sind völlig einer Meinung, sie alle lieben Paula. Sie sagen, küsse Paula, mach, daß sie lächelt, wir sind alle froh, wenn Paula glücklich ist. Das kommt

116

davon, daß meine neunzig Kilo Fett, Knochen, Muskeln und Bindegewebe nur froh sind und funktionieren, wenn meine Augen melden, daß Paula uns anlächelt. Wenn ich Cynthia umarme, ist das etwas ganz anderes. Dann melden sich eigentlich nur meine negativen Eigenschaften. Meine Bosheit sagt: ‚Spann sie dem Professor aus, dieser Mehlsack wird dann grün und blau vor Eifersucht! Mein von der Natur auf Bevölkerungszuwachs programmierter Geschlechtstrieb meldet sich und ruft: ‚Hast du den prallen Busen gesehen? Los, schlepp sie in den Wald und mach ein paar rothaarige Kinder!‘ Aber das ist nur eine Minorität, die so spricht, Paula. Wenn du jetzt in die Küche gehst und weinst, Hollinger-*vahine,* dann ist bei mir der Teufel los. Mein Verstand und mein Herz werden mir die heftigsten Vorwürfe machen, meine Tränendrüsen werden wild drauflos Salzwasser produzieren, damit die Augen nichts mehr sehen. Mein rechtes Knie wird passive Resistenz betreiben und zu schmerzen beginnen, mein Rücken wird sich rächen und weh tun, meine Nieren werden einfach streiken, mein Bauch wird sich totstellen und schwer werden wie ein Basaltblock. Weil ich ... Ich meine, wir können nur leben, wenn du uns anlächelst. Bitte, Paula. Neunzig Kilogramm Hollinger lieben dich mit jeder Faser und mit jedem Molekül. Du hast eine samtige Bronzehaut, die viel schöner ist als das weiße Wachs von Miß Walkers, deine schwarzen Haare riechen viel besser, in deine hellblauen Augen kann ich stundenlang hineinsehen, sie sind nicht so gefährlich wie das Türkis der Riffkante, unter der die Haie lauern. Du bist schön, weil deine Seele schön ist. Miß Walkers hat wahrscheinlich gar keine. Man spürt bei ihr nichts, sie macht alles, was man sagt, so folgsam wie ein schöner bunter Automat. Sie sieht aus wie eine exotische Blume, hat aber keinen Duft. Sie wirkt auf mich wie aus Plastik."

Paul küßte seine Frau zart auf die Wange. „Kann ich meinem Knie sagen, daß du nicht mehr böse bist?"

Paula lehnte sich in seinen Armen zurück und trommelte schluchzend gegen seine Brust. Sie hatte noch immer nasse Augen. „Du bist ein ganz häßliches Scheusal, Hollinger-*tane.* Du weißt ganz genau, daß ich wie Butter schmelze, wenn du mir so rührselige Geschichten erzählst. Das ist wohl die verdrehteste Liebeserklärung, die je ein Mann an die Frau gebracht hat. Und ich hasse dich dafür, daß ich sie glaube. Dir bin ich sehr böse, aber ich kann dein Knie und deine Milz nicht enttäuschen, die meinen es sicher ehrlich. Wenn ich mir die Augen gewischt habe, werde ich ihnen zulächeln, obwohl auch du Scheusal davon profitierst. Aber jetzt laß mich erst mal in die Küche, damit ich das Gulasch wärmen kann. Ich möchte mich nämlich mit deinem Bauch gut stellen, denn ein Verbündeter, der dich sofort mit Bauchweh bestraft, wenn du fremden Sekretärinnen nachläufst, ist ein unbezahlbarer Freund für mich."

„Das Gulasch!" rief Paul begeistert und öffnete seine Arme.

Paula lief zur Küche und rief ihm von dort zu: „Wenn ich eine Tochter hätte, ich würde sie davor warnen, sich je in einen Philosophen zu verlieben. Es ist nicht jederfraus Geschmack, erst den tieferen Sinn von so seltsamen Komplimenten wie ‚meine Niere liebt dich' oder ‚meine Bauchspeicheldrüse betet dich an' herauszufinden, bevor man sich daran erfreuen kann."

Paul starrte auf die Lagune hinaus. „Wenn ich einen Sohn hätte", sagte er leise, „würde ich ihm beibringen, mit Klischees wie Schönheit und Liebe äußerst vorsichtig umzugehen. Unsere Alltagssprache ist dafür zu plump und zu ungenau, die Körpersprache ist präziser. Schönheit sollte man nicht loben, sondern nur seine Augen glänzen lassen. Und Liebe muß man machen, alles andere führt nur zu Mißverständnissen."

„Ich freue mich schon darauf, daß du mir später zeigen wirst, wie du das meinst, Hollinger-*tane*!" lachte Paula und brachte ihm ein neues Bier.

„Der Kühlwasserimpeller ist kaputt." Paul Hollinger drehte das kleine, zerfetzte Gummiding zwischen den öligen Fingern. „Kein Wunder, daß der Außenbordmotor immer stehenblieb: Überhitzung, Jean Claude. Du kannst von Glück reden, daß sich die Kolben nicht festgefressen haben. Gib mir meine Ersatzteilschachtel herüber, darin finden wir vielleicht das Passende. Von diesen Gummidingern kann man nie genug haben."

Sie knieten im Bootsschuppen der Gendarmeriestation vor dem halbzerlegten 75-PS-Motor.

„Alles mögliche haben sie uns in der Gendarmerieschule beigebracht", knurrte Cadousteau. „Wie man fachgerecht bei einer Geburt hilft, wie man jede Art von Revolver lädt, wie man Betrunkene abführt und vieles andere. Nur nicht, wie man Außenbordmotoren repariert. Ich wurde natürlich nicht auf einen Motorbootkursus geschickt, dorthin kam mein Kollege, der jetzt im Mont-Blanc-Tal Dienst tut. Mich haben sie auf einen Bergführerkursus geschickt, weil schon feststand, daß ich in die Südsee versetzt werde."

Paul lachte und beschmierte sich die Stirn mit Öl, als er sich den Schweiß abwischte. „Versuchen wir einmal, diesen Impeller einzubauen. Gib mir den Zwölferschlüssel herüber." Er begann, den Motor wieder zusammenzubauen.

Eine halbe Stunde später stand er in ölfleckigen Kleidern auf dem kleinen Holzsteg, trank Bier und sah Jean Claude zu, der den ersten Startversuch machte. Der Motor hing wieder am Heck des schnittigen Patrouillenboots. Cadousteau zog ein paarmal am Startseil, pumpte dann Benzin nach und zog wieder. Diesmal sprang der Motor sofort an und schnurrte zuverlässig.

Cadousteau strahlte. „Du bist ein Teufelskerl, Paul. Er läuft wieder wie eine Nähmaschine." Er seufzte. „Tja, Frauen und Außenbordmotoren brauchen eine feine Hand, und die fehlt mir. Komm, wir machen sofort eine Spritztour. Oh . . ." Er musterte Paul Hollinger. „Du siehst aus wie der Heizer eines chinesischen Trampdampfers. So kannst du Mademoiselle Walkers nicht unter die Augen treten. Komm erst duschen."

„Miß Walkers? Ich denke, wir machen eine Spritztour?" fragte Paul erstaunt.

„Weißt du, ich muß den amerikanischen Professor dienstlich aufsuchen. Pater Bruno hat sich beschwert, daß die Hubschrauber sonntags zur Messezeit so niedrig über die Kirche wegbrausen, daß seine Predigt in dem Höllenlärm untergeht. Jetzt beeil dich, sie sind gerade alle an Bord."

Paul reizte es, etwas über den Stand der Ausgrabungen zu hören; er hatte sich länger nicht mehr um die Expedition gekümmert, weil er mit drei Arbeitern des Hafenamtes von Papeete unterwegs gewesen war, um alle Tonnen und Seezeichen in Mooreas Lagunen neu anzumalen, damit sie dem neuen Betonnungssystem entsprachen.

Er fuhr aus der Hose, duschte sich mit dem Gartenschlauch, wusch mit Schmierseife den ärgsten Schmutz herunter, und dann fuhren sie los. Unterwegs machte Cadousteau ein erwartungsvolles Gesicht wie ein Kind am Weihnachtsabend, kaum aber hatten sie das Patrouillenboot an der VANCOUVER EXPLORER festgemacht, setzte er eine verschlossene, amtliche Miene auf. Ziemlich barsch verlangte er, Professor Herzig zu sehen. Ein Matrose führte sie durch ein Labyrinth von Gängen und eisernen Treppen, durch einen teppichbelegten Korridor und an einer Anzahl polierter Mahagonitüren vorbei. Miß Walkers kam ihnen entgegen. Sie sah hinreißend aus. Ihr loses Haar flatterte, als sie auf Paul zutrippelte und ihn umarmte. Über ihre Schulter bemerkte er, wie sich Cadousteau in Pose stellte, das Käppi abnahm und sich die Lippen schleckte. Cynthia ließ Paul los und lief in die ausgebreiteten Arme des Gendarmen. Sie trug einen enganliegenden Hosenanzug, in dem mitgewirkte Metallfäden schimmerten.

Wenn sie Flossen hätte, dachte Paul, gäbe sie eine betörende Seejungfrau ab. Bei Roo, dem Gott der Seefahrer, das sind die schönsten silbernen Achterbacken, die ich je gesehen habe.

Cadousteau hatte glasige Augen, als Cynthia ihn wieder freiließ. Sie öffnete eine Tür.

„Der nette Offizier von der Gendarmerie und Kapitän 'ollinger möchten Sie sprechen, Chef!" meldete sie den Besuch an.

Der Professor saß, wie für einen Cocktailempfang im *Waldorf Astoria* gekleidet, hinter einem enormen Schreibtisch. Ein kleiner Notizblock, Zigarrenetui, Feuerzeug und ein Aschenbecher wirkten auf der riesigen polierten Fläche wie verloren. Die Kabine war in Ebenholz getäfelt, in einer Ecke blinkte eine riesige TV- und Videoanlage.

Der Professor wies mit seinen Würstchenfingern einladend auf einige tiefe Lederfauteuils an der Wand. Paul setzte sich fröstelnd, denn in der Kabine war es kalt wie in einem Kühlhaus. Es wunderte ihn, daß sich Miß Walkers noch keine Lungenentzündung zugezogen hatte.

William J. Herzig sah seine Besucher fragend an. Cadousteau drehte sein Käppi und setzte zwei-, dreimal zum Sprechen an, brachte aber immer nur ein heiseres Krächzen hervor.

„Sergeant Cadousteau hat sich wohl soeben eine Erkältung zugezogen", half Paul aus. „Sie haben es ja schauerlich kalt hier. Aber

120

wir müssen mit Ihnen wegen der Flugstunden Ihrer Hubschrauber reden, Professor Herzig."

Der Archäologe hob die Augenbrauen. „Würden Sie den Herren etwas zu trinken anbieten, Miß Walkers? Für mich das übliche."

Der Professor war hervorragend versorgt; Cynthia Walkers öffnete einen kleiderschrankgroßen Kühlschrank, um zu zeigen, welche Auswahl zur Verfügung stand. Paul entschied sich für eine Flasche Beck's Bier und bestellte für den Gendarm einen großen Cognac gegen seine Heiserkeit. Miß Walkers bewegte sich wie ein aufregend schöner Fisch durch die halbdunkle Kabine und servierte die Getränke. Nach dem Cognac ging es Cadousteau besser, und er erklärte dem Professor, daß es eine Reihe wütender Beschwerden wegen der Lärmbelästigung durch die Hubschrauber gegeben hatte. Er schlug dem Professor vor, die Flüge vor zehn Uhr morgens und nach fünf Uhr abends freiwillig einzuschränken. All das rasselte er in schnellem Französisch herunter, und Miß Cynthia übersetzte korrekt.

„Das ist keine Anweisung", erklärte Cadousteau, „sondern nur ein Ratschlag. Ich habe mit der Flugkontrolle hier nichts zu tun und müßte die Beschwerden nach Papeete weiterleiten, wenn Sie nicht selber für Abhilfe sorgen. Dann müßten Sie vor jedem Start in Papeete um Genehmigung ersuchen, und diese aufwendige Prozedur möchte ich Ihnen gern ersparen, *mon cher professeur!*"

Der Professor verzog keine Miene, er wartete die Übersetzung seiner Sekretärin ruhig ab und sagte dann: „Da meine Kabine schalldicht isoliert ist und ich mich in den letzten Wochen kaum von der Arbeit weggewagt habe, hatte ich keine Ahnung, daß meine Piloten die Bevölkerung hier in ihrer Ruhe stören. Ich bin Ihnen sehr zu Dank verpflichtet, meine Herren, daß Sie mich über diese Tatsache informiert haben. Ich werde sofort einen entsprechend eingeschränkten Flugplan aufstellen lassen. Zu Ihrer Beruhigung noch eine erfreuliche Mitteilung: Weitere Suchflüge sind von heute an unnötig. Wir haben gefunden, was wir suchten. Ich nehme daher an, daß in Zukunft keinerlei Beschwerden mehr eingehen werden."

„Sie haben ein *marae* gefunden?" rief Paul überrascht. „Darf man wissen, wo?"

Der Professor nickte. „Ich zeige Ihnen gern, wie weit unsere Ar-

121

beit gediehen ist, wenn Sie mir zusichern, daß Sie die Neuigkeit nicht gleich in alle Welt posaunen und damit einen Ansturm von Reportern und Neugierigen auslösen, die unsere Arbeit nur stören würden."

Das konnten beide ehrlichen Herzens versprechen.

„Also gut." Der Professor holte aus einer Schreibtischschublade ein kompliziert aussehendes Fernsteuergerät und tippte daran herum. Lautlos verdunkelten sich die Fenster.

Professor Herzig bemerkte Pauls neugierigen Blick. „Polarisierte Scheiben, die gegeneinander verdreht werden", erklärte er. Der Fernsehmonitor leuchtete auf und zeigte Luftaufnahmen von steilen, unfreundlichen Bergflanken, dann ein dunkles Kesseltal, von undurchdringlichem Dschungel überwuchert.

„Das ist Planquadrat F-123, wie wir es bei der Suche bezeichneten", erklärte der Professor. „Ein zu Fuß kaum erreichbares Hochtal am Mont Rotui. Betrachten Sie jetzt die Infrarotaufnahmen dieses Planquadrats."

Surreale Muster erschienen, in Farbabstufungen von Dunkelblau bis Hellrot und Gelb.

„Erdboden, Laub, Äste, Steine und Bäume haben eine unterschiedliche Temperaturausstrahlung", dozierte der Archäologe. „Aber sehen Sie diese rötlichen, geometrisch exakten viereckigen Umrisse? In der Landschaft gibt es keine geometrisch exakten Formen. So erkennt man von Menschenhand Angelegtes."

Paul sah jetzt die ineinander verschachtelten, viereckigen Quadrate und Rechtecke deutlich aus den übrigen Farbschlieren herausleuchten.

„Unser *marae*!" sagte der Professor, und zum erstenmal färbte so etwas wie Emotion seine Stimme. „Eine bisher unbekannte und unberührte polynesische Kultstätte hoch oben in den Bergen. Danach haben wir gesucht. Die Computerauswertung aller bisherigen Forschungsergebnisse, alter Texte und Überlieferungen hat Indizien für das Vorhandensein und die ungefähre Lage dieses Tempels ergeben. Eine Laservermessung der fraglichen Vierecke hat das Ergebnis bestätigt."

Der Fernseher schaltete ferngesteuert ab, und die Kabinenfenster wurden wieder lichter.

„Das war vor zwei Tagen", fuhr der Professor fort. „Jetzt wird schon gerodet. Wir haben das Gebiet mit einem neuen, ungiftigen Entlaubungsmittel besprüht, und ein sehr gut erhaltenes *marae* mit drei Terrassen wurde sichtbar. Meine Mitarbeiter haben ihre Iglus und das Ausgrabungsmaterial bereits hingeschafft und sind mit Vermessung und Detailaufnahmen beschäftigt. Ich warte jetzt auf die nächsten Untersuchungsergebnisse. Es wird also künftig maximal einen Hubschrauberflug pro Tag geben, für den Schichtwechsel und den Transport der Forschungsunterlagen."

Paul war tief beeindruckt: ein noch unbekanntes *marae,* oben im Tal der Geister. Kopfschüttelnd sagte er: „Wer hätte das gedacht? Hier wurde doch schon jeder Stein von den Archäologen zweimal umgedreht. Aber einen schauerlicheren Platz hätten sich die Erbauer dieses Tempels auch nicht aussuchen können. Sonne fällt nur ganz kurz auf den Grund dieses Felskessels. Er soll von Geistern und Dämonen nur so wimmeln. *Fa'a tuputupu'a,* das Tal der Geister, nennt man dieses Felsloch. Gut, daß Sie eigene Leute haben und nicht auf einheimische Arbeitskräfte angewiesen sind, denn nicht für alles Geld der Welt würden Sie einen Tahitianer dazu bringen, dort hinaufzugehen."

Der Professor lächelte leicht. „Aberglaube und Furcht vor dem Unerklärlichen sind keine Vorrechte der Polynesier. Sie werden auch aufgeklärte Amerikaner nur schwer für nächtliche Grabarbeiten auf einsamen Friedhöfen gewinnen." Er sah auf seine Uhr. „Ich erwarte meine Mitarbeiter in zehn Minuten zu einer Einsatzbesprechung. Wir werden also trachten, bei den weiteren Arbeiten möglichst ohne Hubschrauber auszukommen. Ist das die Antwort, die Sie hören wollten, meine Herren?"

Paul stand auf und bedankte sich, weil Cadousteau derart abwesend in seinem Fauteuil saß, daß er ihn zweimal stoßen mußte, bevor er reagierte. Paul erinnerte sich, daß Cynthia während der Videovorführung auf der Armlehne von Cadousteaus Sessel Platz genommen hatte. Ob seine partielle Lähmung davon herrührte?

Nach der polynesischen Abschiedsumarmung an Deck mußte Paul seinem Freund sogar die Gangway hinunterhelfen. Erst in Ufernähe wurde er wieder lebendiger und murmelte: „Wenn sie mich noch einmal so umarmt, falle ich tot um. Ich halte das nicht aus."

Paul grinste ihn an. „Da die Hubschrauberflüge nun reduziert werden, sind weitere Besuche auf der Vancouver Explorer auch nicht mehr nötig. Damit siehst du Miß Walkers erst wieder, wenn die Expedition abreist. Darüber bist du sicher erleichtert, nicht wahr?"

„Merde!" schimpfte der Gendarm. „Merde, merde, merde!" Dabei schlug er mit seinem Käppi auf das Verdeck des Patrouillenboots.

Pauls ironische Vorhersage schien sich zu erfüllen. Zumindest blieb Miß Walkers in den nächsten Tagen unsichtbar. Cadousteau sauste zwar auffallend häufig mit seinem Patrouillenboot in der Bucht umher und drehte Runden um die Vancouver Explorer, aber Cynthias rote Haare waren nirgends zu sehen.

Darüber sprach er mit Paul eines Abends beim Bier in der Bar des Aimeo. „Irgend etwas stimmt nicht da oben im Geistertal. Die Arbeiten sind angeblich eingestellt. Dr. Lebaucher hat mir vertraulich mitgeteilt, daß ihn der Expeditionsarzt aufgesucht hat, um mit ihm über Dengue*-Fieber zu sprechen. Angeblich ist unter den Archäologen oben im Tal eine Krankheit ausgebrochen, sie mußten alle evakuiert werden. Dr. Lebaucher hat sich die Blutproben zusammen mit dem Schiffsarzt angesehen. Dengue-Fieber ist es nicht, sondern eine andere fiebrige Erkrankung, für die beide Ärzte keinen Befund stellen konnten. Also wurde beschlossen, erst einmal eine Woche abzuwarten und Symptome zu sammeln. Ich muß dir sagen, das gefällt mir ganz und gar nicht, Paul. Ich bin für dieses Tal verantwortlich. Noch viel mehr beunruhigt mich ein seltener Besuch heute morgen. Der tahutahu hat sich die Mühe gemacht, aus seinem Tal ins Dorf zu wandern. Er hat lange auf meiner Türschwelle gesessen und über alles mögliche geredet. Dann rückte er endlich mit seinem Anliegen heraus: Ich soll die Amerikaner sofort wegschikken. Sie stören angeblich mit ihren Maschinen die Geister am Mont Rotui, und die Dämonen toben nachts in der ganzen Bucht umher. Er erzählte von oro metua 'aiaru, sogenannten Dunkelgeistern, die

---

* Tropengrippe

jetzt überall auf einsame Menschen lauern; er sei selbst von einem *niho roroa,* einem Langzahngeist, angefallen worden und verdanke es nur seiner Zauberkunst, wenn er noch am Leben sei."

Cadousteau kratzte sich die Schläfe. „Ich gebe normalerweise nichts auf abergläubisches Geschwätz, aber ich bin zu lange in der Südsee, um gewisse Zeichen nicht deuten zu können. Wenn der *tahutahu* beunruhigt ist, werden es bald auch die Leute hier in Pao Pao sein. Falls dann noch die Geschichte von der unbekannten Krankheit dazukommt, kann sich das zu einer Massenhysterie auswachsen. Aber soll ich die Ausgrabungen einstellen lassen, nur weil ein alter Mann sich vor *'aiarus* mit langen Zähnen fürchtet?"

Paul dachte eine Weile nach. Ähnliches hatte er schon von Maurice gehört. Der Autovermieter war durch sein starkes Teleskop über alle Vorgänge auf der VANCOUVER EXPLORER informiert; er kannte das Bulleye von Miß Walkers Kabine, er konnte die Zeiten nennen, zu denen sie sich neben dem Schornstein sonnte oder gymnastische Übungen machte; er wußte, daß alle Forscher zurückgekehrt waren und nur der Professor ab und zu hinaufflog. Die Sache mit dem *tahutahu* gab Paul doch zu denken, denn dieser alte Naturdoktor und Zauberer roch in der Luft hängendes Unheil. Wenn der Professor eine Krankheit geheimhielt, um den vielleicht notwendigen Abbruch der Expedition hinauszuzögern, war das Tal wirklich in Gefahr.

„Warum fährst du nicht einfach zum Schiff hinaus und fragst Professor Herzig direkt? Sprich ihn auf das Fieber an, du wirst ja hören, was er dazu sagt."

Cadousteau sah den Hafenkapitän treuherzig an. „Das habe ich mir auch schon gedacht. Ich hätte nur gern, daß du . . ."

Paul schlug dem Gendarm auf die Schulter. „Klar, ich fange dich schon auf, wenn du bei Cynthias Anblick wieder ohnmächtig wirst. Auf was warten wir?"

Das Expeditionsschiff wirkte verlassen, als sie die Gangway hinaufstiegen.

Ein Matrose sah nur kurz aus einer Tür und nickte ihnen zu, auf dem Achterdeck knatterten die Rotoren eines Hubschraubers im Leerlauf.

„Wo finden wir Miß Walkers?" fragte Paul den Matrosen.

Der lachte kurz auf. „Da haben Sie aber einen beschwerlichen Weg vor sich, Mister. Unser Pin-up-Baby ist oben am Berg."

„Und wo ist der Professor?"

Der Matrose deutete mit dem Daumen nach achtern. „Der fliegt soeben wieder hinauf. Sonst will keiner mehr hin, sehr ungesunde Gegend, Mister."

„*Mon Dieu!*" stieß der Gendarm hervor. Sie liefen über das Deck und erreichten den Hubschrauber zur gleichen Zeit wie Professor Herzig, der einige schwere Taschen trug.

Paul erschrak, als sich der Professor umdrehte. Sein Gesicht war verkniffen und sonnverbrannt, seine Hände waren schmutzig und zerkratzt, er trug einen verschmierten, fleckigen Jeansanzug, sein Hemdkragen hatte einen schwarzen Rand und eingetrocknete Blutflecken wie von erschlagenen Moskitos.

Der Professor starrte ihnen mißtrauisch entgegen. „Was gibt es? Wollen auch Sie mir Schwierigkeiten machen?"

„Wer macht Ihnen denn Schwierigkeiten?" konterte Cadousteau sofort.

Der Professor winkte verächtlich ab. „Unter meinen Leuten ist ein Aufwiegler und Gewerkschafter. Meine Mitarbeiter streiken, sie wollen keinen Stein mehr anfassen. Ich weiß auch, warum. Die Leute sind zwar an einen Vertrag gebunden und erhalten festen Lohn, aber jetzt bilden sie sich ein, der Fund des *marae* sei so etwas wie der Schatz der Inka, und sie könnten die Stiftung um höhere Löhne erpressen." Unerwartet hart sprach er weiter: „Da haben sich die Herren aber getäuscht. Ich habe allen gekündigt. Die Arbeiten an der Ausgrabungsstelle sind so gut wie abgeschlossen. Es sind nur noch Filmaufnahmen zu machen für die Informationsabteilung der Studebaker Foundation. Aber das kann ich mit meiner Sekretärin auch allein erledigen. Ich hasse körperliche Arbeit, aber ich kann zupacken, wenn es die Situation erfordert." Der Professor kletterte in den Hubschrauber. „Ich muß mich beeilen, sonst übertrete ich mein eigenes Nachtflugverbot", rief er aus der Maschine, deren Rotoren aufheulten. „Der Schiffsingenieur und der Funker sind schon oben und helfen mir brav. In wenigen Tagen werde ich Ihnen einen aufregenden Videofilm zeigen können, der Sie überraschen wird, meine Herren." Er winkte, und der Hubschrauber hob dröhnend ab, schwenkte seinen Schwanz mit dem flirrenden Heck-propeller im Kreis und schwebte in einer sanften Kurve über die Bucht dem Tal der Geister zu.

„Also Streik und kein geheimnisvolles Fieber", stellte Paul fest.

„Ich möchte den Schiffsarzt sprechen, wenn ich schon hier bin." Cadousteau marschierte los. Sie fanden den Expeditionsarzt nach einer Weile im Salon an der Schiffsbar.

„Nein, nein, an Bord gibt es keine ansteckende Krankheit", versi-cherte der Arzt und bestellte Drinks beim Steward. „Zumindest keine ansteckende körperliche Krankheit." Er war ein sympathi-scher älterer Herr, sonnverbrannt wie ein Cowboy, der sein ganzes Leben im Freien verbracht hatte. „Wenn Sie mich aber fragen, ob wir eine ansteckende Geisteskrankheit an Bord haben, dann müßte ich das bejahen. Bei den Leuten, die da oben am Berg gearbeitet ha-ben, ist nach einigen Tagen eine sonderbare Psychose ausgebro-chen, die sich in allgemeinem Unwohlsein, hysterischer Nervosität und in wüsten Alpträumen auswirkt. Ich dachte zunächst an eine Art von *Dengue*-Fieber und setzte mich mit Dr. Lebaucher in Ver-bindung. Aber einige wichtige Symptome fehlten, und auch die Blutuntersuchungen verliefen negativ. Ich weiß, daß Professor Her-zig von organisiertem Streik spricht, aber das ist es nicht. Alle Pa-tienten erzählen in frappierender Übereinstimmung von einem re-gelmäßig wiederkehrenden Traum, in dem ihnen ein glotzäugiger Riese erscheint und befiehlt, einen Kameraden für ihn zu schlach-ten. Eine höchst interessante Massenpsychose. Ich habe mich be-reits mit einem Spezialisten in Los Angeles in Verbindung gesetzt und ihm Tonbandaufnahmen dieser Traumschilderungen ge-schickt." Der Arzt lachte kurz auf. „Menschenfressende Riesen – das ist mal was Neues für die Psychiater."

Doch Paul blieb nachdenklich. „Also, das ist das Sonderbarste, was ich bisher in Polynesien über Aberglauben gehört habe. Dok-tor, jeder Tahitianer kann Ihnen aus dem Stegreif ein halbes Dut-zend Geschichten über dumme Weiße erzählen, die *tikis* als Souve-nir mitnahmen oder alte Knochen aus heiligen Höhlen, und die da-für von Göttern und Dämonen schwer bestraft wurden. Für mich waren das bisher lustige Volkssagen, die ich selber gern weiterer-zählt habe, weil ich es unfein finde, wenn Touristen Dinge mitnehmen, die uns hier ans Herz gewachsen sind. Handelte es sich bei den Arbeitern um Tahitianer, wäre mir also die Ursache der von Ihnen erwähnten Gruppenpsychose klar. Aber so? Könnte das Ganze nicht eher ein Streich sein, den die Jungarchäologen ihrem überkorrekten Meister spielen wollten?"

Der Schiffsarzt schüttelte den Kopf. „Dann wäre es nur bis zu dem Moment ein Streich gewesen, an dem Professor Herzig der kompletten Mannschaft kündigte. Aber so viel Solidarität für einen Spaß gibt es nicht. Ich bin kein ausgebildeter Psychologe, aber es erscheint mir unwahrscheinlich, daß sich so viele intelligente Leute auf eine so schwachsinnige Geschichte wie die von dem Riesen mit Appetit auf Menschenaufschnitt einigen könnten. Ich warte jetzt wirklich mit Interesse auf die Meinung meines Kollegen aus Los Angeles." Der Arzt trank sein Bier aus. „Ha! Menschenfressende Riesen im Zeitalter der Infrarotkameras und Baggerroboter – zu komisch!"

„*Ce n'est pas drôle!*" sagte Cadousteau und stand auf. „Das ist nicht so lustig, wie Sie glauben." Er wandte sich an Paul Hollinger. „Ich möchte nochmals mit dem *tahutahu* reden. Komm, gehen wir!"

„Was hältst du von der Geschichte?" fragte er, als sie zum Ufer zurückfuhren.

„Ich halte sie für ein gefundenes Fressen für Zeitungsreporter", antwortete Paul. „Stell dir nur die Schlagzeilen vor: ‚US-Expedition scheitert an aufgebrachten Dämonen'. Oder: ‚Wissenschaftler wollten Kollegen auf Steinaltar opfern'. Oder: ‚Studebaker-Expedition von menschenfressenden Geistern verjagt. Unheimliche Vorgänge auf blutgetränkten Altarsteinen in Moorea'. Das würde die Weltpresse in Großaufmachung bringen. Tausende Reporter werden angeflogen kommen, um Miß Walkers zu fotografieren."

Cadousteau biß die Zähne zusammen. „Das darf nicht passieren. Ich bin hier verantwortlich und werde diesem Unfug auf die Spur kommen, auch wenn ich auf der Gendarmerieschule keinen Kurs für Geisterbeschwörung absolviert habe." Er raste mit seinem Patrouillenboot zum Steg.

Zwei Tage später tagte ein Kriegsrat, bestehend aus Jean Claude Cadousteau, Maurice als Fachmann für alle Vorgänge auf der VANCOUVER EXPLORER, aus Paul Hollinger als Fachmann für polynesische Märchen und aus Tetuamanuhiri, dem Redner und öffentlichen Märchenerzähler aus Pao Pao. Der Volksredner, ein Riesenkerl, über zwei Meter groß und gut 180 Kilo schwer, lachte, daß sein gewaltiger Bauch wie ein Ball auf und ab hüpfte, als Cadousteau die letzte Entwicklung bei der Expedition noch einmal in Erinnerung rief. Er patschte sich mit einer fleischigen Hand, so groß wie ein Schinken, auf die baumstammdicken Schenkel, daß es wie ein Schuß krachte.

„*Oro te roa* weiß sein Heiligtum zu schützen!" rief er aus. „Nur ein *Oro*-Priester darf sich nach der Reinigung und unter Beachtung aller vorgeschriebenen Tabus in das Tal der Geister wagen. Es gibt aber keine *Oro*-Priester mehr. Jehova hat *Oro* besiegt, schön, aber jedermann weiß, wohin sich *Oro* zurückgezogen hat." Tetuamanuhiri zeigte mit einem gurkendicken Finger auf den dunklen Umriß des Mont Rotui. „Dort hinauf floh er mit seinen Dämonen, *tikis* und den Suchern und Dienern. Kein Tahitianer wäre so verrückt, dahin zu gehen. *Aueeee!* Und auch noch in der Nacht." Tetuamanuhiri machte große Kalbsaugen. „Eure Wissenschaftler schreiben dicke Bücher, aber sie sind in wichtigen Dingen unerfahren wie kleine Kinder. Jedermann weiß, daß die *'aiaru* in der Nacht auf den Mauern des *marae* lauern, bis ein Vorwitziger nahe genug kommt. Dann springen sie ihm ins Genick und flüstern ihm magische Worte von solcher Kraft ins Ohr, daß Menschen wahnsinnig werden und sich oder jemand anderen umbringen. *Aueee!* Das weiß doch jeder!"

Tetuamanuhiri beugte sich vor und stieß Cadousteau an. „Euer *'orometua merite,* euer amerikanischer Professor, soll ruhig seine Bilder machen, solange die Sonne scheint. Aber wenn die Sonne gegen Westen sinkt, *i mua i te arehurehu,* in der Dämmerung, da soll euer amerikanischer Professor mit den Krabbenaugen ganz schnell auf sein Schiff gehen und sich mit seiner rothaarigen *nana* in seiner Kabine einschließen und Liebe machen. Hahaha! Das ist besser für ihn. Sag ihm das, *muto'i farani,* o Gendarm. Sag ihm, er soll lieber mit seiner *nana* ins Bett gehen und dort zaubern. Hahaha!" Tetuamanuhiri lachte dröhnend. „Sag ihm, er soll lieber viele kleine *tamaiti* mit roten Haaren und Krabbenaugen machen! Hahaha!" Dieser einfache Spaß belustigte den riesigen Volksredner derart, daß er vor Lachen beinahe von seiner Bank gefallen wäre.

Der Gendarm fand das überhaupt nicht witzig. „Dieser abergläubische Unsinn bringt uns auch nicht weiter, o Einfaltspinsel!" brummte er.

Paul wandte sich an den Volksredner: „Tetuamanuhiri, du wußtest, daß sich da oben im Tal der Geister ein noch unbekannter Tempel des *Oro* befand?"

Der Redner nickte, noch immer lachend.

Paul schüttelte ungläubig den Kopf. „Das wundert mich. Die anderen Expeditionsleiter haben doch wirklich jeden Hinweis verfolgt und wochenlang mit euren Ältesten und Sagenerzählern gesprochen. Wieso wurde dieser *marae* dann nie gefunden?"

„Ganz einfach, weil ihr *popa'a* seid", gluckste Tetuamanuhiri. „Wir erzählen euch doch nicht alles, damit ihr dann hingeht, es zerlegt, einpackt und mit fortnehmt. O Hollinger-*tane,* erzählst du einem Fremden, wo dein Großvater begraben liegt, damit dieser Fremde hingeht, die Knochen ausgräbt und bei sich zu Hause in einen Glasschrank stellt?" Tetuamanuhiri begann wieder dröhnend zu lachen.

Cadousteau sah ihn mißmutig an. „Du bist mir keine große Hilfe, du alter Witzonkel. Wenn du keinen gescheiten Rat weißt, um dem Professor zu helfen, dann ist es besser, du kehrst wieder an deinen Billardtisch zurück."

Der Riese stand lachend auf.

„Ich habe meinen besten Rat gegeben, *muto'i farani,* o Gendarm! Sag dem Professor, er soll fortgehen aus dem Tal der Geister, bevor ihm die *'aiaru* im Genick sitzen und er verrückt wird. Er soll *Oro te roa* in Ruhe lassen, denn auch abgesetzte alte Götter können bösartig werden, wenn man sie stört. Aber das habt ihr *popa'a* ja nie begriffen."

Tetuamanuhiri marschierte in den Billardsalon zurück, noch immer lachend.

Cadousteau wirkte zerfahren und unruhig. „Ich möchte nochmals zur Vancouver Explorer hinüberfahren und mit dem Arzt

130

sprechen. Vielleicht hat er schon eine Erklärung für die Vorgänge oben am Berg. Kommt ihr mit?"

Maurice sah auf seine Uhr. „Ich kann leider nicht, ich muß zur Anlegestelle. Die Fähre kommt bald mit neuen Touristen."

Resigniert sagte Paul zu Jean Claude: „Also wieder wir zwei, *hein*?"

Der Gendarm holte sein Patrouillenboot, und sie brausten über die Lagune. Der Expeditionsarzt war diesmal nicht so heiter und inzwischen zu Whisky übergegangen.

„Jetzt glaube ich bald selbst an Geister", erzählte er. „Vorgestern hatte der Schiffsingenieur einen schweren Malariarückfall und mußte an Bord geflogen werden, und gestern brachte Dr. Herzig den jungen Funker mit einer handfesten Gehirnerschütterung zurück. Der Mann ist angeblich in der Nacht auf die Pyramide geklettert, hat das Rechteck des *marae* mit einem Schwimmbad verwechselt und einen Kopfsprung hineingemacht. Er kann von Glück sagen, daß er sich keine Schädelfraktur zugezogen hat. Jetzt ist der Professor mit Miß Walkers allein oben. Er dreht angeblich einen Film darüber, wie der Tempel in seiner Glanzzeit ausgesehen hat. Der Schiffsingenieur erzählt, sie haben jede Menge Requisiten aus Hollywood mit, um das so realistisch wie möglich zu machen. Aber ich muß Ihnen ehrlich sagen, meine Herren, ich fühle mich nicht wohl bei dem Gedanken. Es sind ein bißchen zu viele Zufälle, die es in letzter Zeit in diesem Geistertal gegeben hat."

Er zog einen Taschencomputer hervor und tippte eine Weile darauf herum. Dann wandte er sich wieder an die beiden Freunde: „Sie können mich einen verkalkten alten Trottel nennen, aber ich stelle jetzt schon viele Jahre, nur so zum Spaß, Biorhythmuskurvenberechnungen bei meinen Patienten an. Und die Koinzidenz von gebrochenen Beinen, gequetschten Fingern und anderen Unfällen zu Zeiten einer Biokurvenregression ist beinahe evident." Der Doktor verzog sein faltiges Trappergesicht zu einem bedauernden Grinsen. „Als sich der Ingenieur mit Fieber hinlegte, war seine Kurve auf dem absoluten Tiefpunkt, genauso wie die des armen Funkers." Er wischte auf der LED-Anzeige seines Rechners herum. „Auch die Kurve von Professor Herzig beginnt jetzt abzusinken." Der Arzt sah auf einmal sehr ernst drein. „Das wäre nicht weiter schlimm, wenn nicht auch der Professor auf einmal ganz typische Anzeichen von sehr starkem psychischem Streß zeigen würde." Er sah Cadousteau bedeutungsvoll an. „Wissen Sie, was ich damit sagen will?"

„Ich kann es mir vorstellen, *docteur*", antwortete Cadousteau gespannt. „Aber sagen Sie es mir nochmals in Ihren Worten, bitte."

Der Schiffsarzt nickte. „Sie kennen Professor Herzig nicht so gut wie ich. Er ist der Prototyp eines Phlegmatikers und regt sich über nichts auf. Aber gestern habe ich ihn zum erstenmal nervös gesehen, und er hat um eine Beruhigungsspritze gebeten. Das ist ungewöhnlich. Er wirkt müde und abgespannt wie jemand, der lange unter einem überstarken Psychoterror gestanden hat. Ich habe früher Soldaten betreut, die im Koreakrieg einer Gehirnwäsche unterzogen wurden. Dieselben Symptome jetzt bei Professor Herzig zu sehen, beunruhigt mich sehr, das muß ich Ihnen sagen."

Der Gendarm sprang auf. „Auf was warten Sie? Packen Sie Ihren Koffer, *docteur*! Wir fliegen sofort hinauf ins Camp. Ich bin hier verantwortlich. Wenn Miß Walkers etwas zustößt, könnte ich mir nie vergeben."

Der Arzt lächelte schief. „Das Fliegen können Sie vergessen, *officer*. Bruce hat den Rotor des einen Helikopters zerlegt, und mit dem anderen ist Herzig selber in das Tal geflogen. Glauben Sie, ich säße sonst noch hier?"

„*Merde!*" Cadousteau rannte in der Bar auf und ab und knüllte sein Käppi zusammen. Plötzlich blieb er stehen. „Wie gut sind Sie zu Fuß, *docteur*? Wir müssen trotzdem hinauf." Er sah den Arzt und Paul beschwörend an.

Paul seufzte. „Also gut, klettern wir. Vielleicht hat Cynthia ja ihre Kontaktlinsen im Wald verloren und braucht Hilfe."

Volles Mondlicht lag auf der kleinen Lichtung im Busch, wo Cadousteau seinen Jeep anhielt. Die gelben französischen Scheinwerfer schnitten weit in die Nacht und zauberten in der Ferne einen diffusen Dunstvorhang über eine basaltschwarze Felsgruppe.

„Weiter komme ich nicht mit dem Jeep. Von jetzt an heißt es marschieren", sagte der Gendarm.

Paul kletterte mit steifen Gliedern aus dem Fahrzeug. Diese Fahrt hätte er nicht gern ein zweites Mal gemacht. Der Gendarm war mit heulendem Allradgang einen steilen Ziegenpfad hochgekrochen, vorbei an senkrechten Abgründen, die sich im Dunkeln verloren. Einige Male hatte sie nur die Fahrkunst Cadousteaus vor dem Absturz gerettet, der gefahren war wie ein Motocross-Sherpa.

Cadousteau verteilte die Ausrüstung: Kletterseile, Rucksäcke, Karabiner, Macheten, Sicherheitshelme mit eingebauten Scheinwerfern und für jeden Steigeisen. Dann kontrollierte er die Spezialkarte, die in einer Plastikhülle an seinem Hals hing.

„Siehst du jetzt ein, wie klug und vorausschauend es war, daß man dich auf einen Bergführerkurs geschickt hat?" grinste Paul, aber Cadousteau knurrte nur wie ein bissiger Hund, schaltete seinen Helmscheinwerfer ein und folgte einem kaum sichtbaren Pfad, der den Steilhang traversierte.

Dann schluckte sie der Wald, der kaum Mondlicht durchließ. Dornen zupften an ihren Hosen, Ausrüstung und Helme verfingen sich in dünnen Lianen, die wie Wäscheleinen kreuz und quer gespannt waren; dann wieder gab die feuchte Erde oder das Geröll nach, und einer der drei Bergsteiger rutschte mit einem verblüfften Aufschrei seitlich ab, bis er am Seil hing, mit dem Cadousteau sie gesichert hatte. Nach einer Weile erreichten sie eine halbwegs ebene Hochfläche mit brusthohem Gestrüpp und kamen verhältnismäßig schnell vorwärts, ohne ständig ihre Haumesser schwingen zu müssen.

An einer Bergkante blieb Cadousteau stehen und orientierte sich mit seinem Kompaß. Der Schiffsarzt verteilte Traubenzucker und einen Schluck Brandy aus seiner Hüftflasche.

„Eigentlich verstehe ich das nicht, Jean Claude", sagte Paul Hollinger. „Warum müssen wir unbedingt noch in der Nacht hinaufklettern? Bei Tageslicht wäre es bedeutend einfacher gewesen."

Der Gendarm sah von seiner Karte hoch. „Ich kann's dir wirklich nicht vernünftig erklären, Paul. Nachdem ich die Kletterausrüstung bei der Brigade besorgt hatte, fuhr ich nochmals zum Kräuterdoktor. Er erklärte mir, heute nacht käme wieder alles in Ordnung, weil ein Mensch für die Geister geopfert würde. Er sagte, er könne die *to'ere,* die Todestrommel, schon den ganzen Tag hören. Ich bin nicht abergläubisch, Paul, das weißt du. Aber ich habe so ein unerklärliches Gefühl, daß sich da oben noch vor Sonnenaufgang etwas

Schreckliches abspielen wird. Ich bin euch beiden deshalb sehr dankbar, daß ihr mitgekommen seid, ohne weitere Fragen zu stellen. So, jetzt geht es dort entlang!"

Sie kletterten, stolperten und hackten sich eine weitere Stunde lang durchs Dickicht, dann mußten sie sich einen senkrechten Felsabsturz hinunterlassen. Cadousteau sicherte den Abstieg mit einem Extraseil und mit Sicherheitsgurten, die sehr geschickt konstruierte Sicherheitskarabiner aufwiesen. Paul fühlte sich in einen Gruselfilm versetzt, wie er da so in der leeren Nacht hing, sich langsam am Seil drehte und mit dem Helmscheinwerfer ab und zu eine naßglänzende Felswand, dann wieder hochragende Bambusstangen oder einfach das absolute, schwarze Nichts anleuchtete.

„So vertreiben wir aber alle Geister", rief er Cadousteau zu. „Mit diesem Krach und dem Scheinwerferlicht!"

Der Gendarm war aber nicht zu Witzen aufgelegt und trieb seine kleine Truppe immer weiter. Er führte sie am Fuß der Felswand entlang, und dann standen sie endlich am Rand eines kleinen Talkessels. *Fa'a tuputupu'a,* das Tal der Geister, lag unter ihnen. Fast gleichzeitig hörten es plötzlich alle: dumpfes Trommeln, laute und tiefe Baßtrommeln, dazwischen das hölzerne Stakkato der *to'ere,* der Schlitztrommel aus ausgehöhlten Baumstämmen.

Einen Moment standen sie wie erstarrt, dann murmelte Cadousteau: „Also doch die *to'ere,* die Todestrommeln . . ."

Paul wurde es nun doch zu geheimnisvoll und zu gruselig, er hieb mit der Machete zornig einen Busch nieder, der ihm die Sicht versperrte, und schrie: „Himmel, Arsch und Kontrapunkt! Jetzt reicht's mir aber! Der Professor kann doch nicht allein solchen Krach machen. Was geht denn da wirklich vor?"

Er stürzte sich den Hang hinunter, mehr auf dem Hosenboden rutschend als auf den Beinen. Unten wurde der Wald lichter, und Cadousteau übernahm mit seinem Kompaß wieder die Führung. Endlich konnten sie das Flackern mehrerer Holzfeuer durch die Bäume schimmern sehen. Verblüfft blieben sie am Rand der Lichtung stehen. Sie hatten alles mögliche erwartet, nur das nicht, was sie jetzt sahen.

Hinter einer hüfthohen Umfassungsmauer aus Lavasteinen brannten mehrere Feuerstellen und daneben Pechfackeln an hohen

Stangen; grell blendete eine Filmleuchte ihre Augen. Auf einer drei-stöckigen Steinblockterrasse thronte ein kleines Götzenidol mit Glotzaugen, Wasserbauch und angezogenen Knien, das genauso aussah wie die geschnitzten *tikis,* die in den Souvenirläden verkauft wurden. Rundherum flatterten bunte Stoffstreifen, und mit Federn oder Plastikfransen verzierte Bretter schmückten die Steinmauern. Davor blitzte auf einem Stativ eine supermoderne Videokamera, und daneben flackerten die LED-Anzeigen einer Stereoanlage, aus deren mannshohen Lautsprecherboxen der infernalische Trommel-krach in die Nacht pulsierte. Im Zentrum dieses sonderbaren Ar-rangements stand vor einem tischgroßen Felsblock eine phantasti-sche Figur. Ein armhoher Kopfputz aus roten und gelben Federn oder Fransen schmückte ihren Kopf, ihre Schultern verschwanden unter einem breiten, dachartigen Umhang aus dem gleichen Mate-rial, weiße Baststreifen oder Stofffetzen fielen wie eine altmodische Krinoline von ihren Hüften.

Die offensichtlich als *marae*-Priester verkleidete Gestalt beschäf-tigte sich eingehend mit einem weißen Ding auf dem Stein.

Plötzlich durchschnitt der gellende Schrei einer Frau das pulsie-

rende Trommeln. Paul sträubten sich die Nackenhaare, denn das weiße Ding auf dem Stein bäumte sich auf wie ein Tier, das sich vor Schmerzen windet. Cadousteau erklomm die Umfassungsmauer und schrie: „Cynthia!" Der Priester drehte sich halb um, im Licht des Scheinwerfers blitzten die starken Linsen einer Hornbrille. Im nächsten Moment hatte Cadousteau den Felsblock erreicht und packte den Priester. Der Kopfputz flog in hohem Bogen davon, und die Stoffstreifen flatterten wie die Flügel eines riesigen exotischen Vogels, als der Professor, von einem Judogriff herumgewirbelt, einen vollen Salto drehte und dann dumpf auf die Steine der Plattform schlug.

„Sie ist bewußtlos!" brüllte Jean Claude. „Wo ist meine Lampe? Kommen Sie schnell, *docteur,* schnell!"

Der Schiffsarzt keuchte herbei und griff nach dem Puls der nackten Frau, die mit gespreizten Gliedern an den Block gefesselt war. Paul bückte sich nach dem Professor: Der lag still da, aber seine Brust hob und senkte sich normal. Paul wand ihm das Marterinstrument aus der Hand, eine batteriegetriebene Tätowiernadel.

„Wir sind wirklich in letzter Sekunde gekommen", stieß der Gendarm hervor und sah ängstlich den Arzt an, der sich um Cynthia bemühte.

„Es ist ihr nichts passiert, sie ist nur geschockt. Haben Sie ein Messer?" fragte der Arzt. „Ich möchte sie endlich losschneiden."

„Was hat er ihr da für Linien auf die Haut gemalt?" fragte Cadousteau, als Paul mit seiner Lampe auftauchte.

„Ich fürchte, das ist etwas viel Dauerhafteres als Malerei", sagte Paul und hielt Jean Claude die Tätowiernadel unter die Augen. „Der Professor muß wahnsinnig geworden sein. Was Vernünftiges kann er sich dabei nicht gedacht haben. Miß Walkers sieht ja schauerlich aus."

Paul Hollinger befeuchtete einen Zeigefinger und rieb an der weißen Hüfte Cynthias ein paarmal über die verschlungenen blauen Linien. Das Muster hielt allen Wischversuchen stand, es war fachgerecht eintätowiert. Die nackte Frau zuckte und begann jetzt leise zu wimmern.

Der Gendarm sank auf die Knie, nahm Cynthias Kopf zwischen die Hände und flüsterte ihr sanft zu: „Es ist alles in Ordnung, *ma chérie.* Alles in Ordnung. Ich habe den Professor niedergeschlagen, ich bin bei Ihnen, es kann Ihnen nichts mehr geschehen. Cynthia, Cynthia . . ." Er sah erschrocken auf, weil Miß Walkers auf einmal ruckartig schwer wurde und ihre Nackenmuskeln nachgaben. „*Docteur,* was ist mit ihr, *docteur* . . ."

„Werden Sie nicht hysterisch!" herrschte ihn der Schiffsarzt an. „Sie ist nur ohnmächtig geworden. Kein Wunder, dieser Alptraum und die schmerzhafte Stichtätowierung könnten ein Nilpferd in den Wahnsinn treiben."

Paul hielt Cadousteau sein Taschenmesser hin. Der Gendarm beugte sich über den ausgestreckten Körper der Sekretärin und starrte einen Moment die Linien auf der weißen Haut an.

„*Merde!*" fluchte er. „Bei meiner Seele, das ist das schönste Stück verzierter Lende, das ich in meinem ganzen verdammten Leben je gesehen habe."

Paul Hollinger kehrte von der Riffpassage zurück, wohin er die abdampfende Vancouver Explorer mit seinem Lotsenboot geleitet hatte.

„Wie gefällt dir das, Hollinger-*tane?*" Seine Frau hielt einen weißen Seiden*pareo* hoch, der über und über mit scharlachroten *Oro-*Götzensymbolen bemalt war.

„Schön, sehr schön", murmelte Paul, sah aber gar nicht richtig hin, sondern holte sich ein Buch aus dem Regal über seinem Schreibtisch. Paula ließ ihr neues Kunstwerk sinken, weil Paul sich völlig in das Buch vertiefte.

„Wenn du die Übersetzung suchst für: ‚Das ist ein sehr schönes Hemd', so heißt sie auf tahitianisch: ‚*e mea nehenehe i te teia ahu omono*'", sagte Paula.

„Wie . . . Was . . . Wieso *nehenehe?*" fragte Paul Hollinger, aus seinen Gedanken gerissen.

„Also gut, meinetwegen", seufzte Paula. „Zuerst dein Problem. Was ficht dich an, o Hollinger-*tane?* Mit welchen düsteren Geheimnissen gehst du schwanger?"

Aber Paulas Selbstlosigkeit war an ihren Mann verschwendet. Kapitän Hollinger klappte plötzlich das dicke Buch mit einem dumpfen Klatschen zu und schüttelte mißmutig den Kopf.

„Das gibt keinen Sinn, das ist keine befriedigende Erklärung",
brummte er. „Es ist gegen alle Vernunft und gegen jede wissen-
schaftliche Erfahrung. Hier . . ." Er schüttelte anklagend das dicke
Buch. „Hier steht ausdrücklich, daß der Traum eine individuelle
Angelegenheit ist, eine rein private Unterhaltung verschiedener Be-
wußtseinsebenen; es gibt kein kollektives Träumen, keine Gruppen-
beeinflussung durch Alpträume oder Dämonen. Das gehört alles
zum Aberglauben."

„Hast du schlecht geträumt, Hollinger-*tane*? Ist dir ein schrecklicher Unhold in der Nacht erschienen, so daß dich das schaurige
Bild bis in den hohen Mittag hinein verfolgt? Mach dir nichts daraus, du bist sicherlich nur deinem eigenen privaten Egoismus be-
gegnet. Der ist wirklich manchmal zum Fürchten. Welchen Schmö-
ker hast du soeben zu Rate gezogen, das ägyptisch-sumerische
Traumbüchlein?"

Paul Hollinger zeigte den Buchrücken einen Moment her, bevor
er das Werk wieder ins Regal schob.

„Freuds ‚Psychologie des Traumes'. Ich habe nur etwas nachge-
schlagen, um festzustellen, ob ich mich nicht seinerzeit geirrt habe."
Paul lächelte plötzlich. „Entschuldige, ich war so in Gedanken wegen des armen Professors. Ich habe mich kurz vor dem Auslaufen
des Expeditionsschiffes noch mit dem Schiffsarzt unterhalten. Professor Herzig ist immer noch sehr verwirrt. Er kann sich an keinen
der Vorfälle in der letzten Nacht oben am Berg erinnern. Er gibt zu,
schwere Alpträume gehabt zu haben, er beschrieb mit wissenschaft-
licher Akribie einen ungeheuren, glotzäugigen Dämon, der in seinen Träumen immer wieder auftauchte und ein Menschenopfer als
Sühne für den Frevel im Tal der Geister verlangte. Nur von der mit-
ternächtlichen Tätowierungszeremonie will er überhaupt nichts
wissen. Er war erschüttert, als ihm Fotografien von Miß Walkers
Unterleib gezeigt wurden. Miß Walkers hat bei der polizeilichen
Vernehmung ausgesagt, daß der Tempelfilm, für den Herzig die Kostüme, den Plastikgötzen und die Videoausrüstung mitgeschleppt
hatte, schon abgedreht war und sie schlafen gingen. Der Professor
habe sich dann noch mit einer Flasche Whisky auf die Pyramide zurückgezogen, um Abschied zu nehmen."

Paul marschierte im Zimmer auf und ab und begleitete seinen

Monolog mit weitausholenden Gesten. „Als nächstes bekam sie mit, daß sie der Professor, angetan mit seiner komischen Priesteruniform, aus dem Zeltiglu zerrte, sie fesselte, ihr das Gewand vom Leib schnitt und sie zu dem Opferstein schleppte. Beim Lärm der dröhnenden Lautsprecher begann er dann, sie mit der elektrischen Nadel zu stechen, und hörte überhaupt nicht auf ihre Bitten und ihr Schreien. Sie wurde dann ohnmächtig, bis wir dazwischenkamen. Aber was war wirklich mit dem Professor los? Er hat sichtlich denselben Traum gehabt wie alle anderen Expeditionsmitglieder. Aber die Wissenschaft kennt keinen Kollektivtraum. Weißt du, Paula, es will mir einfach nicht in den Kopf, daß dieser alte *tahutahu* recht behalten soll, daß alte polynesische Dämonen wirklich eine moderne, gut ausgerüstete Expedition in die Flucht schlagen können. Professor Herzig will sich zwar einer gründlichen psychiatrischen Behandlung unterziehen, aber ich fürchte, es wird nichts Gescheites dabei herauskommen."

Paula schüttelte nur bedauernd den Kopf und schwieg.

„Sehr unbefriedigend, das Ganze, sehr unbefriedigend. Was meinst du dazu, Paula?"

Sie lächelte ihn an. „Weißt du, es imponiert mir, Hollinger-*tane*, daß du Sigmund Freud nicht nur aus Angabe im Bücherregal stehen hast, sondern dich sogar in seinen Büchern auskennst und sie zum Nachschlagen verwendest." Sie hielt die Zeit für gekommen, es nochmals mit ihrem neuen *pareo* zu versuchen und hob ihn hoch.

„Wie gefällt dir das, Paul?" fragte sie.

„Hm, eine interessante Kombination", gab Paul zu. „Aber ich hoffe, du verkaufst dieses Prachtstück und trägst es nicht selber. Ich habe für eine Weile genug von Götzen und *tuputupu'as*."

Paula lächelte. „Ich habe ihn für Cynthia gemalt, als Hochzeitsgeschenk."

Paul sah seine Frau überrascht an. „Da schlag doch der Teufel drein!" rief er. „Woher weißt du das schon wieder? Jean Claude hat mir doch erst heute morgen gegen mein heiliges Schweigeversprechen anvertraut, daß er und Cynthia heiraten wollen, sowie sie aus dem Spital kommt und die Tätowierungen kosmetisch entfernt sind. Wie du immer an die geheimsten Informationen kommst, wird mir ein Rätsel bleiben, Hollinger-*vahine*!"

„Pah! Ihr Männer mit eurer Geheimnistuerei!" lachte Paula. „Wenn du die Bäckerin fragst, wird sie dir auf den Quadratzentimeter genau zeigen, wo Cynthias Tätowierungen schon herausgestochen wurden, und auch, wie viele Blumen der liebeskranke Gendarm heute wieder ins Spital gebracht hat. Außerdem, hast du noch nicht den neuesten Witz von Tetuamanuhiri gehört? Der erzählt doch seit Tagen überall, daß jeder noch schnell die Zeit nützen soll, um einmal mit Vollgas an der Gendarmeriestation vorbeizufahren, bevor es hier in der Bucht von kleinen rothaarigen *muto'i faranis* mit Gendarmenkäppis wimmelt."

Jetzt mußte auch Paul Hollinger lachen.

Der Romantiker

Kapitän Paul Hollinger saß an der Strandbar des *Aimeo* und schloß wieder einmal eine Wette mit sich selber ab, wie in dieser Woche schon ein paarmal. Wieder ging es dabei um die MOANA NUI, die geheimnisvolle, froschgrüne Yacht in der Pao-Pao-Bucht, deren scheue Seefahrer er noch nie zu Gesicht bekommen hatte. Paul hatte an sich selbst schon zwei Bier verloren: eines, weil er mit sich gewettet hatte, daß der Kapitän der MOANA NUI ein fledermausflügliger Vampir sei, der den Tag über schlafe und erst nach Anbruch der Dämmerung von seinem Deck in die laue Abendluft hochflattere, um sich einen Gute-Nacht-Trunk irgendwo zu erbeißen, was aber Cadousteau, der Gendarm, bestritt, der den MOANA-NUI-Skipper beim Einklarieren als harmlosen, schüchternen Deutschen kennengelernt hatte; das zweite Bier hatte Paul verwettet, als er behauptete, der MOANA-NUI-Skipper sei höchstwahrscheinlich zu Flitterwochen mit einer ungewöhnlich schönen Frau in die Lagune gekommen. Maitai, das Barmädchen, schwor aber, daß der blasse *Allemand* ganz allein an Bord sei.

An diesem Nachmittag sah Paul Hollinger auf der fraglichen Yacht einen schlanken Mann über die Reling klettern und mit einem ebenfalls grünen, badewannenähnlichen Beiboot ans Ufer rudern.

„*Aiiiii!*" sagte der Hafenkapitän zu sich selbst. „Ich verwette ein großes kaltes Bier, daß dieser Knilch deshalb so traurig dreinsieht, weil seine Lichtmaschine den Geist aufgegeben hat oder weil sein Gashauptventil zugerostet ist. Na, wir werden ja sehen."

Der unscheinbare Mann schlenderte mit einem kleinen blauen Plastikkübel zur Strandbar und ersuchte Maitai in schrecklichem Französisch um ein wenig Eiswürfel.

Maitai wandte sich an Paul und fragte auf tahitianisch: „*E hina'aro anei i te popa'a?* Was will der *popa'a?*"

Paul übersetzte bereitwillig. Maitai nahm den Plastikkübel, ging ins Hotel um Eis, und der Skipper der MOANA NUI starrte vor sich hin, ängstlich darauf bedacht, niemanden anzusehen, als fürchte er sich davor, Anlaß zu einer beiläufigen Bemerkung zu geben. Paul war aber neugierig und wollte außerdem wissen, ob jetzt Käpt'n Paul oder Käpt'n Hollinger gewonnen hatte. Also packte er die Gelegenheit beim Schopf.

„Schönes Boot, die MOANA NUI", begann er. „Bist du den ganzen Weg allein gekommen?" Er fragte auf deutsch, aber zu seiner Überraschung nickte der Mann nur kurz und starrte dann wieder wortlos vor sich hin.

Ein wortkarger Geselle, dachte Paul, sprach aber gleich weiter: „Traumhafter Tag heute, nicht wahr? Wie gefällt es dir in Moorea? Wunderschöne Insel, *hein?*"

Jetzt zeigte der Mann zum erstenmal eine Regung.

„Überhaupt nicht." Er machte eine fahrige Bewegung mit der Hand. „Ich hab' mir das anders vorgestellt. Die Südsee ist eine einzige Enttäuschung für mich. Ich bin entsetzt!"

Paul war überrascht, sogar ein wenig geschockt.

„Das interessiert mich aber jetzt sehr", sagte er und deutete auf den Sessel neben sich. „Ich habe mir immer eingebildet, mitten im Paradies zu leben, und diese Insel für den schönsten Platz der Welt gehalten. Ich spendiere uns ein Bier, weil ich soeben eins vom Hafenkapitän gewonnen habe. Das darfst du mir nicht abschlagen."

Der Mann sah Paul an und zögerte. In diesem Moment kam Maitai mit dem Eis zurück. Paul beschloß, seine Einladung noch etwas zu forcieren.

„Stell das Eis bitte in die Kühlbox, Maitai", sagte er schnell. „Und bring uns zwei große kalte Biere!"

Der Mann sah etwas hilflos zu, wie das Eis, nach dem er schon die Hand ausgestreckt hatte, unter der Bar verschwand und Maitai flink das bestellte Bier servierte. Resigniert nahm er Platz.

„Ich bin übrigens Paul", sagte Kapitän Hollinger, „der hauptamtliche Hafenlotse, Schiffsbriefträger und freiberufliche Reparierfast-alles von Pao Pao. Für die MOANA NUI ist allerdings noch keine Post eingetroffen, sonst hätte ich sie schon an Bord gebracht."

„Mir schreibt niemand", sagte der Mann.

Mein Gott! dachte Paul. Was ist denn nur mit diesem Kerl los? Das hört sich ja richtig mitleiderregend an. Laut fuhr er fort: „Trotzdem Prost! Trinken wir auf schönere Zeiten. Hast du auch einen Namen?"

Der wortkarge Einhandsegler zuckte mit den Mundwinkeln, dann hob er ebenfalls grüßend sein Bierglas.

„Ich heiße Jan Kaspar Astor. Vom Hanseatischen Yachtclub Hamburg." Er sagte das in einem Tonfall, als würde er sich eine folgenschwere Beichte abringen.

Paul Hollinger seufzte. „Weißt du, Jan Kaspar, ich bilde mir immer ein, daß das hier meine Bucht ist, daß sie mir gehört. Jetzt bin ich ein wenig gekränkt, weil sie dir nicht gefällt. Du mußt mir das schon näher erklären. Was gefällt dir hier nicht? Das ist doch eine Traumkulisse hier in der Lagune, vom Riff da vorn bis hinauf zu den Berggipfeln. So viel schöner ist die Außenalster auch nicht, zumindest so, wie ich sie in Erinnerung behalten habe."

Aber Jan Kaspar Astor verzog das Gesicht nicht um einen halben Millimeter, als er antwortete: „Die Natur hier ist schön, unbestritten, aber . . ." Der Skipper der froschgrünen MOANA NUI drehte sich plötzlich heftig um und stieß zornig hervor: „Aber warum muß der Mensch auch hier alles zerstören, alles verbauen, alles verschandeln?" Er umfaßte mit einer Handbewegung das Hotel, die Bungalows, den Swimming-pool, den Bootssteg. „Überall stehen Hotels in einem scheußlichen Pseudo-Tahitistil aus lackiertem Plastik, mit notdürftig versteckten Klimaanlagen, mit maschinell gedrechselten Pfosten, blechernen Laternen, Neonröhren im Gebüsch und Stereolautsprechern in den Palmwipfeln. Es ist zum Weinen. Da drüben die Straße – darf es in der Südsee so etwas geben? Eine Tankstelle, rostige Autowracks, Blechkanister, qualmende Außenbordmotoren auf Auslegerkanus, Mädchen auf Motorrollern, Kinder mit tragbaren Radios oder Walkmen! Das finde ich schrecklich!" Jan Kaspars blaue Augen blitzten wütend und zugleich anklagend.

Paul duckte sich etwas, um zur Straße sehen zu können, wo eine *vahine* auf ihrer Vespa dahinbrauste. Der Fahrtwind hatte ihr vermutlich den Knoten des *pareo* aufgerissen, denn sie hielt das flatternde Stoffstück krampfhaft vor der Brust zusammen, dachte aber anscheinend überhaupt nicht daran, wegen so einer Kleinigkeit anzuhalten, und brauste fröhlich die Straße hinunter, nackt wie eine sagenhafte Südseeprinzessin.

Paul Hollinger zeigte auf die Amazone. „So etwas gefällt dir nicht? Das kriegst du aber auf der Mönckebergstraße in Hamburg nicht zu sehen."

Skipper Astor schien unbeeindruckt. „In Papeete habe ich fast geweint, als ich die vielen modernen Häuser sah, die Autobahn, den enormen Verkehr am Quai de Commerce, die Fernseher und die Stereokopfhörer. Diese Südseeinseln waren der Traum meiner Jugend, das Ziel meines Lebens . . ." Jan Kaspar verzog den Mund, als widere ihn etwas besonders an. „Mein Lebensziel, ha! Ich war ein Idiot, als ich mich aufmachte, mir diesen Traum zu verwirklichen. Ich hätte es besser wissen müssen. Die paradiesischen Strände, die grasgedeckten Hütten, die nackten Mädchen mit Blumen im Haar, all diese wunderschönen Fotografien sind gestellt, sie zeigen, wie die Südsee einmal war; aber daß es hier so aussieht und zugeht wie in Miami Beach und Acapulco, darüber spricht niemand, solche Aufnahmen werden sorgfältig vermieden. Für den Touristen wird Romantik konserviert, man führt ihn schnell an all den schönen Bildern vorbei, damit er nicht erkennt, was dahintersteckt und daß die Südseeschönheiten für jede Stunde Romantik bei Sonnenuntergang ihre Digitaluhren mitlaufen lassen, um Honorar zu kassieren. Pfui!" Jan Kaspar Astor spuckte beinahe aus, so riß ihn seine Anschuldigung hin.

„Na, na! Jetzt trägst du aber zu dick auf." Paul behagte die schlechte Meinung dieses Romantikers überhaupt nicht. „Du kannst doch Moorea nicht mit Acapulco oder gar mit Miami Beach vergleichen. Ich weiß nicht, was du erwartet hast, aber ich sehe nicht ein, warum es im Paradies keine Lastkraftwagen und Zementmischer geben soll. Die Zeiten von Stevenson, Jack London und Pierre Loti sind Gott sei Dank vorüber. Aber wie müßte denn deiner Meinung nach die Südsee aussehen?"

Es stellte sich heraus, daß Jan Kaspar Astor wirklich der Meinung gewesen war, in Französisch-Polynesien könne er ohne weiteres an Land spazieren wie einst der Maler Paul Gauguin, sich eine pandanusgedeckte Hütte suchen und ein unverdorbenes, bronzebraunes Naturkind, das ihm kochen und die Nächte verschönen würde; daß er völlig unbeschwert dahinträumen könne, bis in alle Ewigkeit unter den ziehenden Wolken am blauen Himmel. Diesen romantischen Traum hatten die bürokratische französische Einwanderungsbehörde, ein unangenehmes Abenteuer mit Yachtrowdys in Papeete und die kurze Bekanntschaft mit einer drogenabhängigen Insulanerin schnell zerstört. Jetzt war der Jugendwunsch dahin, und Jan Kaspar Astor bemitleidete sich über alle Maßen.

In kurzen Sätzen, ohne blumige Vergleiche und ohne Gemütsbewegung erzählte der Skipper der MOANA NUI die Geschichte seiner romantischen Reise in die Südsee. Aus Ostdeutschland geflohen, hatte er vor zwölf Jahren bei einer Spedition eine Stelle als Frachtkalkulant gefunden. Ohne Familie, ohne Freunde war der kontaktschwache Jan Kaspar Astor aber sehr bald tief enttäuscht vom wahren Gesicht der goldenen Freiheit im Westen. Er konnte zwar nicht genau sagen, was er erwartet hatte, aber die fieberhafte Bautätigkeit in der Großstadt, die gnadenlose Jagd nach Erfolg und Geld, die täglichen Zeitungsmeldungen über Krisen, Mord, Terror und Krieg belasteten den Naturliebhaber und Romantiker aus einem verträumten kleinen Tal in Thüringen zu stark. Jan Kaspar Astor zog sich aus der Stadt zurück. Der Nachtwächter der Spedition borgte ihm an den Wochenenden seinen kleinen Segelkreuzer, und Jan Kaspar verbrachte einen Großteil seiner Freizeit in der Einsamkeit des Watts um die friesischen Inseln. Angeregt von den Abenteuer- und Reisebüchern aus der Gewerkschaftsbibliothek, schweifte sein Interesse bald über die Nordsee hinaus und zu fernen Inseln; seine Sehnsucht begann sich auf die Südsee zu konzentrieren.

Er erzählte Paul Hollinger ohne große Worte von den vielen Jahren, in denen er seine ganze Kraft eingesetzt hatte, um sich den Traum vom Paradies zu verwirklichen: wie er jede Mark gespart hatte, wie er sich vom Erlös der Überstunden ein kleines gebrauchtes Segelboot gekauft hatte, wie er jahrelang daran gearbeitet hatte, um es auszurüsten für die Reise zu den Inseln der Südsee, wo er eines der Mädchen mit den ungeschminkten Lippen und offenen Haaren suchen und heiraten wollte.

Jan Kaspar erzählte, wie er vor einem Jahr aufgebrochen war, alles verkauft hatte und ohne längeren Aufenthalt über den Ärmelkanal, Las Palmas, die karibischen Inseln durch den Panamakanal und quer über den weiten Pazifik gesegelt war, wo dann im modernen Papeete sein Traum wie eine Seifenblase platzte.

„Und jetzt gehen die Mädchen auch hier in die Diskothek und verrenken sich zu amerikanischer Musik", klagte Jan Kaspar Astor. „Das Schönste im Leben ist für sie Fernsehen und ein Motorrad. Ich möchte so schnell wie möglich wieder weg, ich kann diese Inseln nicht mehr ertragen. Ich weiß nur nicht, wohin. Ich war so auf mein Ziel konzentriert, daß ich mich jetzt richtig entwurzelt fühle. Ohne Traum kann ich nicht leben."

Paul Hollinger empfand Mitleid mit diesem unheilbaren Romantiker. Die Zeiten, die er gesucht hatte, waren unwiderruflich vorbei. Jan Kaspar Astor war zweihundertundfünfzehn Jahre zu spät gekommen. Denn am 19. Juni vor zweihundertundfünfzehn Jahren, um sechs Uhr morgens, hatte Kapitän Samuel Wallis vom Achterdeck der britischen Kriegsslup DOLPHIN aus die Küste von Tahiti als erster *popa'a* gesichtet und damit die unaufhaltsame Zivilisierung der „edlen Wilden" eingeleitet.

„Ich würde das aber an deiner Stelle überhaupt nicht tragisch nehmen", meinte Paul Hollinger und klopfte dem zusammengesunkenen Romantiker aufmunternd auf die Schulter. „Die Trauer über zerschlagene Träume und Wünsche dauert meiner Erfahrung nach nicht ewig. Solange du noch nicht weißt, in welche Himmelsrichtung du den Bug deiner MOANA NUI richten sollst, hat es gar keinen Sinn aufzubrechen. Ich mache dir einen Vorschlag. Ich verrate dir die Lagunenecke, in die ich mich immer zurückziehe, wenn mir das Leben zum Hals heraushängt. Es wird dir dort sicher gefallen, da gibt es nur Natur, sonst nichts. Hol deinen Anker auf und segle aus der Bucht. Noch innerhalb des Riffs findest du an Steuerbord eine gut mit Seezeichen markierte Passage, die dich am *Bali Hai Hotel* vorbei zu meinem Lieblingsankerplatz bringt. Laß die rot-weißen Zeichen an Backbord, die schwarz-weißen sauber an Steuerbord und segle, bis du den Leuchtturm von Pointe Aroa sehen kannst. Dort wirf den Anker irgendwo ins glasklare Wasser, geh schwimmen, leg dich in die Sonne und mach ein paar Tage überhaupt nichts. Damit dir nicht langweilig wird, borge ich dir ein paar Bücher, auch ein Lehrbuch über das Tahitianische, damit kannst du dich beschäftigen, während du überlegst, was du mit deinem Leben anfangen willst. Na, was hältst du von meinem Vorschlag?"

Jan Kaspar Astor zeigte zwar keinen großen Enthusiasmus, aber er stand auf und meinte: „Vielleicht sollte ich das wirklich machen. Es wird mir schon bessergehen, wenn ich diese Hotelbauten und diese Tankstelle nicht mehr sehe. Danke für diesen guten Rat, Paul."

Die MOANA NUI segelte wirklich noch am selben Tag. Wenn Paul mit seinem Fahrrad zum *fare rata,* zur Post, in der Nähe des Flughafens fuhr, konnte er durch die Uferpalmen die kleine froschgrüne Yacht in der blauen Lagune am Pointe Aroa liegen sehen. Da nach wie vor keine Briefe für die MOANA NUI kamen und Paul die verliehenen Bücher nicht dringend brauchte, kümmerte er sich nicht weiter um Jan Kaspar Astor.

Der einsame Skipper der MOANA NUI unternahm ausgedehnte Spaziergänge am Strand, wobei er nur so weit lief, wie keine Häuser zu sehen waren. Menschen ging er aus dem Weg. Bei Ebbe kletterte er am Riff herum und suchte nach Muscheln, oder er saß stundenlang da und sah der Brandung zu, wie sie in endloser Folge aus den Weiten des Ozeans kam, sich vor dem Riff aufbäumte und immer steiler auf die Korallenbarriere zulief, um dann brausend in einer weißen Schaumkaskade zu zerstäuben. Jan Kaspar blätterte ein wenig in den Büchern, die ihm Paul geliehen hatte, und während er die ersten Lektionen in Tahitianisch las, kam er immer wieder ins Träumen und stellte sich vor, wie er jenes wunderschöne Mädchen am Strand angesprochen hätte, dessen Phantasiebild seine lange, lange Seereise begleitet hatte.

Am liebsten fuhr er mit seinem winzigen Beiboot in der Lagune angeln und versuchte, seine Mahlzeiten selber zu fangen. Ohne seinen noch immer beachtlichen Vorrat an deutschen Konserven wäre er aber sicherlich verhungert, hätte er nur von seinem Fang leben wollen.

Eines Morgens trieb er wieder, von der langsamen Strömung geschoben, in der Lagune, die Angelleine um seine Hand gewickelt, im Beiboot dahin. Ein Klatschen im Wasser veranlaßte ihn, den Kopf zu drehen. Jan Kaspar Astor erstarrte mitten in der Bewegung mit aufgerissenen Augen und angehaltenem Atem. Im ersten Moment glaubte er zu träumen. Er sah genau jene Vision, die ihm seit dem Aufbruch von Hamburg jede Nacht verschönert hatte.

Auf einem Korallenblock stand ein bronzebraunes Mädchen mit bloßen Brüsten, einen schmalen *pareo* lässig um die Hüften gewickelt. Mit einer graziösen, fließenden Bewegung warf es ein Fischernetz so geschickt, daß es wie ein großer bunter Schmetterling auf die Wasserfläche sank, wo es, von Bleigewichten beschwert, schnell unterging. Das Mädchen stemmte die Beine gegen den Steinblock, zog mit einigen raschen Handgriffen das Netz zusammen und holte es zu sich heran.

Jan Kaspar Astor rieb sich die Augen, ja, er zwickte sich sogar ins Bein, um festzustellen, daß er wach war. Aber das Mädchen blieb auf dem Korallenblock. Es kauerte sich zusammen, untersuchte das Netz und warf einige zappelnde bunte Lagunenfische in einen der spindelförmigen Fischkäfige aus gespaltenem Bambus, der in der

Nähe an einer Leine schwamm. Sie bemerkte Jan Kaspar und winkte ihm zu, dabei lächelte sie breit. Jan Kaspar winkte schüchtern zurück, verharrte aber sonst bewegungslos in seinem Beiboot, als hätte er Angst, durch eine hastige Bewegung den Zauber des Augenblicks zu zerstören.

Das Mädchen löste einen größeren, grünblauen Fisch aus dem Netz und zeigte ihn stolz dem Hamburger. Dieser zuckte mit den Schultern und zeigt seine leeren Hände, um anzudeuten, daß er noch nicht so erfolgreich gewesen sei. Das Mädchen lachte und holte mit dem Netz zu einem neuen Wurf aus. Jan Kaspars Blick hing wie gebannt an den runden Brüsten des Mädchens, die bei der eleganten Wurfbewegung wieder mitschwangen. Sein Boot trieb langsam an dem Korallenblock vorbei. Er hörte zwar eine leise Stimme, die ihm immer wieder zurief: „Jan Kaspar! Tu etwas! Sag etwas! Ruf ihr etwas zu! Jan Kaspar! Das ist doch dein Traummädchen!" Aber er konnte sich nicht rühren und spürte nur ein schreckliches Selbstmitleid in sich aufsteigen, als die blaugrüne Wasserfläche zwischen seinem Boot und dem Korallenblock immer breiter wurde.

Jan Kaspar wäre wortlos vorbeigetrieben und verschwunden, hätte das Schicksal nicht ein Einsehen gehabt.

Irgend etwas riß plötzlich derart heftig an seiner Angelleine, daß er nicht mehr reagieren konnte. Der Ruck schleuderte ihn gegen die Bordwand des winzigen, unstabilen Bootes, und im nächsten Augenblick war es umgeschlagen. Etwas riß mit beachtlicher Kraft an der Leine, und da er nicht loslassen konnte, wurde er hilflos unter Wasser gezogen. Salzwasser drang ihm in Nase und Mund, er wurde um seine Achse gewirbelt wie ein großer Blinker an einer Bonitoangel. Aus der grünblauen, luftsprudelnden Unterwasserwelt kam ein dunkler Pfeiler auf ihn zu. Mit einem knirschenden Krachen schlug sein Kopf dagegen. Er hatte das Gefühl, daß alles an ihm zerbrach, dann wurde es trüb und dunkel um ihn.

Ein beißender Schmerz in Schultern und Kopf brachte ihn nach einer Weile wieder in die Wirklichkeit zurück. Jan Kaspar schlug die Augen auf. Aber er blinzelte genau in die Sonne und wandte geblendet den Kopf weg. Wieder schoß der heiße Schmerz durch seine Schultern. Jan Kaspar drehte sich trotzdem weiter. Er lag auf dem Korallenblock, hellrotes Blut rann, mit Salzwasser vermischt, über seine Arme und färbte den Stein wie einen Richtblock. Wieso lag er auf dem Stein? Wo war das Mädchen? Er versuchte sich zu erinnern, musterte seine rechte Hand. Die war leer, nur tiefe, aufgeschürfte Striemen verrieten die Stelle, wo die Angelleine ums Handgelenk gewickelt gewesen war. Er versuchte, die Wunde auf seinem Kopf zu ertasten, gab es aber sofort wieder auf, als die Haut seiner Schultern wie von hundert Rasiermessern zerschnitten aufbrannte. Er stöhnte vor Schmerzen, stützte sich aber trotzdem auf die Arme.

Da tauchte in seinem eingeschränkten Blickfeld das Mädchen auf. Es starrte ihn mit großen schwarzen Augen besorgt an und schleppte einen großen grünen Zweig herbei.

„Ha'uti ore, popa'a!" sagte sie in ihrer Sprache und fügte auf französisch hinzu: „Rühr dich nicht!"

„Oui, oui", murmelte Jan Kaspar. „Hast du mich gerettet?"

Aber das Mädchen verstand ihn nicht; es setzte sich neben ihn, drehte ihn auf den Bauch und bettete seinen Kopf auf ihre Schenkel. Jan Kaspar lag ganz ruhig, weil ihn die Wunden so schmerzten, und blickte an den schlanken braunen Beinen entlang, die nach Salzwasser und Kokosöl rochen. Aus den Augenwinkeln sah er, wie das Mädchen Blätter von dem Zweig zupfte, in den Mund steckte und eine Weile fest kaute. Dann spuckte es den grünen Blattbrei in seine Hand und bestrich damit sanft die Schnitte auf seinem Kopf und Rücken. Das scharfe Brennen verschwand beinahe augenblicklich. Erstaunt entspannte er sich und ließ sie gewähren. Nach einer Weile hob sie seinen Kopf am Kinn an und wickelte ihm ein Tuch so geschickt um Schultern, Hals und Hinterkopf, daß alle Wunden bedeckt waren. Die freien Enden zog sie unter seinen Armen durch und verknotete sie quer über seiner Brust. Dann half sie ihm in eine sitzende Position.

„Tei hea, to'oe fare?" fragte das Mädchen, dann sagte es noch etwas in schnellem Französisch. Jan Kaspar verstand nichts. *„Je ne comprends pas",* sagte er, aber sein Schulfranzösisch war offensichtlich für das Mädchen ein Rätsel. Es sah ihn eine Weile mit vorgestülpten Lippen und gerunzelten Brauen an, dann hellte sich seine Miene auf; es hatte begriffen, daß eine sprachliche Verständigung für sie beide unmöglich war.

Sie zeigte auf sein kleines Boot, das gelenzt an den Korallenblock gebunden war, dann zeigte sie nach Osten und nach Westen, machte mit den Händen Ruderbewegungen und meinte fragend: *„I o na?"* Und nach der anderen Seite: *„I reira?"*

Jan Kaspar zeigte nach Osten, wo seine MOANA NUI verankert lag, und sagte dazu: „Mein Schiff, mein Schiff!"

„Mai tiff, mai tiff", lachte das Mädchen, ihn nachäffend; es hob ihn kurzerhand an, half ihm ins Boot und dirigierte ihn auf die winzige Ducht. Wegen des Verbands konnte sich Jan Kaspar nicht umdrehen, aber er merkte am Schwanken des Fahrzeugs, daß sie hinter ihm zustieg und zu rudern begann. Sie hatte eine sehr gute Hand für Boote und für das Wasser. Das stumpfe runde Dingi gehorchte ihr lammfromm, und nach einer Viertelstunde tauchte die grüne MOANA NUI hinter einem Ufervorsprung auf. Als sie näher kamen, zeigte Jan Kaspar auf seine kleine Yacht und sagte nochmals: „Mein Schiff."

Sie verspottete ihn wieder mit ihrem gekicherten *„Mai tiff",* änderte aber den Kurs und legte an der Bordwand der MOANA NUI an. Sie half ihm an Deck, aber als er sich auf die Cockpitbank setzen wollte, schubste sie ihn sofort zum Niedergang.

„Na raro, na raro!" rief sie und bugsierte Jan Kaspar unter Deck und zu seiner Koje. Er legte sich auf den Bauch, und sie bettete seinen Kopf auf ein Kissen. Eine Weile blieb Jan Kaspar so liegen, dann drehte er den Kopf, um zu sehen, was sie machte. Wieder fragte er sich, ob er nicht im Delirium träume. Im Licht der schrägen Sonnenstrahlen, die durch die Bullaugen fielen, ging das Mädchen splitternackt umher und musterte alles neugierig. Sie lachte und kicherte dabei, besonders vor den Bildern an der Wand, die Jan Kaspar einmal mit Hemd und Krawatte, Hut und Mantel zeigten, dann in Ölzeug und Südwester. Sie untersuchte die winzige Kombüse, öffnete und schloß spielerisch eine Schublade nach der anderen. Immer wieder lachte sie herzlich, wenn sie ein besonders lustig geformtes Küchenwerkzeug fand, einen Schneebesen, eine Knoblauchpresse, eine Kartoffelreibe, einen Messerschleifer oder einen Tubenausdrücker.

Jan Kaspar hatte noch nie ein Mädchen gesehen, dessen Körper so gleichmäßig goldbraun war. Die wenigen Frauen, die sich in seiner Gegenwart ausgezogen hatten, waren alle kalkweiß um Hüften und Brust gewesen. Aber die goldenen Pobäckchen der Tahitianerin erinnerten ihn an die reifen Pfirsiche im Garten seines Großvaters, und er wünschte sich, hineinbeißen zu dürfen. Ihr ebenso goldbrauner Busen war erst sanft und rund, dann leicht gespitzt auseinanderstrebend, wobei ihm die Vergleiche ausgingen. Er bemühte sich, das schwarze Dreieck unterhalb ihres Nabels zu übersehen, denn wenn er daran dachte, nahm sein Kopfweh rasant zu.

Da fiel ihm ein, daß sie ihr Hüfttuch ja dazu verwendet hatte, um seine Wunden zu verbinden. Er wälzte sich auf die Seite und bedeutete ihr, ein Schapp zu öffnen. Sie sah ihn neugierig an, aber nach ein paar Versuchen verstand sie seine Gesten und öffnete es. Er ließ sie das große Badehandtuch herausnehmen, und beide lachten, als sie es umband.

Sie schaute sich weiter an Bord um, durchstreifte die Proviantkammer im Vorschiff und kam wieder zurück, mit vollen Backen Schokolade kauend, eine angebrochene Packung in der Hand.

Jan Kaspar überlegte fieberhaft, wie er das Mädchen länger an Bord festhalten konnte. Wie sollte er in Zeichensprache sagen: Bitte bleib bei mir, ich bin einsam?

Das Mädchen drehte an dem Seefunkempfänger herum, aber der Apparat gab nur Pfeifen und Heulen von sich, da er noch auf Kurzwelle eingestellt war. Das Mädchen spuckte das Radio erbost an, und Jan Kaspar mußte lachen. Kaum hatte sie die Schokolade aufgegessen, da warf sie das Wickelpapier in den Abwasch und kletterte an Deck. Jan Kaspar rief ein paarmal: *„Mademoiselle, Mademoiselle!"*, aber nichts rührte sich. Da bekam er es mit der Angst zu tun. Wenn sie nun fortruderte mit seinem Boot? Er versuchte, sich hochzurappeln, da hörte er ein unmißverständliches Plätschern draußen. Lächelnd sank er auf sein Kissen zurück. Das Mädchen wußte nicht, daß es auf seinem kleinen Schiff eine Toilette gab.

Nach einer Weile kam sie wieder in die Kajüte und hielt die Hände ins Spülbecken, konnte aber keinen Wasserhahn entdecken.

„Pumpen, du mußt pumpen!" sagte Jan Kaspar und zeigte mit ausgestreckter Hand auf den Fußhebel der Wasserpumpe, dazu machte er mit dem angehobenen Fuß eine entsprechende Bewegung.

Das Mädchen sah von seinem Zeigefinger zu dem Fußhebel, schaute auf seinen pumpenden Fuß und trat auf den Hebel. Ein Wasserstrahl zischte ins Becken. Sie wusch sich sorgfältig die Hände, wischte sie am Fenstervorhang trocken und kniete dann vor Jan Kaspars Koje nieder.

„Te hina'aro oe i te ma'a?" fragte sie und machte mit offenem Mund Kaubewegungen. *„Ma'a?"*

Jan Kaspar nickte glücklich. Wenn sie für ihn Essen bereitete, würde sie noch ein wenig bleiben.

„Ma'a, ma'a", wiederholte er eifrig nickend und deutete auf seinen Bauch.

Das Mädchen bohrte ihm den Zeigefinger lachend in den flachen Bauch und rief nochmals: *„Ma'a",* was offensichtlich das tahitianische Wort für Essen war. Sie begann, in der Kombüse herumzusuchen, und Jan Kaspar schlief erschöpft, aber beruhigt ein.

Das Mädchen suchte eine Weile in den Schubladen, dann stieg es an Deck, nahm das kleine Beiboot und ruderte damit an Land. Sie holte ihren Fischkorb und das Netz und lief landeinwärts zu einem niedrigen Haus hinter dichten Rhododendronbüschen. Dort hängte sie das Netz zum Trocknen auf, fachte im abseits vom Schlafhaus gelegenen Kochhaus die Glut an und säuberte die gefangenen Fische, legte sie in Kokosmilch, um sie zusammen mit Papayascheiben und Bananen zu garen.

Der alte Fischer, der vor dem Haus Netze flickte, sah auf, als sie unter ihrer Schlafstelle eine große Leinentasche hervorholte und ihre wenigen Habseligkeiten einzupacken begann.

„Du gehst fort, Teariki?" fragte der Fischer.

Das Mädchen Teariki nickte. „Ich habe heute einen ganz besonderen Fisch gefangen, Onkel. Einen *popa'a,* der so dumm war, mit der Hand einen großen Ammenhai zu angeln. *Auee!* Der Hai hat sein winziges Boot umgeworfen und den *popa'a* mitgeschleppt, wie Kinder eine leere Kokosnuß an einer Schnur nachziehen. Dabei ist er in den Korallen hängengeblieben und hat sich geschnitten, daß das Meer dunkel geworden ist von seinem Blut. Ich habe ihm gekaute *Ti-*Blätter auf die Wunden gelegt, aber er wird Fieber bekommen von dem Korallengift. Er ist ganz allein und hat so traurige, helle Augen. Ich will ihn pflegen."

Der alte Fischer nickte. Es war Sitte in Polynesien, daß man für Kranke sorgte; wenn ein Kranker keine Verwandten oder Freunde hatte, dann sorgte selbstverständlich der nächste Nachbar für ihn.

„Ist er reich, dein *popa'a*?" fragte der Fischer nach einer Weile.

„Er hat ein Segelschiff, einen Herd, Wasser und viele, viele Konserven und Schokolade", kicherte Teariki.

Der alte Fischer grinste. „Sieh zu, daß er wieder gesund wird. Vielleicht kannst du ihn in dich verliebt machen. Deine Freundinnen werden dich beneiden, wenn du einen *popa'a* hast, mit einem richtigen Schiff. Du wirst nur viel Geduld mit ihm haben müssen. *Popa'a* werden sehr dumm geboren, aber sie können nichts dafür."

Teariki sammelte ihre Sachen, nahm den Topf vom Feuer und küßte den alten Mann im Vorbeigehen auf beide Wangen.

„*Mauru'uru*, Onkel, *nana!*"

„*Nana*, Teariki!" Der alte Fischer sah seiner Nichte nach, die zum Strand hinuntereilte.

Jan Kaspar Astor wachte schweißgebadet auf. Er fühlte sich sehr elend, und die Gelenke schmerzten ihn so, daß er sich kaum bewegen konnte. Rücken und Hinterkopf brannten wie Feuer, und obwohl er nicht hinlangen konnte, wußte er, daß die Wunden dick geschwollen waren. Ihm fiel ein, daß er gelesen hatte, wie schwer Wunden heilten, in die Korallengift geraten war. Er legte seinen Kopf auf die Hand. Die Stirn war so heiß, als hätte er Fieber. Er krächzte etwas Undeutliches, und im nächsten Augenblick wurde seine Stirn mit einem kalten, feuchten Tuch abgewischt. Da öffnete er die Augen und erkannte das Mädchen, das neben seiner Koje kniete. Dankbar ließ er sich Gesicht und Hände abwischen. Sie hob seine linke Seite an und öffnete den Knoten des Tuches. Der aufgetragene Blätterbrei war trocken geworden. Teariki kaute fleißig neue Blätter und schmierte den Brei wieder auf die entzündeten Wunden. Dann legte sie ihm feuchte Handtücher auf die Schultern und deckte ihn behutsam wieder zu. Später am Abend, als er wieder erwachte, fütterte sie ihn mit Fischsuppe. Nachdem er wieder eingeschlafen war, holte sie sich eine neue Tafel Schokolade aus dem Vorschiff und legte sich neben ihren kranken *popa'a* auf eine Matte.

Am nächsten Tag war Jan Kaspar noch immer fiebrig und

schwach. Er merkte es nicht, daß ihn das Mädchen mit Kokosmilch und Fruchtstückchen fütterte, ihn von Kopf bis Fuß wusch und wieder trockenrieb.

Sie benahm sich im übrigen so, als wäre sie schon immer auf Booten zu Hause gewesen. Sie fand Eimer und Bürste in einem Schrank, holte damit jeden Morgen Seewasser an Deck und schrubbte das ganze Schiff; sie wusch das Geschirr und die schmutzigen Handtücher, ihre *pareos* und Kaspars Wäsche und hängte alles zum Trocknen ins Rigg. Jan Kaspar lag mehr schlafend als wach in seiner Koje. Das Mädchen hatte in einer Lade seine Geldbörse gefunden und ruderte an Land. Sie spazierte zur Autostraße und ließ sich von einem Auto nach Maharepa zum Chinesenladen mitnehmen. Dort kaufte sie Reis, Gemüse, viel Schokolade, Zigaretten und eine große Flasche Momoi, parfümiertes Kokosöl, zum Einreiben. Ein Motorradfahrer brachte sie wieder an den Strand; sehr zufrieden mit sich ruderte Teariki zum Schiff zurück, zu ihrem kranken *popa'a.*

Zwei Tage später war das Fieber verschwunden, und Jan Kaspar wurde zum erstenmal richtig munter. Die Schwellungen der Wunden waren stark zurückgegangen, und er merkte, daß er schon auf dem Rücken liegen konnte, wenn er sich vorsichtig umdrehte und nicht allzu viel bewegte. Jetzt konnte er dem Mädchen besser zusehen und sich besser mit ihm unterhalten. Sie hatte frisch gebadet, eine neue Blume steckte hinter ihrem Ohr, und sie war in einen neuen *pareo* gewickelt. Interessiert sah sie ihn an.

Jan Kaspar deutete auf seine Brust und sagte langsam und deutlich: „Ich bin Jan Kaspar, Jan Kaspar!" Dann zeigte er auf sie und fragte: „Wie heißt du?"

Das Mädchen nickte, sah ihn aber weiter verständnislos an. Jan Kaspars Blick fiel auf das Wörterbuch, das ihm Paul Hollinger geborgt hatte. Er zeigte darauf. Jetzt verstand sie sofort und brachte ihm das Buch. Er begann zu blättern und suchte das tahitianische Wort für Name.

Dann deutete er nochmals auf seine Brust und formulierte langsam: „*I'oa ... i'oa ...* Jan Kaspar." Dann zeigte er auf sie und fragte: „*I'oa?*"

Jetzt lachte sie. „*Aue! Te i'oa! E Teariki i te i'oa to'u.*" Sie wiederholte langsam: „*Teariki*", und deutete auf ihre Brust.

155

„Teariki." Jan Kaspar zeigte auf sie und lachte.

Teariki kicherte und zeigte mit gespreizten Fingern auf ihn. „*I'an Gasparrr?*"

Jan Kaspar nickte fröhlich. Er nahm das Buch sofort wieder und blätterte darin.

„Danke – *mauru'uru*, Teariki." Er streckte die Hand aus und strich ihr mit einer schüchternen Bewegung über die Wange.

Sie lachte und klatschte in die Hände, dann stieß sie einen Wortschwall in ihrer Sprache hervor, von dem er nicht ein Wort verstand.

Er blätterte wieder in dem Wörterbuch und suchte sich neue Ausdrücke zusammen: „Schön" – „*nehenehe*". Dann fand er einen fertigen Satz: „Ich liebe dich – *Ua here au ta'oe.*"

Das Mädchen lachte und klatschte wieder in die Hände. Wieder kam ein Wortschwall, worin sehr oft das eben gelernte: „*here au ta'oe* – ich liebe dich", vorkam. Jan Kaspar nickte jedesmal ernsthaft.

Teariki machte jetzt ein besorgtes Gesicht und wollte sich die Wunden anschauen. Sie wusch ihm den eingetrockneten Brei ab und kaute frische Blätter. Dann verband sie ihn frisch.

Jan Kaspar wollte sich aufrichten, aber sie drückte ihn sofort wieder in die Polster zurück und rief besorgt: „*Ha'uti ore, ha'uti ore!*"

Jan Kaspar blätterte wieder so lange im Wörterbuch, bis er die beiden Worte gefunden hatte. *Ha'uti ore* bedeutete: „Nicht bewegen!" Er legte sich also wieder beruhigt hin und sah seinem Mädchen zu, wie es ihm Essen zubereitete. Er konnte oft nicht sagen, was sie gekocht hatte, es war immer Fisch dabei und viel Gemüse, Reis und Früchte, aber es schmeckte ihm.

Nach dem Essen suchte er in seinem Wörterbuch das Wort für „gut", und Teariki freute sich sichtlich, als er ihre Kochkunst mit „*maita'i, maita'i*" lobte.

Nachmittags ruderte Teariki mit dem Beiboot in die Lagune und fischte, Jan Kaspar lernte in seinem Buch. Nach dem Abendessen aus Fisch und Curryreis wusch Teariki ihren *popa'a* mit feuchten Lappen am ganzen Körper ab, deckte ihn sorgfältig mit einem Leintuch zu und bereitete sich dann auf ihre gewohnte Nachtwache neben seiner Koje auf dem Fußboden vor.

Jan Kaspar sah ihr eine Weile zu, wie sie noch ein Stückchen

Schokolade aß, die Wandbeleuchtung abdrehte und sich dann unter dem großen Badetuch zusammenringelte. Er streckte seine Hand aus und ertastete ihr Handgelenk; daran zog er.

„Leg dich nicht auf den harten Boden", sagte er. „Komm, hier ist Platz genug." Er rückte in seiner Koje zur Seite, um ihr Platz zu machen, und zog fester an ihrer Hand. Teariki richtete sich halb auf, ihre Augen glänzten im Mondlicht, das durch die Luke fiel.

„Jan Gasparr?" fragte sie.

„Teariki!" sagte er und zog sie auf die Koje. *„Ua here au ta'oe."*

Sie kam ganz nahe, und er roch das Manoiöl auf ihrer Haut. Jan Kaspar wollte noch weiter zur Seite rutschen, um Platz für sie zu machen, da merkte er, wie die Kojenpolsterung nachgab, als sie sich draufkniete.

„Ha'uti ore!" flüsterte Teariki ganz dicht vor seinem Gesicht, und er spürte ihre Haare wie einen streifenden Schleier.

„Was machst du?" wollte Jan Kaspar fragen, da leuchteten ihre nackten, eingeölten Hüften im Mondlicht auf wie poliertes Silber, und er spürte ihre runden Knie links und rechts von seiner Brust auf dem Kojenpolster. Teariki schleuderte mit einer energischen Kopfbewegung ihre Haare über die Schulter und zog ihm die Decke weg.

Jan Kaspar streckte hastig seine Hand danach aus, erwischte aber nur die Rundung eines weichen Schenkels.

„Ha'uti ore, Jan Gasparr!" sagte Teariki, und er starrte bewegungsunfähig auf ihren Rücken, der sich jetzt schimmernd wie ein untertauchender Fischleib senkte und seinen Körper suchte.

„Jetzt sterbe ich", sagte Jan Kaspar ganz ernsthaft, als ihn beim ersten Kontakt mit ihrer warmen Haut ein Zucken wie bei einem starken elektrischen Schlag durchfuhr; dann umklammerten ihn ihre Glieder und ihr Leib wie ein Polyp, und er kam sich vor wie jemand, der im freien Fall in die Unendlichkeit stürzt. Er stürzte aber ohne Angst.

Tearikis zarte Finger, ihre Blattverbände und ihre Fürsorge vollbrachten Wunder. Jan Kaspars Verletzungen heilten in wenigen Tagen. Wohl noch mit juckendem Schorf bedeckt und sehr empfindlich gegen Stoß oder rauhe Berührung, konnte er bald schon wieder schwimmen gehen, seine Schultern vorsichtig der Sonne aussetzen und Teariki zum Fischen begleiten. Die meiste Zeit lagen beide in paradiesischer Nacktheit irgendwo am Riff, am Strand oder an Deck der MOANA NUI, spielten miteinander, alberten, küßten sich, liebten sich und lernten jeder die Sprache des anderen. Teariki war erfinderisch wie ein kleines Mädchen im Ersinnen neuer Spiele. Ihr Lieblingsspiel war: *„E aha tera? –* Was ist das?"

Das konnte sie stundenlang spielen, indem sie bei Jan Kaspars Ohren anfing mit ihrem *„E aha tera?",* den deutschen Namen jedes Körperteils wissen wollte und schrecklich lachen mußte, wenn ihr „Jan Gasparr", komisch, wie *popa'a* nun einmal waren, bei der Nennung mancher Körperteile richtig verlegen wurde. Dann fing er seinerseits an, sie zu streicheln und die tahitianischen Namen zu erfragen, um sie von sich abzulenken. Meistens endeten jedoch alle Spiele auf die gleiche Weise, nämlich indem Teariki ins Wasser sprang und wie ein goldener Fisch im Kreis schwamm, bis Jan Kaspar sie gefangen hatte.

Hätte Kapitän Hollinger seinen Romantiker jetzt besucht, wäre er sehr erstaunt gewesen über die Wandlung, die der magere unscheinbare Hamburger durchgemacht hatte; seine Arme waren kräftiger geworden, seine hellen Augen leuchteten, seine Haut erhielt durch die Sonne und die tägliche Massage mit Monoiöl einen ähnlichen Bronzeglanz wie die von Teariki, er schwamm und tauchte wie ein Fisch. Teariki lehrte ihn Ukulele spielen, und sie saßen oft bis spät in die Nacht an Deck und sangen. Zum erstenmal lebte Jan Kaspar nur für die Stunde, für den Moment, er kümmerte sich nicht mehr um das Gestern und wartete nicht auf das Morgen, er war glücklich mit dem, was ihm der Tag brachte.

Einmal holten sie den Anker auf und segelten die MOANA NUI hinüber nach Papeete, um neue *pareos* für Teariki zu kaufen und eine neue Gitarre für Jan Kaspar. Sie löffelten Eiscreme im Vaima Center, aßen in einem der stark frequentierten Straßencafés, sie tanzten in einer Diskothek und lachten sich beide schief über die ungelenken Touristen, die den *tamure* tanzten wie *pua'atoro poria,* wie schwangere Kühe.

Sie kehrten aber gern wieder in ihre paradiesische Lagune zurück und lebten wie Adam und Eva vor Beginn der Zeit. Jan Kaspar hatte Schwierigkeiten, über die Anfangsgründe des Tahitianischen hinauszukommen, die fremde Grammatik machte ihm zu schaffen, aber Teariki merkte sich spielend die komplizierten deutschen Satzkonstruktionen und konjugierte beim Kochen deutsche Verben auf ihre Art:

„Ich liebe dich, Jan Gasparr, du liebst mich, Jan Gasparr, Teariki liebt Jan Gasparr, wir lieben uns, ihr liebet euch, Teariki und Jan Gasparr, sie lieben sich, der *tane* und die *vahine* auf der MOANA NUI. *Aiiiii!* Jan Gasparr! Du mußt mir noch erklären, warum man in deiner Sprache nicht sagen kann: Wir bumsen sich, wir zwei."

Jan Kaspar zuckte bei solchen Gelegenheiten immer zusammen, was Teariki wohl bemerkte. Mit fortschreitender Geläufigkeit wuchs auch ihr Schatz an Wörtern, die ihren *popa'a* zusammenzucken ließen; das wieder verstimmte Jan Kaspar, weil er nicht wußte, warum er sich ärgerte, wenn sein Südseeengel in seiner kindlichen Unschuld Worte verwendete, die in Hamburg tabu waren. Er fragte sich jetzt zuweilen, ob es eine gute Idee gewesen war, für den Wissensdurst Tearikis alle deutschsprachigen Magazine, Zeitschriften und Monatsheftchen zu kaufen, die der Buchhändler Jeannau in Pao Pao auftreiben konnte. Er hatte nicht gewußt, daß Teariki so schnell im Lesen und Auffassen war, und es begann ihn zu stören, daß seine Geliebte mit immer größerer Fertigkeit die ordinärsten deutschen Ausdrücke verwandte. Obwohl Jan Kaspar wußte, daß das nur ihrer Unverdorbenheit entsprach, verzog er unangenehm berührt das Gesicht, wenn sie ihm von Deck aus zurief: „Komm endlich aus dem Wasser, Jan Gasparr, sonst wird dein *uri* vor lauter Kälte zu kurz zum Bumsen."

Jan Kaspar hatte längst vergessen, wie unglücklich er vor Wochen gewesen war. Er nahm die uneingeschränkte Liebe, die ihm Teariki entgegenbrachte, wie eine Selbstverständlichkeit an, er nahm sie, ohne sich je selber eine Frage zu stellen – so, wie er früher ohne langes Grübeln die ihm vom Schicksal angetanen Ungerechtigkeiten hingenommen hatte.

Eines Tages kam Teariki wieder von einem längeren Bootsausflug zurück. Als er aber sah, daß sie diesmal keine erbeuteten Fische an Bord trug, sondern Einkaufstüten mit Konserven, Schokolade, Zigaretten und Coca-Cola-Flaschen, fragte er, woher sie diese

Dinge habe. Teariki zeigte ihm mit sichtlichem Stolz seine Geldbörse.

„Das habe ich alles für uns gekauft, Jan Gasparr!" lachte sie. „Ein paarmal kann ich noch mit dem Geld zum Chinesen gehen, dann mußt du wieder neue Scheine besorgen, denn der Chinese schreibt für mich nichts an, weil meine Familie nicht in Moorea wohnt."

Jan Kaspar Astor spürte einen scharfen Stich in der Brust. Das Sparen war für ihn immer mit einem beruhigenden Gefühl verbunden gewesen; aber Geldausgeben machte ihn ängstlich, verursachte ihm ein trauriges Gefühl von Trennungsschmerz, ließ ihn an der Berechtigung und Richtigkeit der Ausgabe zweifeln.

Teariki blickte ihren *popa'a* überrascht an, als er ihr mit einem scheelen Blick die Geldbörse wegriß und sich an den Navigationstisch setzte, sie ausleerte und das Geld zu zählen begann. Die von ihr gekauften Köstlichkeiten würdigte er mit keinem Blick.

Als Jan Kaspar Astor seine Barschaft zusammengezählt hatte, überschwemmte ihn eine Welle von Wut und Mißtrauen. Es fehlte eine beachtliche Summe, bedeutend mehr, als er selber in Monaten ausgegeben hätte. Er sperrte das Geld in einer Lade ein.

„Das war sehr verantwortungslos von dir, Teariki", erklärte er ihr. „Ich habe nicht so viel Geld, daß wir es für solchen Unsinn zum Fenster hinauswerfen können." Er zeigte auf die Coladosen und die Zigaretten.

Das Mädchen stülpte die Lippen vor wie ein trotziges, kleines Kind.

„Doch, du hast viel Geld", sagte sie. „Ich habe eine Blechdose gesehen, darin ist ein dicker Stapel von Scheinen, auch wenn sie anders aussehen als das *moni farani,* das französische Geld." Sie lächelte plötzlich wieder und kraulte ihm das Haar. „Ich weiß aber schon, was man damit machen kann. Du mußt nur zur Bank gehen, dann geben sie dir *moni farani* dafür."

Jan Kaspar erschrak; das hatte er nicht vorausgesehen, daß dieses so unschuldig dreinsehende Naturkind alle seine Sachen mit der Rücksichtslosigkeit einer mißtrauischen Ehefrau durchstöbern würde. Er nahm sich vor, alle Wertsachen, Geld und Schecks zusammenzusuchen und wegzuschließen. Ihn quälte plötzlich die unerträgliche Angstvorstellung, morgens allein aufzuwachen, beraubt, bestohlen und verlassen von dieser kleinen Wilden, die in wer weiß welcher Umgebung aufgewachsen sein mochte.

Diese Angst mußte sich in seinen Augen widergespiegelt haben, denn Teariki umschlang ihn jetzt mit beiden Armen, drückte ihren Jan Kaspar fest an sich und bedeckte seine Ohren mit vielen zärtlichen Küssen.

„Sei nicht *fiu,* Jan Gasparr!" flüsterte sie. „Ich liebe dich ganz viel, viel, Jan Gasparr."

Sie fuhr mit der Hand unter seinen *pareo,* packte ihn und taumelte lachend zurück, als er wie von einer Krabbe gebissen hochfuhr. Das Mädchen machte sich ganz schwer, und beide rollten, einander noch immer festhaltend, über den Kajütboden.

„*Aueeee!* Schlag mich nicht zuviel, Jan Gasparr, ich sag's dir auch das nächste Mal, wenn ich Geld brauche. Schlag mich nicht. *Aue!"*

Jan Kaspar hatte gar nicht daran gedacht, sie für die unbedachte Ausgabe zu bestrafen; als er aber merkte, daß sie ein wenig Angst hatte, ergriff er die Gelegenheit – auch weil sich Tearikis *pareo* bis über die Hüften hochgeschoben hatte – und gab ihr ein paar schallende Schläge aufs nackte Hinterteil. Dann ließ er los. Teariki sank auf den Boden zurück, lag mit ausgebreiteten Armen und Haaren wie eine vom Diwan gefallene Puppe da und sah ihn stumm an. Eine Welle von Zärtlichkeit überschwemmte Jan Kaspar, er löste ihren *pareo,* und sie liebten sich so heftig, wie es die Enge neben dem Kajüttisch erlaubte.

Eine Woche danach lebten sie in völliger Harmonie und kosteten ihr Glück voll aus. Dann war es wieder ein an und für sich harmloser Kontakt mit der Umwelt, außerhalb ihrer MOANA NUI, der Jan Kaspar ernüchterte und zum Grübeln und Nachdenken über seine Beziehung zu Teariki brachte.

Eine weiße Segelyacht erschien eines Tages in ihrer Lagune und ankerte eine halbe Meile entfernt von der MOANA NUI. Der Skipper, ein weißbärtiger Mann, winkte grüßend zu Jan Kaspar herüber. Später am Nachmittag kam er mit seinem Beiboot gerudert und plauderte mit Jan Kaspar, als wären sie schon immer gute Nachbarn gewesen. Er erzählte, daß auch er mit einer Polynesierin verheiratet sei, schon viele Jahre zwischen den Inseln kreuze, und bezeichnete sich selbst als letzten gescheiten Yankee, weil er auf Geld, Prestige und eine gute Stellung verzichtet hatte, um hier glücklich wie ein „barfüßiger Kanake" zu leben, wie er es nannte.

Jan Kaspar hatte das Gefühl, von diesem Mann etwas lernen zu können, und so nahm er die Einladung zum gemeinsamen Abendessen auf der amerikanischen Yacht an.

Samuel, der „barfüßige Kanake", mischte Rumpunsch im gemütlichen Salon seines Schiffes, und seine Frau Mehani, eine lustige, dunkelbraune Insulanerin mit silberweißen Haaren, servierte ein vorzügliches Essen. Je weiter der Abend jedoch fortschritt, desto verdrossener wurde Jan Kaspar. Er sah zum erstenmal seine Teariki neben einer anderen Frau. Mehani sprach und benahm sich wie eine zivilisierte Amerikanerin, wie eine Dame, und Teariki wirkte im Vergleich zu ihr wie ein verwildertes, ungezogenes Kind, das in den ärgsten Slums aufgewachsen ist.

Teariki, die anmutige Fischerin, die zärtliche Geliebte, der goldbraune Engel, aß größtenteils mit den Fingern, schleckte ungeniert Messer und Teller ab, bohrte in der Nase und nahm alles in die Finger, was in der Kajüte herumlag. Sie guckte in alle Laden und Kästchen in Reichweite und sprang mitten beim Essen an Deck, um durch die Reling ins Meer zu pissen.

Samuel und Mehani ließen sich zwar nichts anmerken und übergingen Tearikis Benehmen vollkommen, aber Jan Kaspar schämte sich so für seine Geliebte, daß ihm die Ohren glühten und er es kaum abwarten konnte, wieder auf sein Schiff zu kommen. Er wurde wortkarg und unfreundlich und starrte das Mädchen zornig an.

„Ein goldiges Kind, so unverdorben", sagte Samuel beim Abschied zu ihm. „Da können Sie sich wirklich glücklich schätzen, Kaspar. Verderben Sie sie nur nicht mit irgendwelchen Erziehungsversuchen auf europäische Art. Vergessen Sie alles, was man Ihnen früher über angepaßtes Verhalten und sogenanntes Benehmen eingetrichtert hat. Das braucht man nur in unseren überfüllten Städten. Hier zählt natürliche Anmut, und die hat Ihre Freundin reichlich. Sie sind zu beneiden, Kaspar!"

Aber Jan Kaspar vergaß nicht, er brannte innerlich vor Scham und Zorn und nahm sich vor, bei seiner Teariki die fehlende Erziehung nachzuholen. Sie mußte lernen, ihn nicht vor anderen Leuten zu blamieren, er würde ihr alle Unarten austreiben.

„Du mußt es lernen, und wenn ich dich wieder schlagen muß", knurrte er auf deutsch, als sie zur MOANA NUI zurückruderten, „du sollst dich so benehmen, daß wir zur Soirée bei Senator Trepping gehen können, meinem ehemaligen Direktor."

Teariki sah ihn verständnislos an, als er aber an diesem Abend zum erstenmal nicht mit ihr gemeinsam schlief, sondern sie im Vorschiff einsperrte, wußte sie, daß „Soirée" etwas sehr Unangenehmes und Böses sein mußte.

Jan Kaspar lag in seiner Koje lange wach und überlegte, was er über Kindererziehung gehört hatte. Er legte sich einen Plan zurecht, schlief erst spät ein und träumte dann von seiner Hochzeit in einer großen Kathedrale, wo er mit Teariki, im langen weißen Kleid anzusehen wie ein goldener, exotischer Engel, durch die Reihen seiner ehemaligen Kollegen zum Altar schritt; er erkannte Neid auf ihren Gesichtern und sah, wie sie alle ihre blassen, teighäutigen, flachbusigen Frauen musterten und dann Teariki Astor bewunderten, die schönste Braut, die Hamburg je gesehen hatte.

Am nächsten Tag begann er damit, Teariki zu zeigen, wie man mit Messer und Gabel umgeht; er holte ein deutsches Kochbuch aus seinem Bücherregal und verlangte von ihr, Pellkartoffeln, Sauerkraut, Blutwurst und Eisbein aus der Dose zuzubereiten. Er fuhr mit der Fähre nach Papeete und durchstöberte die Lebensmittelgeschäfte nach europäischen Spezialitäten, er bestellte bei der Librairie Hachette Bücher über gutes Benehmen und moderne Erziehung.

Teariki spielte mit wie ein Kind; es machte ihr Spaß, Konserven zu öffnen, aber oft warf sie den Inhalt nach einer ersten Kostprobe ins Meer, wenn Jan Kaspar nicht hinsah, und stürzte sich auf ihn, um ihn zu lieben und nicht kochen zu müssen.

Sie liebte ihren *popa'a* wirklich sehr; wenn er diese *tunu purutu,* diese preußischen Konserven, für so wichtig hielt, wollte sie ihn nicht enttäuschen und ihn darüber aufklären, daß er sehr oft *ma'a pua'a,* Schweinefutter, einkaufte, statt gute Dinge, die Menschen essen konnten. Sie hatte gelernt, daß in den Dosen, auf denen ein Hund abgebildet war, Hundefutter war, in den Dosen mit einer Katze Katzenfutter, in den Säcken mit dem Huhn Hühnerfutter;

also befand sich in den Dosen mit dem dicken Schwein darauf sicher Schweinefutter, zumindest schmeckte es oft so.

Ein paar Wochen später hatte Teariki Geburtstag. Jan Kaspar erklärte, er müsse nach Papeete fahren, um etwas für das Schiff einzukaufen.

„Nimm dich vor den lockeren Weibern in acht, Gasparr, mein *tane*", sagte sie beim Abschied am Kai der KEKE, wohin sie ihn im Beiboot gebracht hatte. „Die sind wild auf Männer, die so gut in der Liebe sind wie du. Und zeige deinen Schwanz nicht her, sonst vernaschen sie dich, Jan Gasparr!"

Jan Kaspar Astor zuckte schockiert zusammen und sah sich um, ob irgendwelche Passagiere zugehört hatten.

„Du darfst solche Worte nicht laut sagen, Teariki, mein Schatz", rügte er vorwurfsvoll. „Aber ich werde dir etwas mitbringen, das dir sehr gefallen wird."

Das Fährboot tutete, er stieg an Bord und winkte Teariki durch die Fenster der KEKE zu. Als die Fähre in der Riffpassage verschwunden war, drehte sich Teariki zu der dicken Tahitianerin um, die Billets für die Überfahrt verkaufte.

„Mein *tane* bringt mir sicher aus Papeete einen goldenen Ring mit einem glitzernden Stein, wie ihn Charly, der *peretane tamaiti ari'i,* der britische Prinz, seiner *vahine* geschenkt hat", sagte sie triumphierend. Die dicke Kartenverkäuferin drückte sie aus mitempfundener Freude an ihren voluminösen Busen.

Jan Kaspar kam erst drei Tage später wieder nach Moorea zurück. Teariki sah ihm neugierig zu, wie er mehrere große Kartons auspackte.

„*Aiiii!*" rief sie, vor Freude aufkreischend, als er einen kleinen Fernseher auspackte. „Das ist ja noch schöner als ein Ring! Jetzt kann ich den ganzen Tag fernsehen." Sie klatschte in die Hände.

Jan Kaspar schloß den Apparat schmunzelnd an. Er brauchte lange dazu, weil das tragbare Kleingerät erst über einen Umformer an das bordeigene Batterienetz angeschlossen werden konnte, außerdem mußte er einen winzigen japanischen Videorecorder installieren, weil in Moorea kein Fernsehen zu empfangen war. Aber es war ohnehin nicht seine Absicht gewesen, das lokale Fernsehprogramm zu empfangen. Jan Kaspar hatte sich ein eigenes Programm zusammengestellt, denn er war nach wie vor fest entschlossen, Teariki in Hamburg zu heiraten.

Zufrieden lächelnd legte er das erste Videoband ein und setzte sich neben Teariki auf die Koje.

Teariki kreischte vor Vergnügen über das bunte Bild und küßte Jan Kaspar wild. Dann saß sie mit großen Augen da und sah zu, wie ein Mann und eine Frau einander verschiedene Dinge, die rund um sie aufgebaut waren, erklärten. Das war ihr geliebtes *Te aha tera?*-Spiel.

„Was ist das?" – „Das ist eine Nähmaschine." – „Was ist das?" – „Das ist ein Elektrogrill."

Jan Kaspar Astor hatte lange suchen müssen, bis er diese Videobänder aufgetrieben hatte. Nun besaß er Lehrbänder über Geschichte, Geographie, Musik und über gutes Benehmen.

„Du sollst nicht in der Nase bohren", sagte Jan Kaspar streng, „das habe ich dir oft genug verboten. Und wenn du dich wieder nackt an die Reling stellst, wenn ein anderes Boot vorbeifährt, darfst du nicht mehr fernsehen. Du mußt lernen, mir zu gehorchen."

Teariki lachte über ihren Jan Gasparr, der jetzt dreinsah wie der Pfarrer daheim in Raiatea, wenn er über die vielen Verbote und Tabus sprach, die Jehova den Menschen auferlegte. Sie packte ihn bei den Ohren und schleckte ihm das Gesicht ab. Aber diesmal wollte Jan Kaspar von Zärtlichkeit nichts wissen, er stieß sie zurück: „Von jetzt an mußt du allein im Vorschiff schlafen, wenn du ein schmutziges Wort sagst oder das Messer ableckst."

Teariki ging an Deck und weinte lautlos. Ihr *tane* liebte sie nicht mehr. Er war so verändert und böse, seit er in Papeete gewesen war. Eine andere Frau mußte ihn ihr weggenommen haben, weil er nicht mehr mit ihr schlafen wollte. Doch später trocknete sie ihre Tränen wieder, denn sie wollte ihren *tane* nicht hergeben. Wenn sie alles machte, was er ihr befahl, dann hatte er keinen Grund, sie zu schlagen und ins Vorschiff zu sperren. Dann wollte sie sich zu ihm legen und ihn so glücklich machen, daß er die andere Frau vergaß.

Jan Kaspar war sehr zufrieden mit sich. Er hatte in einem Kaffeehaus in Papeete einen ehemaligen deutschen Fremdenlegionär kennengelernt. Der hatte ihm erklärt, daß man die „polynesischen Weiber" ab und zu ordentlich verprügeln mußte, weil sie einem sonst auf der Nase herumtanzten. Der Legionär mußte das wissen, weil er selber mit einer Tahitianerin verheiratet war. Und wirklich, seit Jan Kaspar ein wenig Strenge gezeigt hatte, war Teariki wie verwandelt. Sie lernte brav ihre Lektionen, rauchte nicht mehr ihre groben Zigaretten und verwendete keine ordinären Ausdrücke; sein Traumbild von der Märchenhochzeit rückte immer näher.

Als er in der folgenden Woche wieder nach Papeete fahren wollte, um neue Bücher zu holen, gab es den ersten Streit. Teariki weinte und bettelte, er solle bei ihr bleiben, sie band sogar das Beiboot los und stieß es weg, damit er nicht an Land rudern konnte. Jan Kaspar war dicht daran, ihr ein paar Ohrfeigen zu geben, aber dann fiel ihm ein guter Ausweg ein: Er erlaubte ihr mitzukommen. Teariki küßte ihn, zog sich blitzschnell sittsam und ordentlich an, und sie fuhren Hand in Hand auf der KEKE nach Papeete.

Er holte die bestellten Bücher ab, kaufte ein paar Kleinigkeiten, und dann bat sie ihn um Geld; sie wollte eine Überraschung für ihn besorgen. Jan Kaspar setzte sich in ein Kaffeehaus und gab ihr ein paar Scheine, mit denen sie glücklich loslief, krampfhaft ihre Einkaufstasche festhaltend.

Jan Kaspar telefonierte lange mit seinem Freund, dem Fremdenlegionär, und versprach ihm, nächste Woche wieder allein zu kommen, damit sie unter Männern ein paar Biere zischen und über Frauen reden konnten. Da er Tearikis Rückkehr während seines Telefongesprächs nicht bemerkte, sah er auch nicht die steile Falte auf ihrer Stirn, als sie seine letzten Worte noch mitbekam.

Jan Kaspar war guter Laune. Während der Rückfahrt plauderte er mit seiner *vahine* und schilderte ihr, wie elegant und schön die *popa'a*-Frauen wären und in welch schönen Wohnungen sie lebten.

Teariki gefielen diese Schilderungen überhaupt nicht. Sie versuchte, sich vorzustellen, wie diese *popa'a vahine* wohl aussah, von der ihr Jan Gasparr so begeistert war. Sie dachte darüber nach, wie sie es das nächste Mal verhindern konnte, daß er wieder nach Papeete zu dieser Frau fuhr.

Auf der MOANA NUI ordnete Jan Kaspar fröhlich summend die

neuen Lehrbücher in seine Bibliothek, und Teariki schaltete den Fernseher ein.

Jan Kaspar drehte sich erstaunt um, als er plötzlich dramatische Musik hörte, Hufgeklapper und donnernde Schüsse. Teariki saß zufrieden grinsend vor dem kleinen TV-Gerät, ein schauriges Wildwestduell flimmerte über die bunte Bildröhre.

„Was ist denn das?" fragte Jan Kaspar verblüfft. „Wo kommt denn dieser Film her?"

Teariki lächelte ihn triumphierend an. „Ich habe neue Videokassetten für dich besorgt, mein *tane*. Die anderen haben wir uns ja schon angesehen, sie waren so langweilig. Ich habe alle mitgenommen und gegen lustige neue Filme umgetauscht."

Sie war stolz. Ihr *tane* sollte sehen, welch tüchtige Hausfrau sie war und was sie schon alles gelernt hatte.

„Komm, Jan Gasparr!" Sie tätschelte das Kojenpolster neben sich. „Komm, wir schauen uns jetzt alle Filme an."

Jan Kaspar wurde bleich vor Zorn, als ihm die ganze Tragweite von Tearikis Bemerkung klar wurde. Sie hatte die brave Schülerin nur gespielt! In Wirklichkeit interessierten sie die teuren Sprachkurse überhaupt nicht. Sie war wirklich eine unverbesserliche Wilde. Er nahm die Kassetten, die sie besorgt hatte, nacheinander zur Hand.

„King Kong – Texas Killer – Viva Zapato –", es wurde ihm heiß, als er die weiteren Titel las: „Superman – Das Ungeheuer der schwarzen Lagune – Fritz the Cat – Sex in der Schule – Die nackten Schwedinnen . . ."

Jan Kaspar Astor bekam vor Wut ganz schmale Augen. Die Kassette mit dem Pornoreißer „Deep Throat" fiel zu Boden, als er plötzlich alle Kassetten zusammenraffte und an Deck stürzte.

„Da, und da, und da . . . Du lüsternes, verdorbenes Weibsstück!"

Er schleuderte die Kassetten in hohem Bogen ins Meer. Dann sprang er in die Kajüte zurück, riß den laufenden Cowboyfilm aus dem Gerät, daß ihn die gerissenen Bänder wie Faschingsgirlanden umflatterten, und warf ihn ebenfalls über Bord.

Teariki starrte ihren *tane* entsetzt an, als er mit bösen Augen auf sie zukam und mit der Hand ausholte.

Paul Hollinger saß unter dem schattigen Palmdach an der Bar des *Tiare Anani* und trank eine Flasche Bier mit Kapitän Panninger. Die KIOSK lag am Kai, und eine Menge Volk war damit beschäftigt, Gepäck, Bündel und Matratzen auszuladen und neue Bündel und neue Matten wieder einzuladen.

„A Mordsgaudi ham wir g'habt in Rangiroa", erzählte Sepp Panninger. „Zwoa Hochzeiten und drei Begräbnisse. Soviel getrunken und g'fressen hab i scho' lang nicht mehr. Diese Kanaker verstehen es aber auch, ein Fest zu organisieren. Mich müßtest du mal sehen, wenn ich so einen *tamure* hinleg', da brüllt das Volk auf! G'schrien ham's wie eine Herde *pua'atoro,* wie's die Rindviecher hier nennen. Das war ein Theater!"

„Schaut nicht so aus, als ob du lange in der Bucht bleiben willst, Sepp", bemerkte Paul und deutete auf das Schiff des Münchners. „Deine Familie ist ja schon wieder fleißig dabei, Proviant einzuladen."

„Ja mei", sagte Kapitän Panninger. „In Rangiroa ham wir entdeckt, daß viele aus der neuen Verwandtschaft schon lange nicht mehr die Nichten und Tanten in Raiatea besucht ham. Und nachdem ich der Chef bin, hab ich sofort entschieden, daß jetzt mal die Verwandtschaft in Raiatea besucht wird. Früher warn's ja sauber isoliert, meine Verwandten auf eanere Inseln und Atolle. Ha! Jetzt sollen's das Fürchten lernen, mit meiner KIOSK können wir überall einfallen wie gefräßige Wikinger." Der bayrische Kapitän lachte über seinen Witz.

Paul sah den ehemaligen Kioskbesitzer vom Münchner Hauptbahnhof schmunzelnd an. Der dürre, dickköpfige Einzelgänger, der ihm noch bei der ersten Landung in Moorea mit der Winschkurbel den Schädel hatte einschlagen wollen, war nicht mehr wiederzuerkennen. Er sah jetzt aus wie ein jovialer Stammesfürst der Südsee, wog gut das Doppelte, hatte einen enormen Bierbauch und so massige Schultern wie ein Stier. Er war tiefbraun gebrannt und roch nach duftenden Ölen, er trug einen kunstvoll gestickten *pareo,* und sein breitrandiger Baststrohhut war mit ausgesucht schönen Kaurimuscheln umwunden und damit gegen jeden Windstoß gefeit. Paul Hollinger bewunderte die Leichtigkeit, mit der sich der Münchner in den tahitianischen Alltag eingefügt hatte und wie er mit dem sonst für Europäer unerträglichen Familiensinn der Insulaner umging. Kapitän Panninger benahm sich, als wäre er zwischen den Inseln als Häuptlingssohn aufgewachsen.

Doch Paul mußte die Unterhaltung unterbrechen. „Moment mal, Sepp. Ich sehe dort drüben ein Mädchen, mit dem ich gern ein Wort gesprochen hätte."

Sepp Panninger spähte neugierig über Pauls Schulter.

„Oho!" rief er. „Die Teariki meinst, das fescheste Mädel in der Runde. Geh nur und red mit ihr, sie möcht' heim zu ihre Leut' nach Raiatea, weil's angeblich *fiu* ist mit ihrem *tane*. Das muß ein schöner Trottel sein, der so ein fesches Weib *fiu* macht."

Paul Hollinger setzte sich neben Teariki auf einen Ballen. Er kannte das Mädchen von seinen Besuchen bei dem alten Fischer, mit dem er gern ab und zu plauderte.

„Du gehst fort von Moorea?" fragte er auf tahitianisch.

Das Mädchen schaute ihn an und nickte. „Ich habe gehört, du hattest Streit mit deinem Freund", half Paul nach.

Teariki schwieg eine Zeitlang, dann antwortete sie leise: „Ich hatte keinen Streit mit ihm. Alles war wunderschön mit uns, bis er nach Papeete gefahren ist. Dort hat ihn eine *popa'a vahine* verrückt gemacht. Er fährt jede Woche zu ihr, und wenn er zurückkommt, schlägt er mich und sperrt mich ein. Ich darf nicht bei ihm schlafen, und unseren Fernseher hat er auch zerschlagen. Deshalb gehe ich fort, weil er mich nicht mehr liebt."

„Trinkt er viel?" fragte Paul mitfühlend.

Teariki nickte. „Wenn er aus Papeete kommt, ist er voll Bier und erfindet grausame Strafen für mich. Er gibt mir ganz schlechte Dosen, aber ich muß alles aufessen. Gestern wollte er mit einer rauchenden Schere meine Haare verbrennen, da bin ich geflohen. Ich fahre zu meiner Familie nach Raiatea. Wenn er nicht mehr verrückt ist und die andere *vahine* nicht mehr besucht, komme ich wieder, denn ich liebe ihn noch immer."

Paul nickte. „Du tust recht daran, Teariki. Du wirst sehen, dein *tane* wird nachdenken und dich vermissen. Er wird seine andere Freundin fortschicken und einsehen, wie grausam er zu dir war."

Teariki nahm Pauls Hand und zog sie an ihre Wange. „*Mauruuru,* danke, Onkel Paul", sagte sie und wischte sich die Augen.

Kurz vor der Dämmerung lief die KIOSK unter dem Kommando von Sepp Panninger in Richtung Raiatea aus. Paul winkte dem Schiff nach, und dann war ihm einen Moment so, als ob er gegen die sinkende Sonne die froschgrüne MOANA NUI am linken Ufer gesehen hätte. Aber er war nicht sicher.

Als er abends heimkam, fand er auf der Veranda die Bücher, die er Jan Kaspar Astor geliehen hatte. Dazwischen war ein Zettel eingeklemmt. Paul nahm ihn mit an seinen Tisch, wo ihm Paula schon ein Bier einschenkte.

„Sehr geehrter Kapitän Hollinger!" stand auf dem Zettel in fahriger Handschrift. „Vielen Dank für die Bücher. Ich brauche sie nicht mehr. Ihre Bucht hat mir anfangs sehr gefallen, aber manche Menschen sind eben zum Unglück geboren. Ich bin zum drittenmal in meinem Leben schwer enttäuscht worden. Heute lichte ich den Anker und werde versuchen, auf dem langen einsamen Weg um Kap Horn nach Hamburg zurückzusegeln. Es ist wohl das beste, wenn ich mich nie wieder auf andere Menschen verlasse, sondern meinen Weg allein gehe. Ihr Jan Kaspar Astor."

Paul faltete den Zettel zusammen und griff nach seinem Bier.

„Schade", sagte er zu seiner Frau. „Ich habe diesen schüchternen Burschen in die Lagune drüben geschickt, weil ich hoffte, er gewöhnt sich doch ein wenig ein und lernt ein nettes Mädchen kennen, das ihm seinen Pessimismus austreibt. Aber es hat nicht funktioniert. Der arme Kerl hat anscheinend wirklich nur auf seinem Boot gehockt, bis ihm die Bücher zu langweilig wurden. Zu dumm: Teariki, die Ziehtochter des Fischers oben am Motu beim Flugplatz, hat sich mit irgendeinem blöden Kerl eingelassen, der sie nur geschlagen und gequält hat. Hätte sie nicht statt dessen diesen Kaspar treffen können? Dabei haben die beiden gar nicht so weit auseinander gewohnt ..."

170

Tiurai

Zur Erinnerung an den Sturm auf die Bastille hat die französische Republik den 14. Juli zum Nationalfeiertag erklärt, und überall in der Welt, wo die Trikolore weht, sind an diesem Tag Geschäfte, Büros und Banken geschlossen; es gibt öffentliche Konzerte, Paraden, Ansprachen, sportliche Veranstaltungen, Cocktailpartys, Festbankette und Tanzveranstaltungen. Für die Tahitianer hat der Sturm auf die Bastille natürlich keinerlei Bedeutung; da ihnen aber im ganzen 19. Jahrhundert Tanz und Gesang von Gesetz und Kirche bei schweren Strafen verboten gewesen waren, nahmen sie die Aufforderung der Zweiten Republik, sich am 14. Juli an den Festlichkeiten mit traditionellen Tanzgruppen zu beteiligen, mit Begeisterung an; besonders, da der Gouverneur für die besten Gruppen einen Geldpreis ausgesetzt hatte.

Mit Muscheln, Blumen und bunten *pareos* aufgeputzte Tanzgruppen kamen aus allen Distrikten nach Papeete, um zu tanzen, und so wurde im Lauf der Zeit aus diesem Feiertag das größte Fest des Jahres: der *tiurai* – wie der Juli auf tahitianisch heißt. Es stört die Tahitianer nicht, daß der französische Gouverneur weiter am 14. Juli seine Parade abnimmt, solange sie die aufgebauten Tribünen auch für ihren *tiurai* verwenden können, ein zwei Wochen dauerndes, ununterbrochenes Fest mit Hunderten von Tanzgruppen von allen Inseln, sogar von Hawaii, Fidschi, Tonga und Neuseeland. Die allgemeine Hochstimmung und die Organisation des *tiurai* erinnern stark an eine Fußballweltmeisterschaft. In jedem Dorf gibt es Ausscheidungswettkämpfe um den Auftritt in der Hauptstadt der Insel, wo wiederum die beste Tanzgruppe gekürt wird, für das große Finale in Papeete.

Popa'a meinen oft, der Tahitianer sei von Natur aus nicht beson-

171

ders fleißig. Das ist natürlich völlig falsch. Wer das glaubt, hat noch nie gesehen, mit welch freudigem Eifer, mit welcher Begeisterung und mit welch ungeheurem Arbeitseinsatz die Tahitianer an die Vorbereitungen zum *tiurai* gehen. Das würden die meisten *popa'a* gar nicht aushalten, wochenlang vom frühesten Morgen bis in die tiefe Nacht an den Kostümen zu arbeiten, stundenlang die Tanzfiguren und die Lieder einzuüben, all die *fare 'areareara'a,* die Barakken mit den Glücksrädern, die vielen kleinen Restaurants und Bierlokale, die Eßbuden und Spielzeugstände aufzubauen und die ganze Stadt in ein Blumenmeer zu verwandeln; und dazwischen noch möglichst viele alte Freund- und Liebschaften wieder aufzuwärmen, um sich so viele *ta'ata ha'apoupou,* Applaudierfreunde, zu sichern, die dann beim Auftritt der Gruppe begeistert schreien und klatschen,

Je näher der *tiurai* kommt, desto freudiger ist die Stimmung und desto aktiver ist jeder, so daß Paul Hollinger sehr überrascht war, Tetuamanuhiri an einem wunderschönen frischen Morgen im Juni wie einen kranken Walfisch am Rand des leeren Steinkais liegen zu sehen, den Kopf unter den Armen vergraben. Wie Paul wußte, war Tetuamanuhiri ein sehr mäßiger Trinker, deshalb befremdete ihn dieser Anblick. Paul kam vom Bäcker geradelt, aber ohne lange zu zögern, bog er von der Straße ab und fuhr auf den Kai. Als er näher kam, sah er, daß der riesige Fleischberg von rhythmischem Zucken geschüttelt wurde.

„*O tavana 'ata'ata!* O König der Späße! Was ist dir denn diesmal eingefallen, daß du dich hinlegen und so lachen mußt?" fragte Paul.

Tetuamanuhiri hob den Kopf aus seiner Armbeuge, und da sah Paul, daß der Riese weinte. Die Tränen liefen ihm nur so über seine Vollmondwangen.

„Tetuamanuhiri, was ist denn?" Mitleidig stieg Paul vom Rad und zupfte am Arm des Volksredners. Aber genausogut hätte er versuchen können, ein Nilpferd von der Tränke wegzuziehen. Tetuamanuhiri richtete sich in halb sitzende Stellung auf, und ein geschluchzter, vollkommen unverständlicher Wortschwall entströmte seinen bebenden Lippen. Es dauerte eine ganze Weile, bis Paul endlich ein paar Worte verstand.

172

Erst hörte er nur „*tiurai*" und „Festkomitee", aber dann erfuhr er mehr und mehr von dem kleinen Drama, das Tetuamanuhiri an den Rand der Verzweiflung gebracht hatte. Der Volksredner hatte vor Wochen in der Dorfversammlung seine Stimme erhoben und das Veranstaltungskomitee des letzten *tiurai* beschuldigt, für das schlechte Abschneiden der Gruppe aus Pao Pao verantwortlich zu sein. In rhetorisch blendenden, farbigen Worten hatte er die Augen, die Ohren, die Nasen, den Geschmack, die Kenntnisse und den Verstand der Komiteemitglieder mit den Organen und Eigenschaften verschiedener blinder und geistloser Hohltiere auf dem Grund des Meeres verglichen, bis das ganze Dorf sich vor Lachen kugelte und die Mitglieder des alten Komitees beleidigt ihre Ämter niederlegten. Pao Pao aber brauchte ein *tiurai*-Komitee, der Juli stand vor der Tür. Einstimmig wurde Tetuamanuhiri zum *tavana tiurai*, zum Chef der Feierlichkeiten, ernannt und ein neues Komitee gewählt.

„*E mea maita'i roa!* Das ist ganz wunderbar!" rief Paul. „Wie ich dich kenne, wird unsere Gruppe diesmal einen Preis gewinnen. Wenn du in einem festlichen *pareo*, über und über mit Blumenkränzen behängt, vor das Podium trittst und eine deiner lustigen Reden hältst, wird sich die Jury in Afareaitu krummlachen!"

Tetuamanuhiri brach in einen neuen Tränenstrom aus. „*Aiii*, sie werden sich krummlachen, denn ich werde auf dem weiten Platz allein stehen, ohne Trommler, ohne Musik, ohne Tänzer und ohne Kostüme. Ich werde den Preis für den dümmsten *tavana tiurai* gewinnen. *Aiiiiii!*" Er ließ sich nach hinten umfallen und heulte die Wolken an; bei der Kraft seiner riesigen Lungen hörte es sich allerdings wie ein Nebelhorn an.

Paul wußte sich nicht anders zu helfen, als den Koloß mehrmals in den Bauch zu boxen. „Hör auf zu brüllen, *tohora aue,* du weinerlicher Walfisch! Erzähl mir lieber, wieso du dort allein stehen wirst!"

„Sie haben mich alle im Stich gelassen! Das ganze Dorf streikt, kein Mädchen will tanzen, sie wollen alle lieber zuschauen. Die Trommler spielen im Hotel, dort bekommen sie Geld dafür, sie haben keine Zeit für den *tiurai*. Schon seit vielen Wochen sollte unsere Tanzgruppe jeden Abend üben. *Aii*, aber von den jungen Leuten kommt niemand." Tetuamanuhiri richtete sich auf und packte Paul mit einer baggerähnlichen Hand. „Die Großmütter für den Gesang der Alten kommen, auch Pater Brunos kleine Sonntagsschüler, aber ohne richtige Tanzmädchen kann ich nicht zum *tiurai*! Und jetzt hat uns noch der Gendarm verboten, in der Nacht auf dem Parkplatz vor dem Hotel zu üben. *Aiiii!* Ich gehe zum Grab meines Vaters und grabe mich neben ihm ein!" Er schüttelte Paul, daß diesem das Hemd zerriß.

Paul befreite sich ärgerlich. „Warum redest du nicht mit den Mädchen? Du bist doch sonst nicht um schöne Worte verlegen!"

Wieder eine Tränenflut. „*Aii!* Ich habe keine Kostüme, die Kasse ist leer. Temauri Sing Fat will nur Geld geben, wenn wir die Kostüme aus dem Ballen Stoff machen, den er in seinem Laden nicht verkaufen kann, weil überall ‚Magazine Sing Fat' draufgedruckt ist. Aber kein Mädchen will wie ein Reklameschild von Sing Fat tanzen! *Aii!* Ich klettere auf den Mont Tearai und springe in die Schlucht!"

„Ist denn sonst niemand im Komitee, der dir helfen kann? Dazu sind sie doch gewählt worden!"

Tetuamanuhiri zählte schluchzend an seinen gurkendicken Fingern auf: „Da ist nur Doodoo, die Bontemps-*vahine,* Serge Puairoa, Temauri Sing Fat und Kapitän Tupai. Keiner hat Geld!"

Paul wiegte bedauernd den Kopf bei dieser Aufzählung. Das war eine bunte Truppe: Doodoo, Diskjockey vom *One Chicken Inn Dancing* – ein *mahu,* ein Transvestit von Geburt an, wie es viele auf den Inseln gab, weil in mädchenarmen Familien einfach ein Junge in Mädchenkleider gesteckt wurde, damit er im Haushalt half; Madame Bontemps, die Klavierlehrerin aus Pao Pao; Temauri Sing Fat, der chinesische Ladenbesitzer, der natürlich nur auf seinen kaufmännischen Vorteil bedacht war; und Tupai, der ehemalige Schonerkapitän, war ja ein prächtiger Navigator, aber der Himmel mochte wissen, was er in einem Festkomitee zu suchen hatte; Serge Puairoa war Paul nur dem Namen nach bekannt: ein Tischler aus dem hintersten Winkel des Tales. Tetuamanuhiri tat Paul nun aufrichtig leid, denn mit diesem Komitee war kein Staat zu machen.

Der Volksredner lag wie ein gestrandetes Schiff am Kai und weinte, wie nur ein Tahitianer weinen kann.

Paul konnte es nicht mehr mitansehen. „Höre, o Tetuamanuhiri!" sagte er. „Ich werde dir helfen. Mehr Köpfe haben mehr Ideen!"

Nach einer halben Stunde hatte er Tetuamanuhiri soweit getröstet, daß der Riese aufstand, um baden zu gehen und sich in einen neuen *pareo* zu wickeln.

Paul trat kräftig in die Pedale, weil ihm jetzt einfiel, daß seine Frau ja auf das Frühstücksbrot wartete. Als er viel zu schnell zu seinem Bungalow einbog, flatterte das zerrissene Hemd hoch und verdeckte sein Gesicht, er machte eine hastige Bewegung, um die Augen freizubekommen, da gerieten ihm die langen Baguettes zwischen die Beine, und er flog, vor hilflosem Zorn aufbrüllend, durch die Luft.

Paula Hollinger hörte das Scheppern des Fahrrads, das Gebrüll ihres Mannes, das Prasseln von Büschen, und stürzte auf die Veranda. Vor dem Bungalow lagen das Rad, die Tasche und zerbrochene Baguettes. Von ihrem Mann war nichts zu sehen.

„Mein Gott!" rief sie. „Paul, wo bist du? Hast du dich verletzt?"

Keine Antwort. Sie lief in den Garten und schaute sich um. Sie rief wieder, bekam aber keine Antwort. Jetzt wurde sie unruhig und wollte eben den Weg zurücklaufen, da stoppte sie ein seltsamer Anblick. In dem kleinen Bach neben dem Weg saß ihr Mann und zog sich sein zerfetztes Hemd aus.

„Paul!" rief sie erschrocken. „Bist du verletzt?"

Er wandte ihr langsam das Gesicht zu, es war leicht verzerrt, als ob er mit aller Macht irgend etwas bekämpfen müsse.

„Ja, ich bin verletzt", sagte er dann. „Aber im Gemüt. Das ist jetzt das dritte Mal, daß ich mein tägliches Duell mit den Baguettes verliere. Alles in mir schreit nach Rache. Nach schrecklicher, zerbrechender, zerstampfender und in alle Winde zerbröselnder Rache an diesen heimtückischen, niederträchtigen Brotstangen. Ich bleibe deshalb hier in dem kühlenden Wasser sitzen, bis jede Erinnerung an meine Niederlage da oben weggespült ist. Sei bitte so lieb, stell das Rad weg und wirf vor allem diese teuflischen Brote weit in die Lagune hinaus, wo vielleicht die Haie daran ersticken. Ich kann sie nicht mehr sehen!" Er blieb im Bach sitzen.

Paula wußte, daß er sich nur mit Mühe beherrschte, um so ruhig zu sprechen; es war besser, wenn sie jetzt seiner Bitte folgte.

„Ganz wie du möchtest, mein Schatz. Ich lege dir neue Kleider heraus, und wenn alles bereit ist, rufe ich: ‚Kaffee und Apfelkuchen fertig!' Hilft das deinen strapazierten Nerven?"

„Apfelkuchen?" Pauls Gedanken waren nicht mehr auf seinen Groll gerichtet. „Woher hast du Apfelkuchen?"

Paula machte eine schnippische Handbewegung. „Ganz einfach, frisch gebacken! Als du so lange nicht zurückkamst, wollte ich die Wartezeit mit etwas Nützlichem ausfüllen."

„Frischer Apfelkuchen", murmelte Paul und kam auf die Knie. „Laß das Rad liegen, das hebe ich später auf. Entferne nur bitte die Reste meiner Todfeinde da oben, ich schleiche mich inzwischen hinten ums Haus in die Dusche."

Paula lief lachend zurück, um die Spuren von Pauls Unfall zu beseitigen. Sie selber hatte mit dem Stangenbrot noch nie Schwierigkeiten gehabt, beschloß aber, lieber nicht darüber nachzudenken, auf wie viele verkehrssichere Arten man Baguettes auf dem Fahrrad transportieren konnte. Das war Pauls Problem.

In der Dusche sang Paul wieder, als ihm der Duft des heißen Apfelkuchens in die Nase stieg.

Beim Frühstück erzählte er seiner Frau von der Unterhaltung mit Tetuamanuhiri.

„Mein Gott, Paul! Da hast du dir aber was Schönes auf den Hals geladen", rief sie aus, als er berichtete, daß er dem Volksredner seine Hilfe angeboten hatte. „Dir ist doch hoffentlich klar, was jetzt passieren wird. Tetuamanuhiri wird zufrieden die Hände in den Schoß legen, wird seinem Komitee sagen, es könne aufhören, sich Sorgen zu machen, und alle werden dasitzen und auf ein Wunder von dir hoffen. Und wenn dann wirklich nur die Großmütter nach Afareaitu gehen, werden alle dir die Schuld an dem Desaster geben. Dann ist nämlich Pao Pao noch blamierter als im Vorjahr mit seinen zwölf mittelmäßigen Tänzerinnen. O Paul, wann wirst du lernen, dich nicht für jeden Unglücklichen am Straßenrand einzusetzen?"

„Was hätte ich denn tun sollen?" Paul fuchtelte mit seiner Kuchengabel in der Luft herum. „Hätte ich ihm vielleicht helfen sollen, sich vom Mont Tearei zu stürzen?"

Paula lächelte ihn beruhigend an. „Nein, natürlich nicht. Außerdem ist es jetzt zu spät. Dir bleibt nichts anderes übrig, als wirklich

176

eine gute Tanzgruppe zu organisieren. Aber wie? Nach dem, was du mir erzählt hast, dürfte der Geldmangel das Hauptproblem sein. Ohne Geld keine Kostüme, ohne Kostüme keine Tänzerinnen, ohne Tänzerinnen kein *tiurai* – so einfach ist das. Das nächste Problem ist eine gute Trommlergruppe, denn ohne sie läuft nichts, nicht einmal die Proben. Na ja, und dann Problem Nummer drei: ein guter Platz für die Tanzproben, sonst wird aus dem *tamure*-Ballett nie was Gescheites."

Sie seufzte. „Da du nicht einfach in die Tasche greifen und das Geld zuschießen kannst, mußt du also Spenden auftreiben. Laß uns mal überlegen, wer hier in Pao Pao Geld hat und wie wir ihn dazu bringen, es uns zu geben. Erinnerst du dich noch an die Sommerfeste im Segelklub? Damals sind auch alle ausgeschwärmt und haben Geld für das Buffet, die Getränke, für die Preise im Fischstechen und für die Regatta bei allen Geschäftsleuten der Umgebung zusammengebettelt."

Paul war wieder guter Laune. „Wir werden das schon schaukeln", rief er fröhlich. „Mit guten Worten, mit Überredungskunst, mit List, Tücke und – wenn es sein muß – mit Gewalt! Tetuamanuhiri soll die schönsten Kostüme der Insel bekommen, auch wenn ich nachher in der ganzen Bucht als lästiger Bettler und Schnorrer verschrien bin!"

Er nahm sich noch ein Stück Apfelkuchen, und dann machte sich das Ehepaar Hollinger daran, die große Spendenaktion zu entwerfen.

Paul Hollinger brach noch am selben Nachmittag auf, um die ersten Maßnahmen einzuleiten. Er ging zu seinem Freund Maurice, dem Autovermieter.

„Ich habe ein großes Problem und komme damit zu dir, weil du ein alter guter Freund bist und immer selbstlos geholfen hast", erklärte er Maurice. „Ich bin sozusagen die rechte Hand von Tetuamanuhiri, unserem *tavana tiurai,* und als solche ein wenig besorgt, weil wir doch in unserer Tanzgruppe eine Menge schöner, junger Mädchen haben; es sind auch *potii popa'a,* Mademoiselles europäischer Herkunft, dabei, deren Eltern mich um besonderes Augenmerk auf ihre Töchter ersucht haben. Aber ich werde in dem Trubel ständig woanders sein müssen, und mir gefällt es nicht, daß diese unerfahrenen Mädchen unter der Menge vielleicht Belästigungen ausgesetzt sind. Jetzt kenne ich dich als umsichtigen Menschen mit einer hohen moralischen Verantwortung, und ich – ich meine natürlich das *tiurai*-Komitee –, wir wären dir sehr dankbar, wenn du dich sozusagen als Schutzengel um die Mädchen kümmern würdest. Vielleicht am besten, indem du die Transportbegleitung übernimmst." Paul brachte es fertig, ein verlegenes Lächeln aufzusetzen wie jemand, der sich soeben ertappt fühlt, bevor er weitersprach: „Ahem, ich fürchte, du hast schon gemerkt, daß wir dabei einen Hintergedanken haben. Tja, also, wir haben natürlich nebenbei gehofft, daß du dem Komitee manchmal mit deinem Bus und deinen Jeeps aushilfst, bei den Transportproblemen, na, du weißt schon!"

Maurices Augen leuchteten, weil auch er einen Hintergedanken hatte. Da hübsche Mädchen sein Hobby waren, wurde ihm schon warm ums Herz bei dem Gedanken, daß er als für die Moral Verantwortlicher jederzeit Zutritt ins Umkleidezelt der Tänzerinnen haben würde.

„Paul, alter Freund!" rief er herzlich. „Du brauchst nicht weiterzureden. Ich übernehme diese Aufsicht selbstverständlich, das ist meine Pflicht als Bürger und gläubiger Protestant. Hätte ich selber eine Tochter, würde ich mir auch wünschen, daß ein Mann von meinem Charakter und meiner Lebenserfahrung auf die Kinder aufpaßt."

Paul beugte sich interessiert vor, um zu sehen, ob der alte Don Juan bei diesen Lügen errötete. Aber nicht die Spur!

„Sag mir, was ich tun soll", fuhr Maurice fort. „Braucht das Komitee vielleicht schon jetzt ein Auto? Ich hätte einen Jeep, den ich verkaufen will; er ist zwar überall mit dem Verkaufstext beklebt, mit Baujahr und meiner Telefonnummer, aber das wird euch ja nichts ausmachen." Jetzt lächelte Maurice wie ertappt. „Du brauchst nichts zu sagen, Paul, alter Seebär! Ich gebe zu, ich habe dabei auch einen Hintergedanken. Natürlich profitiere ich davon, wenn ihr mit dem Wagen herumfahrt. Je mehr Leute die Plakate sehen, desto größer ist die Chance, daß sich ein Käufer findet. Aber du bist mir nicht böse, oder?"

Paul beeilte sich, ihn zu beruhigen, und fuhr befriedigt über seine erfolgreiche erste Aktion davon.

Eine Stunde später thronte Tetuamanuhiri, hochmütig wie König Pomare V., neben Paul in dem Jeep, der jetzt an beiden Seiten und auf der Kühlerhaube in grellen Klebebuchstaben die Aufschrift *Pao Pao Tiurai Comité* trug. Das war ein Beitrag von Paula, die sich neben ihrer Arbeit ein wenig um die Public Relations für das Komitee kümmern wollte. Ebenfalls von Paula stammte der gute Rat, keinen Schritt ohne Tetuamanuhiri zu tun, um zumindest einen Mitschuldigen zu haben, sollte die ganze Aktion ein Schlag ins Wasser werden.

Paul fuhr zu Jean Claude Cadousteau, dem Gendarm, um mit ihm nochmals über das Trainingsverbot zu sprechen.

Cadousteau blickte zunächst unwillig auf, als Paul in seine Amtsstube trat und Tetuamanuhiri die Tür verdunkelte. Doch als er Paul erkannte, sprang er freudig überrascht auf. „Paul 'ollinger! Komm herein, Freund und Hafenkapitän! Du bist der einzige, den ich heute zu sehen wünsche. Gehen wir ein Bier trinken. *E mea manunu!"* Er warf seinen Kugelschreiber mißmutig auf den Haufen Papiere auf seinem Tisch. Paul Hollinger sah erst auf den Berg Kassenbons und Strafzettel und dann auf den Kalender.

„Oje!" lachte er. „Monatsabrechnung?"

Jean Claude machte wieder ein verdrossenes Gesicht. „Seit zwei Tagen stimmt dieser Mist nicht – um ganze fünfhundert Francs. Addiere ich alles von oben nach unten, habe ich um fünfhundert Francs zuwenig in der Kasse, rechne ich von unten nach oben, habe ich fünfhundert Francs zuviel. Es ist zum Aus-der-Haut-Fahren! Ich mag nicht mehr rechnen! Aber warum hast du den Volksredner mitgebracht?"

Paul erklärte ihm seine Aufgabe beim *tiurai*-Komitee und fügte hinzu, ohne einen Übungsplatz sei die Tanzgruppe von vornherein zum Scheitern verurteilt.

Cadousteau seufzte tief. „Die Gendarmerie Nationale hat doch nichts gegen den *tiurai,* im Gegenteil, wir sind von der Brigade angewiesen, die Festvorbereitungen sogar zu unterstützen und ein Auge zuzudrücken. Wenn diese Unglücksraben ihre dröhnenden Trommelkaskaden aber ausgerechnet auf dem Parkplatz des *Hotel Aimeo* üben und Madame Apatahi sich zu Recht für die Nachtruhe ihrer Gäste einsetzt, dann muß ich einschreiten. Privater Grund ist privater Grund, darauf kann nicht jeder die halbe Nacht trommeln. Ich habe den Leuten doch den Tip gegeben, Pater Bruno zu fragen, ob er sie nicht in seiner Sonntagsschule üben läßt. Die ist groß und luftig und hat einen glatten Holzboden, auf dem man gut tanzen kann. Aber waren sie schon bei Pater Bruno? Nein, diese Schlapp- schwänze gehen lieber herum und jammern!"

„Du meinst, Pater Bruno wird es zulassen, daß ausgerechnet die lasziven *oteas* und *tamures* auf seinem Kirchengelände geübt wer- den?" fragte Paul und schob mit der rechten Hand die Belege auf Jean Claudes Schreibtisch heimlich hin und her, um die Summen zu sehen.

„Was heißt zulassen?" Cadousteau hob die Hände in gallischer Übertreibung. „Wenn er dafür im Komitee mitreden darf, wäre er der glücklichste Pfarrer von hier bis zu den Gambier-Inseln. Er hat doch auch seine Schulkinder zum Tanzen geschickt, kann sich aber natürlich schlecht selbst für ein Tanzkomitee bewerben. Wußtest du das nicht, Paul?"

Pauls Überlegungen überstürzten sich. „Nein. Wie gut, wenn man Freunde hat, die Bescheid wissen. Was hältst du davon, Jean Claude, wenn du einmal kurz mit Tetuamanuhiri zu Pater Bruno fährst und mit ihm über die Schwierigkeiten des Komitees redest? Ich kann ja einstweilen den Fehler in dieser Abrechnung suchen."

Jean Claudes Augen leuchteten auf. „Ehrlich, du würdest..." Als er sah, daß Paul schon am Schreibtisch Platz nahm, sprang er zur Tür und zerrte Tetuamanuhiri mit. „*Haere atu, allons nous,* komm, komm! Bin schon unterwegs zu Pater Bruno, und wenn ich ihm die Dienstpistole vorhalten muß, dein Komitee bekommt einen Trainingsplatz. Komm, komm! Wir dürfen Monsieur 'ollinger nicht stören! Bei der Buchhaltung muß man sich konzentrieren können! *Vite, Vite!*"

Paul lachte, als der Jeep draußen aufheulte und der Gendarm am Steuer davonbrauste, daß Tetuamanuhiri beinahe seine Blumen- krone verlor.

Längst hatte er im Kopf die Quersumme der beiden ungleichen Bilanz-Endsummen gebildet. Die Quersummen waren gleich, also stak in einer der Kolonnen eine verdrehte Zahl, 13 statt 31 oder so ähnlich, *un erreur allemand,* wie die französischen Buchhalter sagten. Paul hatte den Trick mit der Quersumme von einem deutschen Buchhalter, der seinerseits von einer „französischen Ziffer" sprach. Also mußte er nur die Kolonnen vergleichen, bis er ein verdrehtes Ziffernpaar gefunden hatte, und dann den entsprechenden Beleg... Während Paul mit der Spitze des Kugelschreibers an den Kolonnen entlangglitt, grinste er. Den winzigen Fehler zu suchen war viel angenehmer, als eine vielleicht schwierige Verhandlung mit Pater Bruno zu führen. Er gewann die interessante philosophische Erkenntnis, daß der Mensch dazu neigt, für eine angeblich gute Sache eigene moralische Grundsätze einfach außer acht zu lassen; dann schwindelt, lügt und betrügt er ohne eine Spur von schlechtem Gewissen. Paul wußte plötzlich, daß er auch die *Banque de Tahiti* ausgeraubt hätte, wenn es dem Komitee nützte, und fragte sich, ob es das Fehlen persönlicher Verantwortung war, das biedere Bürger im Namen Dritter unglaubliche Brutalitäten und Verbrechen begehen ließ, an die sie nie im Traum gedacht hätten, wenn es um ihr eigenes Interesse ging.

„Bis jetzt voller Erfolg auf allen Linien", meldete er stolz seiner Frau, als er spätabends heimkam. „Wir haben den Bus für den Transport und Pater Brunos Segen für das Training in seiner Sonntagsschule. Und wir haben noch eine sehr wertvolle Unterstützung von ganz unerwarteter Seite bekommen. Ich wußte gar nicht, daß Pater Bruno Gedichte in tahitianischer Sprache schreibt. Er hat Tetuamanuhiri ein Gedicht über Pao Pao vorgelesen, von dem unser *tavana tiurai* ganz begeistert war; jetzt soll Madame Bontemps eine mitreißende Melodie dazu schreiben, dann wollen sie das Lied mit dem ganzen Chor einstudieren. Das wäre natürlich toll, eine Gruppe mit eigenem Lied kommt immer gut an. Und vielleicht gibt es einmal sogar eine Schallplatte damit!"

Paula lachte. „Du kannst dich für eine Sache begeistern wie ein kleiner Junge, Paul! Aber vergiß nicht, das Wichtigste fehlt euch noch: Ihr habt noch immer keine Gruppe, die man in Maurices Autobus herumfahren kann, die in der Kirche übt und die Pater Brunos wunderschönes Lied singt. Übrigens, wie geht es eigentlich Jean Claudes Frau?"

„Ah, Cynthia! Wie er sagte, geht es ihr blendend, alle Tage sind eitel Sonnenschein und Honigmond, und er bekommt zum erstenmal seit der Gendarmerieschule wieder regelmäßiges Essen. Aber er hat schon vorgefühlt, wie das so wäre mit mir als Taufpate, nur rein theoretisch, wie er behauptete. Ich habe ihm gleich fest zugesagt, wenn es ein Junge wird. Und wenn es ein Mädchen ist, dann wirst du Patin. Einverstanden?"

„Oh, ich finde rothaarige Babys wunderschön, ich habe ja selbst eines." Paula zwickte ihren Mann in den Bauch, daß er aufquiekte. „Natürlich freue ich mich darauf, denn Kinder der ersten brandheißen Liebe werden meist Mädchen."

„Hoho! Da werde ich aber mitreden. Und wenn ich den *tahutahu* einspannen muß, mit einer kräftigen Bubenbeschwörung."

„Na, was habe ich gesagt? Du mischst dich schon wieder in die Angelegenheiten anderer Leute. Laß es dir ja nicht einfallen, Hollinger-*tane,* dich vielleicht persönlich dafür einzusetzen, daß Cynthia einen Jungen bekommt! Ich schlage dir sonst das Baby um die Ohren!"

Paul trat einen Schritt zurück und legte theatralisch die Hand auf die Brust. „Ha! Welche Verworfenheit traust du mir zu, *o vahine!* Ich bin ein verheirateter *tane,* und Cynthia ist die Ehefrau meines besten Freundes!"

„Nun, das soll ja angeblich kein Hindernis sein", lachte Paula.

„Ich bin entsetzt! Welche Schundromane liest du?"

Aber Paula schubste ihren Mann lachend in Richtung Schlafzimmer. „Das entnehme ich den Klatschspalten der Illustrierten. Und jetzt komm ins Bett, du verhinderter Schauspieler! Du wolltest doch morgen ganz früh aufstehen."

„Ach ja", sagte Paul. „Ich muß irgendwo noch so ein kluges Büchlein stehen haben. ‚Psychologische Tricks für den reisenden Vertreter', heißt es, das möchte ich noch ein bißchen durchlesen, bevor ich über die Geschäftsleute in der Bucht herfalle wie der Tigerhai über eine Schule Barrakudas. Sie müssen alle etwas spenden für unsere Tanzkostüme!"

Tetuamanuhiri und Paul Hollinger saßen im Garten von Commandeur Célestin Lachèrade, schlürften eisgekühlte Limonade und brachten ihr Anliegen vor. Der Commandeur war in einen makellos weißen, uniformähnlichen Freizeitdreß gekleidet und erinnerte irgendwie an Jean Gabin, nur daß er sein Haar in Naturwellen trug. Das winzige Band der Ehrenlegion war auch jetzt in seinem Knopfloch zu sehen. Commandeur Lachèrade gehörte die größte Holzhandelsfirma von Französisch-Polynesien, deshalb hatte ihn Paul als Opfer Nr. 1 ausersehen.

„Sie dürfen davon ausgehen, meine Herren, daß ich es als persönliche Genugtuung empfinden würde, wenn die Tanzgruppe meines Wohnorts an unserem Nationalfeiertag Applaus gewinnt, und ich wäre stolz, dazu beigetragen zu haben. Aber Geld ist nicht etwas, das man zu Hause in der Truhe aufbewahrt, sonst würde ich sagen: Hier, nehmen Sie, so viel Sie brauchen. Das Vermögen der Firma gehört zum Teil meinen Compagnons, und die wohnen nicht in Pao Pao. Ich könnte also eine Zuwendung ihnen gegenüber nicht vertreten."

Der Commandeur bemerkte das enttäuschte Gesicht Tetuamanuhiris und fuhr lächelnd fort: „Allerdings sehe ich eine sehr elegante Möglichkeit, Ihr Komitee zu unterstützen. Mein Werbeetat für dieses Jahr verträgt noch allerhand. Wenn Sie sich entschließen könnten, die Gruppe als Werbung für unser Sperrholz tanzen zu lassen, würde ich mein Werbebüro veranlassen, sofort für alles Notwendige zu sorgen. Was halten Sie von meinem Vorschlag, meine Herren?"

Tetuamanuhiri platzte heraus: „Aber aus Sperrholz können wir die Kostüme doch nicht machen, Commandeur-*tane*! Wir brauchen viel Stoff in einheitlicher Farbe, wir brauchen Muscheln, Federn, Farbe, Lack und Geld, um die Trommler zu bezahlen, das Essen für die Mädchen und Bier für die Musik! Auch wenn du uns teures Marinesperrholz gibst, Commandeur-*tane* – damit kann man nicht tanzen!"

Commandeur Lachèrade beugte sich lächelnd zu Paul Hollinger. „Mein Werbebüro wird in den nächsten Tagen einen passenden Vorschlag entwickeln. Das sind tüchtige Leute, sie sollen gleich ein sehr geschicktes Kostüm entwerfen und die Werbung mit berücksichtigen. Damit Sie das Komitee besser überzeugen können, erhalten Sie vorab ein paar kolorierte Entwürfe. Einverstanden, *Monsieur 'ollinger?*"

Paul neigte gnädig den Kopf. „*Merci bien, mon Commandeur!*"
Monsieur Lachèrade verbeugte sich knapp. „*Au revoir, messieurs! A bientôt!*"
Sie wurden von einem chinesischen Diener aus dem Garten geleitet.

Paul startete den Jeep. „Das ging ja wie Kopramachen mit einer guten Axt. O Tetuamanuhiri, du Heulsuse!" rief er begeistert. „Wir haben gar keine Tricks anwenden müssen! Jetzt hast du nicht nur Geld wie Kaurimuscheln am Strand, *o tavana tiurai,* sondern du bekommst auch noch ganz phantastische Kostümentwürfe. Ist das nicht herrlich? Jetzt hast du einen Jeep, einen Übungsplatz, Madame Bontemps komponiert ein Lied zu Pater Brunos Gedicht, und mit diesen Kostümen wirst du den ersten Preis gewinnen. Aber jetzt muß ich mich wieder um meine Schiffe kümmern. Mach den Rest alleine!"

Tatuamanuhiri war glücklich wie ein verliebter Walfisch.

„*Mauru'uru roa,* vielen Dank, o Hollinger-*tane!* Du hast mir das Leben wiedergegeben. Du hast meinen sechzehn Kindern den Vater gerettet!" Er öffnete seine Arme wie eine Riesenkrake und schnappte Paul, um ihn zu küssen. Der wehrte sich vergeblich und

brüllte: „Doch nicht während der Fahrt!" Tetuamanuhiri riß ihn beinahe vom Lenkrad, Paul mußte mit aller Macht auf die Bremse steigen.

Tetuamanuhiri sang ein lautes Lied, dann meinte er: „Aber heute abend zur ersten Probe bei Pater Bruno kommst du doch, *Pauro?*" Paul versprach es ihm.

Nach dem Abendessen fuhren Paul und Paula mit den Fahrrädern um die Bucht zur Kirche Saint Joseph. Schon aus der Ferne konnte man die rollenden Trommelwirbel der *to'ere,* der hohlen Baumtrommel, hören.

„Siehst du!" rief Paul seiner Frau zu. „Ich brauche mich nicht weiter um den *tiurai* zu kümmern. Jetzt läuft alles von allein, glatt wie Kokosmilch!"

Beim Einbiegen ins Kirchengelände mußten sie einem im Zickzack fahrenden Landrover ausweichen, der mit aufgeblendeten Scheinwerfern und mit lachenden und kreischenden Mädchen beladen ebenfalls zur Sonntagsschule unterwegs war. Eine Menge Dorfbewohner hockten um die offene Halle, Kinder liefen herum, Hunde drängten sich zwischen den Beinen der Zuschauer, und *utu puaatoro*-Vögel hüpften aufgeregt auf dem Rasen durcheinander.

Es war Doodoos große Stunde. Eine rot-weiß-gelbe Blumenkrone auf den Locken, ordnete er die Burschen und Mädchen in zwei Reihen nebeneinander und sprach die Figuren für den ersten traditionellen Tanz durch. Paul bemerkte mit Genugtuung die drei Trommler in einer Ecke, die auf ihren Instrumenten die schnellen Schläge übten. Die Rhythmusgruppe bestand zwar nur aus der Minimalbesetzung – einer tiefen *pahu,* mit Haut bespannt, und zwei *to'eres,* eine für den Hauptrhythmus, die andere für den Konterschlag –, aber Trommler sind Trommler, und eine kleine Gruppe war besser als gar keine.

Doodoo hob die Hand, die Trommler schlugen die ersten einleitenden Wirbel, die die Aufmerksamkeit wecken sollten. Pause – dann kam der abgehackte Rhythmus des tahitianischen *tamure.*

Getanzt wird von den Frauen nur durch Wiegen der Hüften, die Hände sind in die Seite gestemmt; die Männer gehen leicht in die Hocke und bewegen sehr schnell die Knie zusammen und auseinander. Diese Grundstellung wurde nun von den fünfzig Mädchen und

Burschen immer wieder geübt. Doodoo war ein strenger Lehrmeister; wenn ein Mädchen aus dem Takt kam oder zu früh anfing, bekam sie einen klatschenden Handschlag auf den Hintern, die Burschen riß er am Ohr. Paul erinnerte das Ganze ein wenig an Filmaufnahmen. Immer wieder brach Doodoo ab, ließ ein paar Takte vorher anfangen und wiederholte jede der Figuren. Zur Auflockerung übte Doodoo dann den Tanz *iparima,* der eine Geschichte erzählt. Die Tänzer blieben auf der Stelle, schwangen nur langsam Hüften und Beine und deuteten dazu in einer Art Zeichensprache den Text des Liedes an, das dazu gesungen wurde.

Zuletzt versuchten sie den *otea,* der aus all diesen und weiteren komplizierten Gruppenfiguren bestand. Das klappte nun überhaupt nicht, und Doodoo scheuchte seine Tänzer wie einen Hühnerhaufen, Schläge wahllos austeilend, daß alle lachend und kreischend durcheinanderliefen. Dann begann es wieder von vorn – Aufstellung nehmen, Doodoo drückte schlampig oder krumm stehende Tanzschüler mit harten Griffen zurecht, und es ging weiter. Wenn die Trommeln dröhnten, begannen alle Kinder, im Rhythmus mitzutanzen, und Paul war gerührt über den ernsten Eifer, mit dem drei- oder vierjährige Knirpse versuchten, ihre dicken kurzen Beine schnell zu bewegen; auch die winzigen Tänzerinnen, die ihre Hüften schwangen, einen konzentrierten Ausdruck in den großen schwarzen Augen, bezauberten ihn.

„Wie gut, daß jetzt alles in bester Ordnung ist", sagte er beim Abschied zu Tetuamanuhiri.

Am nächsten Morgen brachte Paul Hollinger in seiner Eigenschaft als Lotse den großen amerikanischen Schoner AMERICAN EAGLE durch die Riffpassage in die Bucht und half, das prächtige Segelschiff gegenüber dem *Aimeo Hotel* zu verankern. Er nahm die Einladung des Eigners auf einen Whisky gern an. Sein Seemannsauge leuchtete auf, als er das weißgescheuerte Teakdeck sah, die sauber aufgeschossenen Leinen; poliertes Messing leuchtete wie Gold in der Sonne. Die Mannschaft, ein Haufen bärenstarker Burschen, war adrett in weiße Leinenhosen und Polohemden gekleidet. Unter einem Sonnensegel erwartete ihn der Eigner in einem Deckstuhl. Für Paul war ein zweiter Deckstuhl bereitgestellt, und neben einem kleinen Falttisch wartete ein livrierter Butler, eine Sodawasserflasche in der Hand.

„Nehmen Sie Platz, Käpt'n Hollinger", sagte der elegante, grauhaarige Mann. „Mein Name ist Bill Johnston. Mein Freund Bengt Danielson hat mir von Ihnen erzählt. Wie mögen Sie Ihren Whisky? Mit Eis, Soda oder Wasser?"

Paul entschied sich für viel Eis und machte Johnston ein Kompliment über den gepflegten Zustand seines Schiffes. Der Besitzer erzählte sichtlich stolz: „Ich war Commander in der Navy und lege sehr viel Wert auf die Instandhaltung. Ein Schiff braucht mehr kosmetische Pflege als eine schöne Frau. Meine Mannschaft hat zum Glück dieselbe Einstellung und beschäftigt sich von allein ständig mit Putzen und Ausbessern."

Paul wiegte den Kopf. „Sie sollten mal sehen, was manchmal in die Bucht gesegelt kommt. Skipper und Mannschaften, die schmutziger sind als Clochards oder Hippies, und ihre Schiffe sehen entsprechend aus; aber auch sie nennen sich Segler und wundern sich dann, daß der Name ‚Yachties' bei den Bewohnern der Inseln in Verruf gekommen ist. Viele ‚Yachties' werden schon mit Mißtrauen betrachtet, weil sie wie die Piraten Ausrüstung und Lebensmittel organisieren. Oder alles auf den Schiffsnamen anschreiben lassen und dann bei Nacht und Nebel auslaufen. Auch die Gendarmerie wirft jetzt ein schärferes Auge auf gewisse Yachten, weil manche Rauschgift mithaben und als Tauschobjekt verwenden. Das einzige, was heutzutage noch stimmt, ist der alte Seemannsspruch: ‚Wie das Schiff, so der Kapitän.' Ihre Leute aber sehen so nett aus, daß sie wahrscheinlich überall an Land gern eingeladen werden."

Kapitän Johnston lächelte. „Es sind Studenten aus Boston. Und weil Sie Einladungen erwähnt haben – es gibt eine Einladung, die meine Boys wahnsinnig gern hätten: die Einladung zur Pirogenregatta anläßlich des 14. Juli. Meine Boys gehören zur Rudermannschaft der Boston University und sind ganz verrückt auf die Festlichkeiten hier. Hätten Sie eine Idee, mit wem wir da sprechen müßten, Käpt'n Hollinger?"

Paul grinste. Manchmal kam es ihm vor, als schriebe ein Unsichtbarer hinter den Kulissen das Drehbuch.

„Ich kenne zufällig den Veranstaltungschef recht gut", sagte er.

„Für so ein kleines Dorf ist es immer schwierig, für all die verschiedenen Wettbewerbe genügend Preise aufzutreiben. Ich könnte mir deshalb vorstellen, daß man Ihre Boys herzlich gern mitpaddeln läßt, wenn Sie vielleicht einen schönen Pokal spenden."

Bill Johnston schien sehr erfreut. „Das nenne ich Glück!" rief er aus. „Ich werde sofort die größten drei Pokale besorgen, die sich in Papeete auftreiben lassen."

Paula kann noch so oft sagen, daß ich mich überall einmische! Ich mische mich nicht ein, dachte Paul Hollinger, als er wieder ans Ufer ruderte. Aber wenn ich jemanden glücklich machen kann, mit einer Kleinigkeit oder ein paar Worten, dann tue ich das. Es ist schön, wenn man helfen kann! Jawohl, Frau Hollinger!

Er war kaum im Bungalow zurück, da durfte er gleich wieder jemandem helfen. Dieses Mal war es Paula. Er fand sie ganz aufgeregt in ihrem Arbeitsraum herumschießend und meterweise Seidenstoff von einem großen Ballen abwickelnd.

„Nanu?" fragte er erstaunt. „Willst du es diesem Verpackungskünstler nachmachen?"

„Oh, Paul, du mußt mir leider helfen", rief Paula aufgeregt. „Ich kann einen ganz großen Auftrag bekommen, der sehr gut bezahlt wird, wenn ich schon übermorgen die ersten *pareos* fertig habe. Im *Aimeo Hotel* will ein Werbefotograf mit einigen Mannequins für eine amerikanische Sonnencreme Werbefotos am Strand schießen. Madame Apatahi hat ihn zu mir geschickt. Die *pareos,* die er mitgebracht hat, sind von einem gräßlichen Gelb, das sich mit dem Grün der Bucht und der Lagune schlägt und die braune Haut der Mannequins ganz blaß erscheinen läßt. Wir haben jetzt ein schönes sattes Gelborange ausgesucht, und ich soll ihm so schnell wie möglich neue Tücher herstellen. Das schaffe ich aber nicht allein. Kannst du mir helfen?"

Paul grinste. „Niemand soll umsonst nach Hollinger-für-alles rufen! Sag nur, was ich tun soll."

„Du bist ein Schatz, Hollinger-*tane!*" Sie küßte ihn schnell. „Mit der Batiktechnik arbeite ich diesmal nicht, weil das zu langsam geht und zu viele gleiche *pareos* benötigt werden." Sie stieß ihn kichernd an. „Du mußt dir das ansehen, was der Fotograf auf einem geliehenen Badefloß aufgebaut hat: eine richtige Regenanlage, weil die Modelle vor dem Hintergrund der steilen Berge im knietiefen Wasser stehen sollen, und dahinter soll auch noch ein Regenbogen aus der Lagune aufsteigen. Das macht er mit der Regenanlage. Natürlich werden die Mädchen klitschnaß, wenn der Wind ein wenig dreht, und deshalb brauchen sie einen großen Vorrat an trockenen *pareos*. Ich mache mir eine Siebdruckmatritze für das Muster, aber ich brauche jemanden, der mir die genähten Seidentücher wäscht, damit die letzten Reste Appretur herausgehen, weil sonst die Farbe unregelmäßig einzieht; der sie dann bleicht, trocknet und die fertig bemalten Tücher zum Trocknen auflegt, schließlich wieder wäscht und auf den Trockenrahmen spannt. Würdest du das für mich machen?"

Paul zog sich mit den Zeigefingern die Augenlider zu schmalen Schlitzen auseinander und näselte unter Verbeugungen: „Blauchen Sie gute chinesische Wäschelei, Flau Hollingel? Schon da, schon da! Geben Sie hel die Fetzen, Sie welden sie nicht wiedelelkennen! So gut wäscht Poo Loo Holling!"

„Na, das hoffe ich ja nicht!" lachte Paula. „Geh, du rotbärtiger Chinese, starte bitte den Generator, ich muß mich an die Nähmaschine setzen."

Paul marschierte einen kleinen Pfad hinunter zu dem Bachlauf, wo in einer winzigen Palmblatthütte ein stationärer Dieselmotor mit einem Drehstromgenerator gekoppelt war. Das Kühlwasser entnahm der Diesel dem Bach, und eine Pumpe leitete das warme Wasser weiter zum Wärmespeicher unter den Solarzellen auf dem Dach des Bungalows. Da es in Moorea keine zentrale Stromversorgung gab, mußte jeder Haushalt sehen, wie er seinen Strom selbst erzeugte. Paul Hollinger und seine Frau kamen mit Petroleum und Gas für Beleuchtung und Heizung aus. Nur für den Betrieb der Nähmaschine, der Waschküche und der Kühlaggregate in Eisschrank und Tiefkühltruhe mußten sie zeitweise den Generator laufen lassen.

Der Dieselmotor sprang beim ersten Versuch sofort an. Paul marschierte zufrieden zurück in das Arbeitshäuschen neben dem Bungalow, wo Waschmaschine, Bügelmaschine und Wäschetrockner standen, und überlegte, ob er die Kassette mit chinesischer Musik auflegen sollte, die er von Sing Fat zum Geburtstag geschenkt bekommen hatte.

Er entschied sich dann doch dagegen, weil er so etwas wie Hautjucken bekam, wenn er zu lange chinesische Musik hörte. Statt dessen heizte er die Waschmaschine an und fuhr mit dem Rad schnell um die Ecke zum Chinarestaurant *Hakka,* wo er ein opulentes Mahl mit Frühlingsrolle, Wan-Tan-Suppe und Chop Suey bestellte, das gegen ein Uhr heiß in seine Wäscherei geliefert werden sollte.

„Und vergessen Sie nicht die Eßstäbchen, Kollege!" sagte er zu dem Chinesen, während er bezahlte.

Den Rest des Tages waren die Hollingers voll beschäftigt. Paula nähte und färbte wie am Fließband, Paul spannte im Garten ein dichtes Spinnennetz von Wäscheleinen, hängte frischgewaschene Seidentücher auf, und gegen Nachmittag flatterten die ersten strahlend orangegelben *pareos* im Wind, mit der schwungvollen Zierschrift PAO PAO, wie die neue Sonnencreme heißen sollte.

Das chinesische Essen erwies sich als besonders guter Einfall, es sparte ihnen Zeit, war preiswert und schmackhaft.

Am nächsten Morgen öffnete Paul seine chinesische Wäscherei schon bei Sonnenaufgang; Paula ratterte auf ihrer Nähmaschine und säumte die zugeschnittenen Tücher, als gelte es, einen neuen Rekord aufzustellen.

Gegen elf Uhr standen plötzlich zwei Herren in bunten Hemden und mit prallen Ledertaschen im Garten und verlangten Monsieur 'ollinger zu sprechen.

„Was wollen Sie denn?" fragte Paul etwas ungehalten über die Störung.

Die beiden Herren öffneten ihre Taschen und zogen Stoffmuster, Fotografien und Zeichnungen hervor, und Paul begriff, daß die Werbefachleute von Commandeur Lachèrade vor ihm standen.

„Oh, da sind Sie bei mir an der falschen Adresse", lachte er. „Ich habe mit dem *tiurai* nicht das geringste zu tun. Fahren Sie nach Pao Pao und fragen Sie nach Tetuamanuhiri oder nach dem *tiurai*-Komitee. Das sind die Leute, die Ihre Entwürfe sehen wollen." Er bückte sich nach seinem Wäschekorb und fuhr fort, *pareos* aufzuhängen.

190

„Aber der Commandeur sagt, Sie würden an den Verhandlungen teilnehmen. Wir hoffen, daß Sie mitkommen", sagte der eine.

„Keine Chance", antwortete Paul. „Sie sehen doch, daß ich viel zu tun habe. Außerdem denke ich nicht daran, mich nochmals in die Angelegenheiten des Komitees einzumischen, verstehen Sie?"

Die beiden Männer packten beleidigt ihre Entwürfe wieder ein und trollten sich, sehr zu Pauls Erleichterung.

Am Abend hingen wirklich die letzten der bestellten *pareos* auf den Leinen, und Paula hatte die erste Teillieferung für den nächsten Morgen fertig. Etwas abgekämpft lehnten sie spätabends in ihren Sesseln auf der Veranda und tranken langsam einen großen *matai*, einen Fruchtsaftpunsch mit Rum und gestoßenem Eis.

„Daß du heute bei der Wäscherei geblieben bist, obwohl du die Chance hattest, mit diesen Werbeleuten zum Komitee zu gehen, wundert mich wirklich", meinte Paula.

„Wenn ich einmal chinesischer Wäscher bin, dann bleibe ich das", antwortete Paul. „Ich hasse es, meine Pläne ändern zu müssen. Außerdem kann ich dir leider viel zu selten helfen. Das waren zwei schöne Tage für mich. Wenn du wieder einen Großauftrag hast, Hollinger-*vahine,* dann weißt du den richtigen Chinesen dafür."

Sie lächelten sich über den Rand ihrer Gläser zu.

Draußen wurde die Dunkelheit von den Scheinwerfern eines Autos zerschnitten, dann knirschten Reifen im Kies.

Paul seufzte.

Doodoo erschien in der Tür. „*Ia ora na,* Hollinger-*vahine, ia ora na,* Hollinger-*tane!*" Er schwenkte seine Hüften wie eine Frau, als er mit abgeknickten Handgelenken auf Paula zutänzelte, sie auf die Wange küßte und beinahe auch Paul geküßt hätte, wenn der nicht aufgestanden wäre, um schnell die Hände des *mahu* zu packen und zu schütteln.

Doodoo strich sich geziert die langen Haare aus dem Gesicht.

„*Tavana* Tetuamanuhiri schickt mich zu Ihnen, Hollinger-*tane.* Er bittet Sie, so schnell wie möglich in die Sonntagsschule zu kommen."

Paul setzte sich wieder. „Ich denke gar nicht daran. Was ist denn jetzt wieder passiert?"

Doodoo schlenkerte ein loses Handgelenk. „Ach, diese dummen Weiber", sagte er mit einem irritierten Augenaufschlag. „Die netten Männer von Commandeur Lachèrade haben ganz himmlische Kostümentwürfe mitgebracht. Knöchellange Baströcke mit einem breiten Gürtel aus Muscheln und mit Spiegelpailletten benäht, tief auf den Hüften angesetzt ..." Doodoo zeigte das mit koketten Handbewegungen. „Mit sternförmig abstehenden Schilfstielen, an denen bunten Federn, Glöckchen und wieder Pailletten angebracht sind." Er legte die Fingerspitzen der linken Hand an das rechte Handgelenk und die rechten Fingerspitzen an die Wange seines geneigten Kopfes. „Was glauben Sie, wie gut das ausgesehen hätte", fragte er mit großem Augenaufschlag, „wenn man mit den Hüften so schnell kreist, daß alles im Licht aufblitzt und im Rhythmus klingelt!" Er schloß verzückt die Augen.

„Gut, gut!" knurrte Paul. „Es wird sicher sehr schön aussehen, wenn die Mädchen am *tiurai* tanzen. Aber was will Tetuamanuhiri von mir?"

„Die dummen Mädchen sind wegen einer Kleinigkeit wieder in Streik getreten", erklärte Doodoo mit seiner tiefen Stimme, die so wenig zu ihm paßte. „Nur weil auf den lackierten Kokosschalenhälften der Büstenhalter und auf dem ganz entzückenden Kopfputz der Firmenname JOLIBOIS steht. Sie sind alle hysterisch geworden und haben gesagt, da tanzen sie doch lieber mit *pareos* von Sing Fat. Alle sind fortgefahren. *Tavana* Tetuamanuhiri möchte nun sein Amt niederlegen, und ich soll Sie holen, damit Sie zum neuen *tavana tiurai* gewählt werden, Hollinger-*tane*. Dabei habe ich ihm gesagt, ich bringe ihm eine komplette Tanzgruppe mit Tänzern und Tänzerinnen, die nicht so hysterisch sind wie die Dorfmädchen. Aber er wollte nicht hören!"

Paula zog die Schultern hoch wie jemand, der sich auf einen Schock vorbereitet. Paul sah das und lachte laut auf. „Fahr wieder zurück, Doodoo, und sag meinem Freund Tetuamanuhiri, ich habe ihm geholfen, alles zu bekommen, was man für den *tiurai* benötigt. Aber ich werde unter keinen Umständen im Komitee mitarbeiten, schon gar nicht als *tavana tiurai*; das ist ein Posten, der traditionell nur Tahitianern vorbehalten ist. Er soll gefälligst auch selbst eine Idee haben! Und erkläre ihm das nochmals mit deiner Tanzgruppe.

Ich bin sehr müde, ich habe heute viel gearbeitet und möchte jetzt in Ruhe meinen *matai* austrinken und ins Bett gehen."

Doodoo schlenkerte sein Handgelenk. „Tetuamanuhiri benimmt sich manchmal wie eine verzogene *vahine*", sagte er. „Ich werde ihm gut zureden. *Nana*, Hollinger-*tane, nana,* Hollinger-*vahine. Ta'oto maita'i outou,* schlaft gut miteinander!" Er trippelte mit zärtlich ausgestreckten Armen auf Paul zu, sah aber dessen wilden Blick und machte eine Kurve, um Paula zu küssen. Dann verschwand er hüftschwingend im Dunkeln, und bald darauf verklang das Brummen seines Autos in der Ferne.

„Puh!" rief Paula erleichtert. „Einen Moment dachte ich schon, du übernimmst diesen Selbstmordjob!"

„Das habe ich dir angesehen", lachte Paul. „Aber keine Angst! Ich rühre für diesen *tiurai* keinen Finger, das schwöre ich!"

Am nächsten Morgen half Paul seiner Frau, die neuen *pareos* ins Hotel zu bringen. Der Fotograf Alan O'Reilly, ein fescher junger Mann, schüttelte sofort einen der *pareos* auf, rannte damit in die Sonne, ersuchte Paul, ihn ins Licht zu halten, und schielte durch ein kompliziertes optisches Gerät, um die Farbtemperatur zu messen.

„Phantastic!" schrie er. *„Just marvellous, just the right thing! Mrs. Hollinger, you deserve a great hug!"*

Er stürzte auf Paula zu, umarmte sie und drückte ihr zwei schallende Küsse auf. Dann packte er den Stoß *pareos,* lief zum Schwimmbecken und scheuchte vier schlanke, bronzegebräunte Bikinischönheiten auf, die dort heftig mit den Boys von der AMERICAN EAGLE flirteten, eifersüchtig und griesgrämig von Maurice, dem Regenmacher, beobachtet.

Einige Minuten später stand Alan O'Reilly hinter seiner Hasselblad, kurbelte, knipste, schimpfte oder schrie begeistert: „*Yes, yes!*", während die Mannequins in den neuen *pareos* immer wieder andere Stellungen im seichten Wasser einnahmen und Maurice Regen machte. Paula zeigte den Modellen, auf welch verschiedene Arten man einen *pareo* binden konnte, so daß mehr Haut oder Busen zu sehen war. Da die Sonne gerade günstig stand, duldete Alan O'Reilly keine Zeitverschwendung, und die Mädchen wechselten ihre *pareos* schnell am Strand hinter einer Palme, sehr zur Freude der AMERICAN-EAGLE-Boys und, wie Paul philosophisch zugab, auch zur Freude eines Naturliebhabers wie er selbst.

Nachmittags wusch Paul wieder *pareos*. Alan O'Reilly hatte ein Dutzend Filme verschossen, die er jetzt erst entwickeln wollte, und verlangte neue *pareos,* denn die nächste Serie Bilder gedachte er am Riff zu schießen, mit aufgetürmter Brandung hinter den Modellen. Dabei würden aber noch viel mehr *pareos* naß werden als durch den Regenbogenmacher, und Geld spielte für den Fotografen keine Rolle. Sein Auftraggeber, die Los Angeles Cosmetic Ltd., hatte ein Millionenbudget für die Werbung.

Am Abend kam Bill Johnston von der AMERICAN EAGLE in Begleitung seiner Boys, um Paul abzuholen.

Tetuamanuhiri und sein Komitee waren in Hochstimmung, als Mr. Johnston ein Dutzend prächtiger Siegespokale auspackte und auf der Tanzfläche der Sonntagsschule aufstellte, wo sie im Licht gleißten. Aus dem Kreis der Zuschauer meldeten sich spontan ein Dutzend kräftiger Burschen für das Pirogenrennen, als der riesige Volksredner der Menge erklärte, wie man diese schönen Gefäße gewinnen könne. Die Teilnahme der amerikanischen Studenten wurde einstimmig beschlossen, man versprach der AMERICAN EAGLE sogar eine gute Sechsmannpiroge zum Üben. Die Studenten aus Boston schlugen Paul so dankbar auf die Schultern, daß er einknickte.

Ein rasender Trommelwirbel kündigte den Auftritt der neuen Tanzgruppe an, und Paul bemerkte zufrieden, daß jetzt schon sechs Trommler ihre Schlegel wirbeln ließen. Die Vorbereitungen zum *tiurai* von Pao Pao gewannen an Schwung.

Wieder ein Trommelwirbel, dann kam die Tänzergruppe Doodoos. In vier Reihen nebeneinander liefen, provisorisch mit Baströcken und grünen Blättern geschmückt, die Mädchen und Burschen auf die Fläche. Doodoo mit seiner Blumenkrone kommandierte: „*Hoe, piti, toma!*", und die Grupe fiel in tadelloser Ordnung in die schnellen Bewegungen des *tamure*.

Erst als immer mehr Pfiffe und belustigte Zwischenrufe aus dem Kreis der Zuschauer kamen, als das erste Lachen immer lauter wurde, bis die ganze Halle vor Lachen vibrierte, und erst, als die Tänzerinnen vereinzelt stehenblieben und die Trommler stockten, bemerkte Paul, daß etwas mit der Tanzgruppe nicht ganz stimmen konnte.

In diesem Moment drehte sich eines der großgewachsenen Mädchen um und schimpfte mit tiefer Männerstimme in die Menge. Da fiel es Paul wie Schuppen von den Augen.

„Bei *Roo,* dem Gott der Seefahrer!" keuchte er überrascht. „Doodoo hat alle seine *mahu*-Freunde verkleidet!"

Tetuamanuhiri rammte, wie von unerträglichen Schmerzen gepeinigt, seinen Schädel gegen die Wand und hämmerte mit den Fäusten dagegen, daß das Holz knirschte und die Farbe abbröckelte.

„Was ist los?" fragte Johnston erstaunt.

„Ich muß schnell zum Komiteechef", rief Paul hastig. „Die versprochene Tanzgruppe besteht aus Transvestiten!"

Er lief los und erreichte Tetuamanuhiri zur gleichen Zeit wie Pater Bruno, der den Riesen von der Wand wegzerrte, um seine Sonntagsschule vor der Zertrümmerung zu bewahren. Ein paar Sekunden zog Paul an der anderen Seite, wußte aber, daß es nutzlos war, diesen menschlichen Bulldozer mit normaler Muskelkraft zu bewegen. Blitzschnell blies er einen am Boden liegenden Plastiksack auf und schob ihn unter die hämmernden Fäuste. Es krachte wie bei einer Explosion, und Tetuamanuhiri taumelte zurück.

„Was regst du dich denn auf, du Riesenbaby!" schrie Paul den *tavana tiurai* an. „Das ist doch eine herrliche Tanzgruppe! Hörst du nicht, wie das Publikum lacht und applaudiert?"

Tetuamanuhiri drehte sich um. Die Trommler fingen wieder an, und unter den schallenden Lachkaskaden der Dorfbewohner schwangen Doodoos Freunde ihre langen Perücken, schmalen Hüften und ließen die Kokosnußschalen auf der Brust kreisen. Die Zuschauer mischten sich unter die Gruppe, und in der nächsten Minute war die Sonntagsschule von einer hundertköpfigen, wild tanzenden Menge erfüllt.

„*Aii!* Das gefällt ihnen", schrie Tetuamanuhiri. „Es ist aber auch zu komisch! Lauter Männer, und man merkt's nicht gleich. Die wirbeln ihre Hüften wie *vahines,* besser noch! Ha! Das wird ein Spaß, damit gewinnen wir den Tanzwettbewerb! Hahahahaha!"

Er stürzte sich in das allgemeine Gewühl, und Paul Hollinger sah zum erstenmal den menschlichen Berg mit einer Anmut tanzen, die er ihm nie zugetraut hätte. Aber Polynesier waren eben geborene Tänzer.

Einer der buntbehemdeten Werbefachleute tauchte vor ihm auf.

„Ich muß protestieren, *Monsieur 'ollinger.*" Er fuchtelte mit dem Zeigefinger in der Luft herum. „Unsere Abmachung gilt natürlich nicht, wenn Sie mit einem Ballett Homosexueller auftreten. Ich werde . . ."

Paul grinste ihn an. „Sie werden gar nichts, *Monsieur,* jedenfalls nicht mit mir. Wenn Sie etwas besprechen müssen, dann bitte dort mit den Damen und Herren des Komitees, oder Sie unterhalten sich mit diesem tanzenden Walfisch." Er drehte sich um und rief über die Schulter: „Passen Sie aber auf, daß er Sie nicht flachwalzt!"

„Können wir fahren?" fragte er Bill Johnston.

„Ja, sofort", antwortete der Eigner der AMERICAN EAGLE. "Meine Boys haben noch ein Rendezvous drüben im *Aimeo* mit irgendwelchen Fotomodellen. Trinken wir noch ein Glas zusammen?"

„Gute Idee", meinte Paul. „Ein wenig geht mir dieses Festkomitee schon auf die Nerven!"

Aber die Hilfe für Tetuamanuhiri und den *tiurai* entwickelte sich zu einem nicht endenwollenden Fluch der guten Tat für Paul Hollinger. Er fuhr am nächsten Tag mit Johnston in dessen schnellem Motorboot in der Bucht auf und ab, und sie stoppten die Zeiten der Boston Boys in ihrem geliehenen, grün lackierten Auslegerkanu. Da näherte sich eine Piroge, gepaddelt von einigen Burschen aus dem Dorf, in der Tetuamanuhiri thronte. Der große Volksredner winkte mit seinen Schaufelarmen und schien etwas ganz Wichtiges auf dem Herzen zu haben. Paul seufzte resigniert auf und bat Johnston beizudrehen.

„O Hollinger-*tane,* ein großes Unglück ist passiert! schrie Tetuamanuhiri, als er in Rufweite gekommen war.

Paul nickte. „Ich kann es mir denken", murmelte er.

Tetuamanuhiri ließ eine lange Rede vom Stapel, über die falschen Versprechen, die ein *popa'a* gibt, und über die Herzlosigkeit, mit der Commandeur Lachèrade sein großzügiges Angebot zurückgezogen hatte. Jetzt war alles wieder ein Chaos, sie hatten keine Kostüme, nicht einmal eine *mahu*-Tanzgruppe, und auch das zweite

196

Komitee stand kurz vor der Auflösung. Tetuamanuhiri bat Paul um eine neue Idee.

Paul half gern, wo er konnte, aber jetzt wurde ihm die Sache doch langsam lästig. Er barg sein Gesicht in den Händen, um nachzudenken. Nichts fiel ihm ein. Dann blickte er zum Horizont, ob vielleicht dort ein Ausweg aus dem Dilemma auftauchte. Und er sah einen Ausweg.

Draußen am Riff blitzten die Reflexspiegel, die der Fotograf aufgestellt hatte, und Paul sah die winzigen Figuren der Mannequins vor der brechenden Brandung posieren. Die Gedankenverbindung zwischen Werbefotos, Pao-Pao-*pareos* und Sonnencreme kam ihm so langsam wie Saft, der zögernd aus gequetschten Guavafrüchten tröpfelt.

„Richte den Bug deiner Piroge zum Ufer, *o tavana tiurai!*" erklärte er schließlich. „Sage dem Komitee und Doodoo und allen Mädchen und Burschen, sie sollen von jetzt ab die Tänze üben, üben, üben. Denn in einer Woche wird ein berühmter Fotograf aus Amerika in die Sonntagsschule kommen und diejenigen auswählen, die am besten tanzen können. Sie werden wunderschöne *pareos* erhalten und von ihm fotografiert, ihre Bilder kommen in alle amerikanischen Illustrierten, Magazine und auch ins Fernsehen. Und sag ihnen, sie sollen endlich anfangen, schöne Kostüme zu flechten und zu binden, denn erst, wenn die Kostüme fertig sind, wird der *meritani* fotografieren, und wer kein Kostüm hat, kommt nicht ins Fernsehen. Und auch die Trommler, die Großmütter und die Kinder werden viel Stoff bekommen und sich Kleider und *pareos* nähen können. Aber erst, wenn alle Gesänge wunderschön klingen und kein einziger Fehler beim *otea* vorkommt! Sag ihnen das, o Tetuamanuhiri! Siehst du draußen am Riff die Spiegel blitzen? Dort arbeitet mein Freund, der berühmte Fotograf. Er wird nicht eher zu euch kommen, als bis alles fertig und einstudiert ist. Mein Freund, der Fotograf, ist aus Hollywood und hat viel Geld. Hast du mich verstanden, *o tavana tiurai?*"

Tetuamanuhiri blühte sichtlich auf. „Dein Freund ist aus Hollywood?" fragte er neugierig. „Ein berühmter *tavana hoho'a paraparau,* ein Filmdirektor?"

Paul hob die Schultern und sagte vieldeutig: „Vielleicht."

Die Paddler in der Piroge warfen ihm interessierte Blicke zu. Paul wußte, daß seit der Verfilmung von Marlon Brandos ‚Meuterei auf der Bounty‘ und Dino de Laurentiis ‚Hurricane‘ ein Filmregisseur für Tahitianer ein Halbgott war, der allen dicke Dollarbündel in den Schoß wirft.

„Und jeder, der fotografiert wird, kommt ins Fernsehen?" Tetuamanuhiri sah sich schon als TV-Star in einer eigenen Schau auftreten, Geschichten erzählen und Lieder singen wie Gilbert Bécaud.

Paul warf seine Hand in die Luft, wie es Cadousteau, der Gendarm, manchmal tat, wenn etwas selbstverständlich war. „Jeder natürlich nicht", seufzte er kopfschüttelnd über so viel Unverstand. „Nur die besten Tänzer und Tänzerinnen, die besten Trommler und die besten Sänger, die anderen wird er nicht brauchen können."

Tetuamanuhiri sah ihn ängstlich an. „Und wie ist das mit den *tiurai*-Sprechern und dem *tavana tiurai*?"

Paul grinste, weil er keine Unmöglichkeit zusagte, als er antwortete: „Der *tiurai*-Sprecher, der den schönsten Körper hat, wird fotografiert werden, das ist sicher!"

„*Hoe hoe, oi oi!*" brüllte Tetuamanuhiri seinen Paddlern zu. „Rudert, rudert, schnell, schnell!"

Von den Paddeln gepeitscht, zog die Piroge davon, zwei Schaumspuren auf dem glatten Wasser zurücklassend, eine vom Rumpf, eine vom Ausleger.

Johnston winkte seinen Studenten, und sie begannen, wie wild hinter dem Motorboot herzupaddeln.

Jeden Abend, wenn die fernen Trommeln jetzt stundenlang über das mondglitzernde Wasser der Bucht schallten, setzte sich Paul mit einem Gefühl der Befriedigung auf die Veranda. Er sah sich als Großschiffkapitän, der hoch und erhaben in seiner Kajüte thront und von seinen Offizieren nur gerufen wird, wenn eine außergewöhnliche Situation eintritt: Maschinenschaden, Feuer in der Kombüse, ein drohender Hurrikan, eine Schlägerei in der Bar oder ein blinder Passagier zwischen den Kartoffelsäcken im Lagerraum. Dann regelte er die Sache mit seiner langjährigen Erfahrung, seiner ganzen Autorität.

So sah er sich, wenn jetzt die Tanzgruppen drüben in der Schule übten, wenn fleißige Frauen in den Hütten Kostüme nähten und stickten, die Pirogenmannschaften die Lagune in endloser Folge durchpflügten, und das Lied *„Pao pao ua here ta'ata ato'a"* in der ganzen Bucht zu hören war. Alan O'Reillys belichtete Filme türmten sich zu ebensolchen Bergen wie die *pareos,* die Paula noch immer im Auftrag des Fotografen bedruckte. Es machte ihm Spaß, daß alle so fleißig arbeiteten und er mit sich und der Welt zufrieden sein konnte. Ein einziges Detail nur störte sein Wohlbehagen: die Tatsache, daß er den Fotografen noch immer nicht angesprochen hatte.

Je weiter er diese Besprechung hinausschob, desto unwohler fühlte er sich. Erst der unberechenbare Regisseur Zufall änderte wieder einmal das tägliche Drehbuch zu Gunsten Pauls.

Es war Alan O'Reilly selber, der Paul eines Nachmittags an der Strandbar des *Aimeo* ansprach, was das für eine rasante Trommelei sei, die abends immer zu hören wäre.

Paul erklärte ihm kurz, daß das große *tiurai*-Fest vorbereitet wurde, und schilderte ihm, wie die Kostüme aussahen und welche Tänze eingeübt wurden; er sprach von den Trommlern, den Tänzerinnen und dem Chor der Großmütter und Kinder.

„Hey!" rief O'Reilly interessiert. „Das wäre doch ein phantastischer Hintergrund für meine Modelle! Mir ist ohnehin noch nichts Passendes für die vierte Serie eingefallen. Mit den Unterwasseraufnahmen sind wir ja in ein paar Tagen fertig. Warten Sie, ich sehe da etwas vor mir!" O'Reilly stützte sein Kinn in die Hand und versank in angestrengtes Nachdenken.

Paul wußte von den Unterwasseraufnahmen, Maurice hatte ihm mit glänzenden Augen davon erzählt. Jérôme, der Sportlehrer und Taucher, hatte ganze Batterien von Unterwasserscheinwerfern in einem natürlichen Bassin hinter dem Riff installiert, die Mannequins wurden auf dem Badefloß mit spezieller dunkelbrauner Fettcreme eingerieben und tauchten dann nackt durch Schwärme von bunten Riff-Fischen, während Alan O'Reilly seiner Hasselblad im Unterwassergehäuse einen speziellen Weichzeichner aufgeschraubt hatte, der den nackten Mädchenkörpern jene verträumte Weichheit verlieh, wie sie Hamilton berühmt gemacht hatte. Maurice allerdings hatte keine Weichzeichnerlinse vor den Augen, wenn er draußen am Riff aushalf.

„Hören Sie, Mr. Hollinger!" sagte der Fotograf plötzlich. „Die Idee ist da! Sonne, ein Dorfplatz mit weißem Sand, eine Gruppe dieser prächtigen dicken Frauen in langen Kleidern mit unserem Werbeslogan, Blumen um den Hals und Gitarren in Händen, davor eine Gruppe dieser fransenbekleideten *tamure*-Tänzerinnen. Dazu die urigen Trommler und mittendrin meine Modelle oder diese kräftigen Burschen mit nackter Brust, Pao-Pao-*pareos* um die Hüften, wild aussehende Grasbüschel um die Stirne . . . Sie machen mit ihren Speeren einen Scheinangriff auf meine Modelle, die sich auf eine Palme geflüchtet haben. Ha, meine vierte Serie wird erst richtig romantisch!" O'Reilly schlug auf den Tisch. „Die Frage ist nur, werden diese Leute einverstanden sein? Ich weiß, daß Eingeborene überhaupt kein Interesse haben, für Ausländer zu posieren. Hm!"

Paul hörte direkt, wie schwere Steine von seinem Herzen kollerten und irgendwo unter der Bar dumpf aufschlugen. Er starrte den blinden Stein-*tiki* an, der im Garten des *Aimeo* stumme Wache hielt, und einen Moment war ihm, als hätte ihm der *tiki* zugeblinzelt. Paul spürte die Bedeutung des Augenblicks.

„Der Organisationschef dieser Tanzgruppe ist mir zufälligerweise gut bekannt und auch verpflichtet", sagte er mit so vorsichtig gewählten Worten wie jemand, der eine hohe Pyramide aus Spielkarten baut und fürchtet, daß ein falscher Atemzug das Ganze einstürzen läßt. „Nehmen Sie heute abend Ihre Mädchen und eine recht große Kamera, so etwas imponiert den Leuten, dann fahre ich Sie hinüber zur Tanzprobe. Wir sehen uns ganz unverbindlich um. Vielleicht gelingt es mir auch, zwischen den Verantwortlichen und Ihnen einen ersten Kontakt zu knüpfen."

O'Reilly schlug Paul auf die Schulter. „Paul, Sie sind ein Tausendsassa, wollen Sie nicht mein Compagnon werden?"

Paul sagte nichts, ihm genügte es schon, wenn der Fotograf für seine Aufnahmen gut bezahlte und Tetuamanuhiri ihn endlich nicht mehr anweinen mußte.

Am Abend fuhr Paul Hollinger an der Sonntagsschule vor wie Mr. Metro Goldwyn Mayer persönlich. Im Fond des großen weißen Jeeps von Maurice saßen der Fotograf und die langbeinigen Mannequins. Ein Raunen ging durch die Menge, die an diesem Abend besonders groß war. Paul bemerkte die neugierigen Blicke und sah, wie sich die Dorfbewohner gegenseitig mit den Ellenbogen anstießen. Alle wußten Bescheid, das war der angekündigte Besuch aus Hollywood, jetzt würde bald ein Regen von Dollarscheinen auf Pao Pao herabrieseln. Eine ehrfürchtige Gasse öffnete sich für Paul und seine Begleiter bis an die Tanzfläche, und dann begannen die Anwesenden, sich aufzuspielen.

Die Trommler erhöhten ihr Tempo und schlugen rasende Solos, zusätzlich zu den notwendigen Taktschlägen; Doodoo schmiß seine langen Locken über die Schultern wie ein Pferd den Schwanz, wenn Bremsen um seine Kruppe schwirren; er eilte besonders flink zwischen wie besessen tanzenden Schülern hin und her und warf besonders guten Tänzern Kußhändchen zu. Tetuamanuhiri erhob sich von seiner umgedrehten Bierkiste und dröhnte Befehle in die Gegend; Temauri Sing Fat verneigte sich ständig wie eine aufgezogene Blechpuppe aus Hongkong; und sogar Madame Bontemps spielte sich auf, sie setzte sich ans Piano und ließ ihre Finger in raschen Synkopen über die Tasten huschen.

O'Reilly wandte sich an Paul und rief ihm ins Ohr: „Ich will verdammt sein, diese Leute sind mit einem derartigen heiligen Eifer bei der Sache, daß sie uns gar nicht bemerken! Wenn ich diese Gruppe mitnehme und in Los Angeles auftreten lasse, fallen die Zuschauer in einen Massensexrausch. Wir müßten das Lokal schließen. Mann, o Mann!"

Er drängte sich an Paul vorbei und sank auf der Tanzfläche in die Knie, sein Elektronenblitz zuckte grell. Niemand ließ sich stören, Doodoo ging übergangslos vom *tamure* zum *otea* über; Alan O'Reilly warf sich auf den Rücken, er stieg auf Tetuamanuhiris Bierkiste oder rutschte auf den Knien zwischen den Tanzenden herum; auch er war von Begeisterung gepackt, von der Begeisterung eines Vollblutfotografen. Den Tanzenden rann der Schweiß herunter und färbte *pareos* oder Hemden dunkel. Doodoo unterbrach und machte eine Pause. Doch die Trommler hörten nicht auf ihn, einige Tänzer liefen plötzlich vor und zogen die Mannequins auf die Tanzfläche. Die *to'eres* rasselten sofort wieder los, und der ganze Saal lachte und klatschte in die Hände, als die vier Mädchen aus Hollywood ihre ersten ungeschickten Hüftbewegungen machten. Doodoo sah anscheinend seine Rolle als Tanzlehrer gefährdet und eilte sofort herbei, zeigte den Mannequins, wie man die Hüften richtig schwingen ließ, stellte sich hinter die Mädchen und führte sie mit kräftigem Händedruck in die richtige Schwingbewegung ein.

O'Reilly tauchte neben Paul auf, er wechselte im Stehen den Film. „Ich glaube, wir haben einen sehr günstigen Moment erwischt. Wir sind gar nicht so unwillkommen, wie ich gedacht habe. Vielleicht sollten wir die Chance nützen und mit dem Komitee reden?"

In diesem Augenblick zupfte Tetuamanuhiri Paul auf der anderen Seite und sagte auf tahitianisch: „Das gefällt dem Amerikaner, daß wir seinen Freundinnen zeigen, wie man richtig tanzt, wie? Sollen wir nicht mit ihm reden, solange er noch erfreut ist?"

„*What does he say?* Was sagt er?" fragte Alan O'Reilly.

„*Ua parau i te merite i te aha?* Was sagt der Amerikaner?" fragte Tetuamanuhiri.

Paul sandte in Gedanken einen kurzen Dank an den blinden Stein-*tiki* im Garten des *Aimeo* und beschloß, den Augenblick zu nutzen.

„Das ist der Chef der Tanzgruppe, Häuptling Tetuamanuhiri", sagte er auf englisch zu dem Amerikaner. „Er fragt, ob Ihnen der Tanz so gefallen hat, daß Sie mit Ihrer großen Kamera Bilder gemacht haben. Er möchte ein Bild von sich haben."

„Sagen Sie ihm bitte, ich komme morgen mit meiner Polaroidkamera und mache für alle Bilder, natürlich auch für ihn, er bekommt auch eine Farbvergrößerung. Mann, Paul, das könnte funktionieren, reden Sie ihm gut zu."

Paul wandte sich auf tahitianisch an den Komiteechef: „Der *meritani* sagt, der Tanz hat ihm gut gefallen. Es würde ihn interessieren, wie das mit schönen Kostümen aussieht." Paul hatte schon so viel für dieses Komitee gelogen, daß es ihm fast nicht mehr auffiel. Er fuhr fort: „Der *meritani* sagt, es könnte sein, daß er dann von der ganzen Gruppe Aufnahmen macht, die ins Fernsehen kommen. Für diese Aufnahmen will er zahlen. Er fragt, wieviel das Komitee für ein Bild haben will."

Tetuamanuhiri wurde verlegen und stotterte: „Wenn wir nur ins Fernsehen kommen mit unseren Bildern, er kann sie umsonst machen, der Amerikaner! Wir werden Tag und Nacht an den Kostümen arbeiten."

Paul wandte sich wieder an O'Reilly. „Der Häuptling sagt: Polaroidaufnahmen darf jeder Tourist am *tiurai*-Tag von der Gruppe machen, wenn sie in Afareaitu tanzt. Er sagt, es war einmal ein Fotograf aus Hollywood da, der hat ihnen Geld gegeben, da haben sie sich schön angezogen und haben für ihn getanzt. Der Häuptling sagt, er braucht viel Geld für das kommende Fest. Er fragt: ‚Wieviel zahlt dein Freund mit der Kamera, wenn wir für ihn tanzen? Wir haben viel zu tun!'"

O'Reilly bekam glänzende Augen, „Mann, Paul, das wäre phantastisch! Ich zahle ihm glatt Modellöhne wie in den Staaten. Zehn Dollar die Stunde für jeden Statisten, zwanzig Dollar die Stunde für Solomodelle, und er selbst bekommt dreißig Dollar für jede Stunde, die wir für Aufnahmen brauchen!"

Paul wandte sich schmunzelnd wieder an den Komiteechef. „Der berühmte Regisseur sagt, für jeden Tänzer, jede Tänzerin, jeden Trommler und jede Großmutter, die er schön genug findet, bekommt das Komitee zehn Dollar pro Tag. Er sagt, wenn die Kostüme sehr schön sind und die Tänze besonders gut, dann wird er viele Aufnahmen machen!"

Jetzt begannen Tetuamanuhiris Augen zu strahlen, er nahm seine Finger zu Hilfe, aber er merkte, daß die Summe weit über seine Fähigkeiten hinausging. Da streckte er lachend eine schaufelförmige Hand aus, um den Handel mit dem berühmten Fotografen perfekt zu machen.

O'Reilly begriff ohne Übersetzung und legte seine schmale Hand vorsichtig in die Pranke des *tavana tiurai*.

„*Hoe, piti, toma!*" schrie Doodoo, und die ganze Sonntagsschule begann zu tanzen. Dieses einmalige Glück durfte man nicht ungefeiert vorübergehen lassen. Der Fotograf konnte Paul gerade noch seine teure Kamera in die Hand drücken, da zog ihn schon ein Dutzend Mädchen in den Kreis.

„Paul! Pa'aul!"

Er kniete im Arbeitsschuppen, zog gerade eine Kontermutter an und konnte nicht loslassen.

„Hier bin ich, Paula!" brüllte er. „Ich baue gerade etwas sehr Wichtiges!"

Paula erschien in der Tür und fuhr erschrocken zurück, als sie das Fahrrad sah, an dem er herumwerkte.

„Um Himmels willen, Hollinger-*tane*! Was soll denn das werden, eine Raketenabschußrampe?"

Paul richtete sich stolz auf und betrachtete seine Erfindung. Rund um den Längsholm seines Fahrrads war eine Anzahl langer grauer Röhren angebracht. Das Ganze sah wirklich wie eine Waffe mit vielen Läufen aus.

„Die neueste Entwicklung auf dem Sektor der Brotbeförderung!" erklärte er. „Das erste Modell eines H.B.B.B.s, eines Hollinger-Baguette-Beförderungs-Behälters. Damit werde ich berühmt. Das werden alle haben wollen. Ich überlege gerade, welche Werkzeugmaschine ich für die Serienproduktion anschaffen muß. Das wird ein Verkaufsschlager ersten Ranges. Hier . . ." Er bückte sich, um seiner Frau die Details zu zeigen. „Konzentrisch zum Holm des Fahrrads sind sechs zugeschnittene Plastikregenröhren angeordnet. Hier vorn sind die Abschlußkappen fest aufgeschraubt, und hier hinten habe ich Schnappdeckel entworfen, die wie ein Revolvermagazin nach unten aufklappen . . . So – äh!" Er zog an einer Lasche, und ein Sechseck von runden Deckeln klappte mit sattem Seufzen auf. Paula starrte in die drohenden Mündungen.

„Du hast recht, Paula, es ist das Prinzip eines Raketenwerfers, nur daß hier statt brisanter Granaten frische Baguettes in die Rohre geschoben werden. Bis zu sechs Stück! Dann ein Druck . . . Schnapp! Und die Baguettes sind staub-, bruch- und unfallsicher am Fahrrad verstaut. Den verdammten Brotstangen kann nichts mehr passieren und mir auch nicht. Na, was sagst du zu meiner Erfindung?"

Paula blickte auf das verunstaltete Fahrrad und wußte, daß sie es nie besteigen würde, weil man das wahrscheinlich nur mit ausgeprägten O-Beinen tun konnte.

„Sehr praktisch", sagte sie.

„Nicht wahr?" Paul war von seiner Idee begeistert.

„Ich meine das ernst", sagte Paula, „weil wir ab morgen viel mehr Baguettes brauchen werden. Ich habe nämlich einen neuen Großauftrag bekommen. Ich soll in kürzester Zeit 250 Meter Kattun liefern, im ‚Pao-Pao-Sonnencremedesign', als Grundausrüstung für neue Werbeaufnahmen. Weil ich das allein nicht mehr schaffe, habe ich Marie Claude, die Buchhändlerin, Anémone, die Frau deines falschen Prinzen, und Cynthia als Hilfskräfte gewonnen. Natürlich müssen wir sie gut verköstigen. Da kommt deine Baguette lafette sofort zum Einsatz. Die Sache hat nur einen Haken . . ." Paula zögerte.

„Welchen denn?" Paul wischte sich die schmutzigen Hände an der Hose ab. „Daß du immer so komisch redest, wenn es um Cynthia geht. Ich habe dir doch gesagt, ich liebe nur dich. Außerdem ist sie . . ."

„Sie meine ich gar nicht", unterbrach ihn Paula. „Du selber fängst dauernd mit Cynthia an. Der Haken, den ich meine, besteht darin, daß ich die Wäscherei Poo Loo Holling wieder beschäftigen muß. Es wird aber diesmal eine gute Woche dauern, bis wir fertig sind."

„Hm." Paul kratzte sich den Bart. „Irgendwie fällt alles, was ich aus reiner Menschenfreundlichkeit für den *tiurai* organisiere, auf mein Haupt zurück. Aber du kannst dich darauf verlassen, die chinesische Wäscherei wird voll mitarbeiten. Ich überlege nur – wer von meinen Freunden hat solche Schlitzaugen, daß ich ihn anwerben könnte?"

„Wie wäre es mit Uwe von der BUMERANG? Dem hast du doch so viel geholfen, und außerdem kann er sich was verdienen."

„Paula, du hast immer die richtige Idee. Natürlich. Segler sind geborene Wäscher. Da werdet ihr *vahines* euch aber anstrengen müssen, damit wir keinen Stillstand in der Wäscherei bekommen. Du weißt, Stillstand ist teuer, weil die Chinesen dann so viel Bier trinken!"

„Hollinger-*tane*", sagte Paula glücklich, „wenn wir diesen Auftrag geschafft haben, können wir diesen Zusatzverstärker für dein Funkgerät kaufen, von dem du träumst!"

„Kommt überhaupt nicht in Frage!" rief Paul aufgebracht.

„Dann kaufen wir endlich eine neue Matratze für dich und diesen Fotobelichtungsdingsbumsapparat für das Kopieren von Mustern, den du dir so lange wünschst!"

„Auf keinen Fall", sagte Paula. „Erst kommt der Sender!"

„Nicht die Bohne!" rief Paul. „Erst kaufen wir deine Matratze, damit du nicht mehr so krumm liegst und dein Rücken weh tut!"

Paula merkte, daß er zornig wurde. Ihre Lippen zuckten, und sie sagte schnell: „Weißt du was, wir arbeiten erst mal und bringen das Geld auf die Bank. Dann streiten wir, was wir kaufen. Einverstanden?"

„Einverstanden!" strahlte Paul Hollinger. „Ich fahr' gleich mal zur BUMERANG hinunter. Uwe wird sich wahnsinnig freuen!"

Eine Stunde später kannte Paul ein halbes Dutzend neue Ausreden, wie man es elegant ablehnt, jemandem zu helfen; und er wußte auch, was er von einigen guten Freunden zu halten hatte.

Ich hätte es eigentlich vorher wissen müssen, sagte er sich. So ist das nun mal im Leben. Zum Glück sind Chinesen sehr fleißige Leute und werden auch allein fertig.

Die vier Frauen arbeiteten schon in Paulas Studio unter viel Lachen und Schwatzen, und Paul tat es ihnen in Arbeitsschuppen und Garten pfeifend nach. Etwas später kam Cadousteau mit seinem Jeep angerollt, um wie ein verliebter Jüngling nach seiner Cynthia zu sehen. Er stand im Studio herum und wurde prompt von den Frauen hinausgeworfen. Da kam er zu Paul, hängte ungefragt sein Käppi an einen Nagel und half, frisch gesäumte *pareos* zu waschen und zu trocknen.

„Eh, Paul! Was hältst du eigentlich von einem kühlen Bier?" fragte er nach einer Weile.

„Ausgezeichnete Idee, Jean Claude", meinte Paul. „Ich habe gehört, daß Wäscher und Hochofenarbeiter Freibier bekommen, weil sie diese schwere Arbeit sonst gar nicht leisten können. Ich habe noch zwei Flaschen im Eisschrank."

Jean Claude schnippte wegwerfend mit den Fingern. „Pah! Mit zwei Flaschen kommen wir nicht weit. Ich hole einen größeren Vorrat vom *Aimeo*."

Er sprang in seinen Jeep und schaukelte zum Hotel. Von dort

brachte er Bier und Maître Julien mit seiner Ukulele. Der Chefkoch des *Aimeo* hatte seinen freien Tag, und allein am Strand war es ihm langweilig geworden. Er setzte sich neben die von Cadousteau ebenfalls mitgebrachte Kühlbox, klimperte auf seiner Ukulele und übernahm den Ausschank. So ging die Arbeit flott weiter. Jean Claude erzählte Anekdoten aus seiner Gendarmenzeit, bis Paula nachsehen kam, was es in einer Wäscherei zu lachen gab.

„Na, ihr habt's euch aber gemütlich gemacht", strahlte sie. „Wenn man euch hört, glaubt man, ihr feiert ein Fest. Wollt ihr Männer vielleicht ein paar Schinkensandwiches zum Bier? Ich mache gerade Kaffee und einen Imbiß für meine Nähstube."

Julien legte seine Ukulele weg und sprang auf. „*Pas du tout!*" rief er. „Das übernehme ich. Zeigen Sie mir nur den Weg zur Küche, Madame! Mal sehen, ob ich noch weiß, was mir Maître Bocuse einmal beigebracht hat."

Lucien servierte nach einer Weile appetitlich duftende Baguettestücke, die er mit Schinken, Käse und einer raffinierten Gewürz- und Kräutermischung überbacken hatte.

„Das ist bedeutend lustiger als Patrouillefahren", meinte Jean Claude und biß in den krachenden Toast. Er hatte sein Hemd ausgezogen und schlug zwei leere Bierflaschen im Takt zu Luciens Geklimper gegeneinander, bis ihm Paul zurief, daß seine Waschmaschine wieder gefüllt werden müsse.

Auf einmal erklangen Gitarrenrhythmen als Begleitung zu Luciens Musik. Paul guckte unter den Tüchern durch, die er gerade aufhängte, und sah Toofa, seinen Nachbarn, neben Lucien im Gras sitzen und Gitarre spielen.

„Das artet ja wirklich zu einem Fest aus", grinste er und sinnierte über die unberechenbaren Antriebe nach, die Menschen veranlaßten, etwas gern und etwas anderes ungern zu machen. Als er morgens gefragt hatte: „Wer hilft mir beim Wäschewaschen?" war das genau der falsche Anfang gewesen. Hätte er statt dessen gesagt: „Kommt, wir wollen ein kleines Fest mit Bier, Toast und Musik veranstalten und dabei Wäsche waschen!", wären die Freiwilligen gar nicht zu zählen gewesen. Paul beschloß, sich diese Lektion zu merken.

Diesmal hatte er sie nicht mehr nötig, weil sich seine Wäscherei von ganz allein vergrößerte. Vincent Tehuritana, der Sänger und Bandleader vom *Aimeo,* kam, Lucien um sein Surfbrett zu bitten, und blieb, um den Koch auf der Ukulele abzulösen, damit der wieder in die Küche gehen konnte, um neue Snacks zuzubereiten.

Dann erschien Herb Knopf, der Tischler, um Paul einen Lehnsessel zurückzubringen, den er ihm aus Freundschaft frisch geleimt und lackiert hatte; er blieb gern auf ein, zwei Bier. Am Nachmittag war Hollingers Garten über und über mit fertigen, orangegelben *pareos* geschmückt wie der *tahua tiurai,* der Tanzplatz am 14. Juli; Teva, der älteste Sohn von Pauls Nachbarn, schleppte seine *to'eres,* seine Holztrommeln, an, und Paul hob in einer Ecke des Gartens eine Grube aus für einen *ahima'a,* einen polynesischen Erdofen, weil ein Abendessen für so viele die Küche der Hollingers überforderte. Der Gendarm und Toofa bewaffneten sich mit Haumessern und verschwanden im Wald, um Brennholz zu sammeln. Als in der Grube ein großer Holzstoß mit kunstvoll geschichteten runden Vulkansteinen auflodorte, tanzten bereits die halbwüchsigen Töchter und Söhne des Nachbarn zu den Rhythmen der improvisierten *tamure*-Kapelle auf dem Rasen.

Der Gendarm mußte schon wieder um Bier und Eis fahren. Laut hupend kam er zurück, sprang aus dem Jeep und hob fröhlich zwei große, in der Sonne glitzernde *mahimahi,* zwei Königsmakrelen, von je zehn Kilo hoch.

„*Saperlipopot!*"schrie er. „Das schickt dir dein Freund, der dicke *capitaine* von der Kiosk! Ich habe ihn unten an der Straße getroffen und eingeladen. Er kommt gleich nach, das ist dir doch recht, Paul?"

Paul kam sich allmählich wie in einer Filmgroteske vor. Gerade noch hatte er sich den Kopf zerbrochen, ob das bißchen Schweinefleisch, das er in der Kühltruhe hatte, für alle ausreichen würde, und wo er Fische auftreiben sollte.

„Wen könnten wir noch einladen, der Brotfrucht, Bananen, *taro* und *fafa* mitbringt, damit unser *tama'ara'a* wirklich ordentlich wird?" fragte er.

„*Pas de problème,* Hollinger-*tane!*" sagte Toofa, der Nachbar.

„Wir waren gestern auf unseren Feldern ernten, aber mein Auto wollte nicht mehr starten, es steht noch oben, voll mit Früchten und

Gemüse. Vielleicht kann uns der *muto'i farani,* der Gendarm, hinauffahren?"

Cadousteau salutierte schneidig ohne Käppi. „Die Gendarmerie muß selbstverständlich die Bevölkerung bei Hungersnot unterstützen. *Allons!"*

„Ich komme mit meiner Werkzeugkiste!" schrie Paul. Er schaltete die Waschmaschine wieder ein und lief dann mit seinem Werkzeug zum Jeep, auf dem bereits Toofa, dessen halbe Familie und Lucien hockten.

Der Gendarm rumpelte nach Toofas Navigationsanweisungen über schmale, schlammige Waldwege, dann steil hinauf durch das Dickicht zu den Feldern von Pauls Nachbarn. Während die Tahitianer und Lucien Früchte, Gemüse, viel grünes Holz und Bananenblätter für den Ofen einsammelten, kümmerten Jean Claude und Paul sich um Toofas lehmbespritzten Pritschenwagen. Zündung, Batterie und Starterkabel schienen in Ordnung.

„Starte!" bat Paul seinen Freund.

Cadousteau schwang sich hinter das Lenkrad und drehte den Schlüssel: nur ein lautes Klicken, sonst nichts. Paul Hollinger grinste.

„Jetzt zeige ich dir einen Trick. Wenn es so klickt, ist es meistens der Regler. Oft genügt ein kurzer Schlag . . . Halt mir die Daumen!"

Er nahm den Hammer und gab der kleinen Reglerbox einen hallenden Schlag. „So . . . Starte!"

Cadousteau drehte den Schlüssel, und schnurrend sprang der Motor des Renault an.

Der Gendarm wackelte anerkennend mit dem Kopf. „Diesen Trick muß ich mir merken. Auch ein Gendarm lernt nie aus, *e ta'ata tata'i maita'i roa!* Du bist ein sehr guter Repariermensch, Paul, *mon vieux garçon!"*

Sie trafen mit beiden Autos gerade noch rechtzeitig unten ein; das Feuer war herabgebrannt, und die rotglühenden Vulkansteine waren in die Asche und die Glut der Grube gefallen. Mit einem langen Ast schob Toofa die Steine zurecht, bis sie so regelmäßig wie nur möglich den Boden der Grube füllten. Sie legten kreuzweise frische Äste über die Steine, dann eine dicke Lage grüner Bananenblätter und darauf die Fische, das Schweinefleisch, das Gemüse, die

Bananen, die halbierten Brotfrüchte und eine große Schüssel *po'e,* tahitianischen Pudding aus vorgekochten Papayafrüchten, Kürbissen und Guava, die Toofas Frau vorbereitet hatte. Nach einer weiteren Lage Bananenblätter deckte Paul die Grube mit einem Stück alter Segelleinwand ab und schaufelte die ausgehobene Erde wieder darauf, um den *ahima'a* gut abzudichten. Alle im Ofen vergrabenen Lebensmittel würden von dem Dampf, den die grünen Äste und Blätter auf den glühenden Steinen entwickelten, innerhalb weniger Stunden gargekocht werden. Die grünen Blätter würden verhindern, daß der Fischgeruch in den *po'e* zog oder der Bratenduft des Schweinefleischs in die Brotfrüchte.

Paula und ihre Näherinnen machten Feierabend und mischten sich unter die fröhliche Menge im Garten. Lucien brachte Rotwein, und dann erschien Sepp Panninger von der KIOSK, so prächtig mit Muschelketten aufgeputzt wie der König von Raiatea, mit seiner Frau, einer lustigen, nudeldicken Tahitianerin, die er Resi nannte. Zwei seiner Schwiegersöhne und einige jüngere Frauen begleiteten ihn und brachten noch ein paar Gitarren und Ukuleles mit.

Herb Knopf, der Tischler, befestigte Pauls Stichsäge mit zwei Schraubzwingen am Werktisch im Arbeitsschuppen und halbierte Kokosnüsse, deren Inhalt von einigen Frauen feingeraspelt wurde, um die Milch rauszupressen, die integrierende Hauptwürze und Sauce der tahitianischen Küche; die sauber geputzten Hälften schliff Herb Knopf dann mit Pauls Schleifscheibe innen glatt, um Trink- und Saucenschüsseln in genügender Zahl für die vielen Gäste herzustellen.

Das improvisierte Wäschereifest wurde eine ausgelassene, fröhliche Feier, die als Hollingers Mini-*tiurai* in die Geschichte der Bucht einging. Bis spät in die tiefe Nacht wurde gegessen, getrunken, gelacht, gesungen und getanzt. Cynthia Cadousteau wurde zur Miß Mini-*tiurai* gekrönt und Paul zum *tavana horohoroi,* zum Häuptling der Wäscher.

Paul kam am nächsten Morgen etwas schwer hoch und mußte lange kalt duschen, bevor er in Stimmung war, zum Bäcker zu fahren. Von einem staunenden Kreis Kinder umgeben, lud er seine Baguette-Kanone. Gut, daß der große Durchmesser der Dachrinnen es erlaubte, je zwei Baguettes pro Rohr zu verstauen. Er beeilte sich, nach Hause zu kommen.

„Das war eines der besten Feste in den letzten Jahren hier in unserem Garten", sagte er zu seiner Frau. „Alle haben sich königlich unterhalten. Hast du noch gesehen, wie Sepp Panninger sich Vincent unter den Arm klemmte und mit ihm zum Hotel marschierte, weil der Sänger unbedingt so lange singen wollte, bis die Sonne aufging?"

„Ja, das habe ich noch gesehen", lächelte Paula. „Ich fürchte nur, heute wird deine Wäscherei recht einsam sein, denn deine Chinesen, wie du gestern alle genannt hast, haben eine unheimliche Menge Bier getrunken. Du mußt das mit Jean Claude regeln, ich glaube, er hat alles bezahlt, es war ziemlich viel. Jetzt komm, ich habe dir ein kräftiges Frühstück gemacht. Ich fürchte nämlich, daß du heute einen schweren Tag haben wirst, mein armer Paul. Ich war vorhin im Garten . . ." Paula zögerte einen Moment, dann sprach sie schnell weiter: „Na ja, einige unserer Gäste haben ihre rußigen oder fettigen Finger der Einfachheit halber an deinen frisch gewaschenen *pareos* abgewischt."

Pauls Stirn umwölkte sich. „An meinen frisch gewaschenen *pareos*? Das finde ich aber gemein. Dann ist es nur gut, wenn keiner von meinen Chinesen kommt, ich würde sie sonst an ihren Zöpfen reißen." Paul starrte einen Moment vor sich hin, dann hellte sich sein Gesicht auf.

„Hei! Wie seltsam. Gerade jetzt fällt mir ein, warum die Chinesen Zöpfe haben. Ganz einfach: Als uraltes Kulturvolk waren sie gescheit genug zu wissen, daß man manche Leute manchmal rügen muß. Fußtritte und Schläge, wie in Europa üblich, sind barbarisch! Aber so ein kurzer Ruck an einem eigens dafür entwickelten Zopf! Das nenne ich eine optimale menschliche Lösung. Daß das noch niemandem eingefallen ist! Ich muß darüber einen Artikel für GEO schreiben . . ."

Paula zog ihren Hollinger-*tane,* Hafenkapitän, Philosoph und Artikelschreiber, lachend zum Tisch. Paul war hungrig wie ein Wolf, er putzte seinen Teller im Handumdrehen leer, lehnte aber Paulas Angebot einer zweiten Tasse Kaffee ab und marschierte fröhlich summend in seine Wäscherei. Er hatte nämlich sichergestellt, daß noch eine Flasche Bier als eiserne Reserve auf Eis zurückgeblieben war.

Die körperliche Arbeit tat ihm gut, er pfiff vergnügt vor sich hin. Da hörte er Gitarrenklänge und vielstimmigen Gesang, der schnell näher kam. Er lief erstaunt zur Tür des Arbeitshauses und sah ein Bild, wie er es nicht für möglich gehalten hätte. Der Gendarm sprang aus dem Jeep, von dem buntes, blumengeschmücktes Volk kletterte, und lud Bierkisten aus. Er sah Sepp Panninger seine Schwiegersöhne herumkommandieren, die Körbe mit Früchten und Gemüse in den Garten trugen. Er sah Lucien, der eine hohe Kochmütze trug und seine Ukulele; Herb Knopf mit seiner Tochter; Cynthia, Marie Claude, diesmal in Begleitung ihres Janneau, Anémone und auch Philip, mit zwei kleinen Kindern am Arm. Quer über den Rasen kam Toofa auf ihn zu und winkte schon von weitem mit einer Bananenstaude.

Paul war sprachlos. Die komplette Mini-*tiurai*-Mannschaft war wieder da.

„Paula! Pau-uuuuula!" schrie er zum Bungalow hinüber. „Ich bin nicht einsam. Meine Wäscherei ist die größte und beliebteste von ganz Moorea!"

Paula war leicht geschockt, als sie sah, mit welcher Selbstverständlichkeit alle Frauen zu ihr ins Studio kamen. Anémone und Marie Claude hatten sogar ihre eigenen Nähmaschinen mitgebracht. Und mit welcher Sicherheit der Gendarm die männlichen Gäste in Musiker, Bierausschenker und Wäscheaufhänger einteilte!

„He! Fangt nicht ohne mich an!" schrie Vincent Tehuritana und kam den Weg heraufgerannt, unter dem Arm seine Gitarre und ein kleines Netz voll bunter Lagunenfische. „Ich bin ja schon da!"

„So, los geht es!" sagte Jean Claude und reichte Paul ein geöffnetes Bier. „Bei dir ist es lustiger als auf dem richtigen *tiurai, à votre santé, o tavana horohoroi*!"

Am Wochenende war O'Reillys Kollektion fix und fertig gefärbt, gewaschen und gebügelt, verpackt im Dutzend; alle Festteilnehmer bedauerten es zutiefst, daß es nichts mehr zu tun gab und das eine Woche dauernde *tiurai* schon vorüber war.

Paul brachte die *pareos* im Komiteejeep ins *Hotel Aimeo*. Der Fotograf ging schon nervös vor der Rezeption auf und ab und sah auf seine Uhr. Aber die Mannequins trugen Kleider und Schuhe statt *pareos,* und eine Unmenge Koffer standen herum. Paul starrte verständnislos auf diese offensichtlichen Abreisevorbereitungen.

„Oh, Captain Hollinger!" rief Alan O'Reilly und kam auf ihn zu. „Hier ist der Scheck für Ihre Frau. Sagen Sie ihr bitte in meinem Namen vielen Dank. Tut mir leid, daß ich sie nicht mehr persönlich aufsuchen kann, aber unser Bus kommt in wenigen Minuten, wir müssen abreisen!"

„Abreisen?" Paul war verwirrt. „Aber die Werbefotos! Sie haben doch noch nicht alle Fotos gemacht?"

O'Reilly zuckte mit den Schultern. „Dazu kommt es jetzt nicht mehr. Wir haben neue Anweisungen vom Werbedirektor der Los Angeles Cosmetic Corporation. Der Testverkauf der Serie ‚Pao Pao' hat nicht den gewünschten Erfolg gehabt. Pao Pao ist somit gestorben. Die Sonnencreme wird in Zukunft ‚Fidji' heißen, von diesem Namen versprechen sich die Erzeuger eine bedeutend höhere Zugkraft. Also fliegen wir so schnell es geht nach Fidschi und machen neue Werbefotos in Fidschi! *That's life!"*

„Aber . . ." Paul war entsetzt. „Aber was machen Sie jetzt mit den *pareos?"*

O'Reilly wischte mit der Hand durch die Luft. „Eh, machen Sie damit, was Sie wollen. Schenken Sie sie her, oder verwenden Sie sie als Putzlappen. Bezahlt sind sie, das Projekt Pao Pao ist abgebucht. *Oh yes, I nearly forgot something!"* Er suchte in seiner Hemdtasche und zog noch einen Scheck hervor. „Ihr dicker Freund, der König von Moorea, Tutu Hihi oder wie er heißt, muß natürlich enttäuscht sein, weil aus den Aufnahmen nichts wird. Sagen Sie ihm bitte, ich schicke alle Abzüge, die ich von ihm gemacht habe, an Ihre Adresse. Dann habe ich die Zeit und die Anzahl der Tänzer damals in der Schule geschätzt, denn selbstverständlich sollen alle ihr Honorar erhalten. Geben Sie das bitte dem Chef. Oh, da kommt unser Bus. *Bye-bye,* Captain Hollinger! Und küssen Sie Ihre Frau von mir. Ganz entzückende Dame!"

Paul Hollinger stand da und starrte auf den Scheck über 1286 Dollar und 80 Cents. Die Türen des Kleinbusses schlugen zu, O'Reilly beugte sich aus dem Fenster und winkte, seine Manne-

quins winkten aus den anderen Fenstern der Mannschaft der AME-
RICAN EAGLE zu, und auch Paul winkte automatisch.

Der Kleinbus brauste davon, und Paul ging erst einmal in die Bar
des Hotels. „Einen ganz großen ‚Special‘, Maitai!" sagte er. „Ich
muß nachdenken."

Der Applaus der vielhundertköpfigen Menge schwoll noch einmal
brausend an, es hagelte Pfiffe und witzige Rufe von allen Seiten,
während sich die Tanzgruppe, die eben ihre Vorführung beendet
hatte, mit langsamem Schritt rückwärts aus dem Licht der Scheinwerfer und Fackeln unter die Affenbrotbäume zurückzog.

„Aii!" Jean Claude Cadousteau fächelte seine geöffnete Hand, als
hätte er etwas Heißes angefaßt. „Diese Gruppe ist aber sehr gut.
Na, wir sehen ja gleich unsere Champions aus Pao Pao." Der Gendarm saß neben Paul Hollinger in der zweiten Reihe der *tiurai*-Tri-
büne auf dem Festplatz von Mooreas Hauptdorf, Afareaitu. Paula
und Cynthia daneben unterhielten sich ebenfalls. In der ersten
Reihe, wo die Persönlichkeiten des öffentlichen Lebens Platz genommen hatten, drehte sich jetzt ein eleganter Herr mit einem breiten Panamahut um. Es war Commandeur Lachèrade. Er neigte sich
zu Paul.

„Ich bin ja sehr gespannt, was dieses Katastrophen-Komitee nun
zusammengestellt hat. Mein Werbemann hat mir berichtet, die Festvorbereitungen seien ein totales Chaos, das Komitee ständig am
Rand der Auflösung; es war ihm nicht möglich, mit einer einzigen
vernünftigen Person zu sprechen. Wenn jetzt wirklich diese Homo-
sexuellen auftreten, bin ich ja sehr froh, daß mein Name damit
nicht mehr in Verbindung gebracht werden kann. Ich werde aber
aus Patriotismus applaudieren, auch wenn es nur halbwegs klappt."

Paul nickte, auch er war gespannt. Die Nachricht, daß es keine
Aufnahmen und somit keine Chance mehr gab, ins Fernsehen zu
kommen, hatte das Komitee und auch die Tanzgruppe sofort wieder aufgelöst. Es kam wie gehabt: Die Trommler packten ihre Instrumente, die Mädchen diskutierten heftig untereinander, ob sie
sich noch schnell einer anderen Gruppe aus den Nachbarorten an-
schließen sollten, Doodoo schmollte und wollte kein Tanzmeister
mehr sein, und Tetuamanuhiri steckte sich den Scheck hinters Ohr,

um damit so viel Schnaps zu kaufen, daß er bis August nichts mehr sehen oder hören konnte. Er setzte sich ans Ufer der Bucht, um den Vollmond anzuweinen.

Paul Hollinger redete eine Weile auf den schluchzenden *tavana tiurai* ein, aber er hätte genausogut versuchen können, einem großen Lavablock zuzureden, seine Farbe zu ändern. Er wollte schon fortgehen, da stand auf einmal Pater Bruno neben ihm und begann, eine seltsame Predigt zu halten.

Er fragte den Mond, ob er vielleicht gesehen hätte, wie damals vor vielen hunderten Jahren der große Cook mit seiner riesigen Piroge in die Matavai-Bucht gekommen war. Er fragte den Mond, ob er gesehen hätte, wie damals das große Fest für Kapitän Cook vorbereitet wurde, und ob auch damals der *tavana upa upa,* der Chef der Tanzgruppe, sicherlich ein Ur-, Ur-, Urgroßvater von Tetuamanuhiri, gesagt hätte, er könne leider kein Fest für Kapitän Cook geben, denn seine Tanzmädchen hörten nicht auf ihn und wollten nur tanzen, wenn Webber-*tane,* der Maler von Kapitän Cook, von allen ein großes Bild malen würde; und seine Trommler würden nur trommeln, wenn sie vorher viel Geld für Bier bekämen; und seine Tänzer würden nicht tanzen, weil sie zu faul seien, sich selbst ein Kostüm zu machen; und ob der Mond auch gesehen hätte, wie der *tavana upa upa* sich ans Ufer der Bucht gesetzt hätte, um zu weinen und Schnaps zu trinken, und es so kein Fest für den großen Kapitän Cook gegeben hätte.

Tetuamanuhiri horchte bei diesen Worten auf, denn das Geschichtenerzählen war eigentlich sein Metier. Er horchte gespannt, was Pater Bruno weiter zu predigen hatte. Der Priester stand mit verschränkten Armen ganz ruhig da und fragte den Mond, ob er ihm sagen könne, wieso es aber dann doch noch ein Fest für Kapitän Cook gegeben habe. Ob vielleicht der *tavana upa upa* von damals ein Mann von solchem Ansehen und von solcher Autorität gewesen war, daß es einem einfachen Tanzmädchen nie eingefallen wäre, ihm zu widersprechen. Und ob die Tahitianer in alter Zeit vielleicht auch getanzt hätten, wenn es ihnen Spaß machte, und nicht nur, wenn sie dafür Bier und Geld bekamen. Pater Bruno fragte den Mond, ob wohl der große König dem *tavana upa upa* eine schöne Muschelkette geschenkt hätte, oder ob er ihn ganz rasch an die Leute auf den Inseln im Westen verkauft hätte, die nutzlose *tavanas* gern schlachteten und aßen.

Tetuamanuhiri stand daraufhin auf und erklärte dem Pater, daß der König solche *tavanas* ganz sicher an die Schweine verfüttert hätte.

Er trommelte auf seinen riesigen Brustkasten, daß es über die Bucht dröhnte, und rief mit schmerzerfüllter Stimme: „*Ha'ama, ha'ama!* Schande! Schande!"

Dann reckte er seine gewaltigen Arme und stampfte in den Tanzsaal zurück wie ein erzürntes Felsmonument, das von seinem Sockel steigt und ins Dorf kommt, um nach dem Rechten zu sehen.

Paul und Pater Bruno hatten sich damals erwartungsvoll angesehen. Kurz darauf war Tetuamanuhiris Donnerstimme zu hören. Der allgemeine Lärm und die streitenden Stimmen verstummten. Tetuamanuhiri erzählte eine spannende Geschichte. Von dem schnellen, zornigen Tahitianisch verstand Paul nur Worte wie „Kapitän Cook" und: „Der Mond hat mir alles erzählt, er schämt sich für Pao Pao".

Der Priester und der Hafenkapitän standen lange im Mondlicht und hörten der gewaltigen Rede zu. Dann sahen sie, wie die Trommler ihre Instrumente wieder auspackten.

Paul ergriff Pater Brunos Hand und schüttelte sie grinsend. „Das war eine der besten Predigten, die Sie seit langem gehalten haben, Hochwürden!" sagte er.

Während er später die *pareos* des Fotografen auslud, hörte er Doodoo schreien: „*Hoe, piti, toma!*" Und die Trommeln rasselten, und der Gesang der Tänzer und Tänzerinnen war wunderschön und wahrscheinlich bis hinauf zum Mond hörbar.

Paul hatte sich von diesem Moment an nicht mehr um den *tiurai* gekümmert, aber er merkte, daß eine enorme Aktivität das ganze Dorf ergriffen hatte. Herb Knopf erzählte ihm, daß Serge Puairoa bei ihm gewesen war, um sich Ratschläge für den Bau eines großen Doppelkanus zu holen, das auch auf Rädern über Land fahren konnte. Überall in den Gärten sah Paul Frauen sitzen und flechten, sticken und knüpfen.

Er war deshalb jetzt wirklich gespannt, was aus all diesen hektischen Vorbereitungen geworden war – ohne Geld aus Hollywood, ohne Aussicht auf eine Filmkarriere.

Ein Ansager kündigte den Auftritt der Gruppe aus Pao Pao an. Paula stieß ihren Mann an und zeigte ihm, daß sie beide Daumen drückte. Paul zeigte ihr seine geballten Fäuste zurück.

Eine tiefe *pahu*-Trommel dröhnte im Marschrhythmus, mit dem Tetuamanuhiri in die Mitte des Tanzplatzes schritt. Er trug einen knöchellangen *pareo* aus Pao-Pao-Stoff, sein gewaltiger Bauch und die Schultern glänzten geölt, und unzählige Muschelketten und Blumengirlanden hingen um seinen Hals. Er stützte sich auf ein prächtig geschnitztes Zeremonienpaddel, gebot mit erhobenem Arm den Trommlern Einhalt und hielt eine kurze Ansprache. Er begrüßte den Bürgermeister, die Jury, die Gäste und Touristen; er kündigte an, daß die Gruppe aus Pao Pao alle traditionellen Tänze zeigen werde, aber so zusammengestellt, daß sie die Geschichte von Moorea erzählten. Darauf schritt er etwas zur Seite und stellte sich wie ein Monument dicht vor der Tribüne auf. Ein Gewitter von Blitzlichtern flackerte auf, weil dort eine Gruppe amerikanischer Touristen Platz genommen hatte. Tetuamanuhiri ließ sich eine Weile anblitzen, dann drehte er sich plötzlich um, zückte ebenfalls eine Blitzlichtkamera, die unter den Blumenkränzen verborgen war, und blitzte die Touristen. Was er sagte, konnte Paul nicht verstehen, weil die Worte in einem kreischenden Auflachen der Menge untergingen. Aber der Ansager übersetzte mit seinem Lautsprecher für die englisch Sprechenden: „Häuptling Tetuamanuhiri sagt, auch seine Enkel sollen etwas zu lachen haben!"

Jetzt wieherten die Touristen los, das war ein Spaß, der ihnen gefiel.

Paul verkrampfte die Hände. „Hoffentlich bleibt er bei dieser lockeren Art", flüsterte er Paula zu. „Nur nicht zuviel Pomp und Gravität. Je mehr die Menge lacht, desto besser! Das war ein sehr guter Start."

Die Trommler hatten Aufstellung im Hintergrund genommen und legten jetzt los. Dann tanzten die Mädchen ins Licht, und es gab den ersten Applaus und begeisterte Pfiffe. Auch Paul pfiff durch die Zähne, die Gruppe war beeindruckend groß und trug ziemlich genau das Kostüm, das Doodoo so gefallen hatte, nur

ohne die Aufschrift „Polibois" auf den Busenschalen und am Kopfputz. Der rasante *tamure* ließ die Zuschauer begeistert aufheulen.
Die glitzernden Pailletten und Spiegelstückchen an den Hüften
warfen das Licht der Scheinwerfer tausendfach zurück, und die
blitzschnell wippenden und schwingenden Hüften malten Licht-
kreise mit einer bewundernswerten Präzision und einem gekonnten
Taktgefühl. Der *tamure* brach ab, unter einem neuen Trommelwirbel zogen sich die Mädchen zurück, und die jungen Burschen
sprangen in langen Schritten herbei. Sie trugen kurze Baströcke,
lange, flatternde Farnkränze um die Stirn und schwangen kurze, fe-
derflaumbesetzte Speere. Ihr wilder Kriegstanz veranlaßte viele Zuschauer, im Takt mitzuklatschen. Dann nahm die Gruppe der Großmütter in langen, wallenden Gewändern, mit Blumenkronen auf
den weißen Haaren, Aufstellung und sang ein Lied über die Besied-
lung Mooreas in alter Zeit. Bei ihrem zweiten Lied, über das Leben
in Moorea, tanzte die Kindergruppe der Sonntagsschule mit, Buben
und Mädchen, Hüften und Köpfe nur mit großen grünen Blättern
bedeckt. Sie teilten sich in viele kleine Gruppen, die sich auf dem
Rasen niederließen und mit einfachen Bewegungen den Inhalt des
Liedes andeuteten: das Pflücken von Bananen, das Stampfen von
Maniok, das Rühren von *po'e,* das Flechten von Blumenkränzen
und die Herstellung von Taparindenstoff. Dann kam wieder die
Tanzgruppe, und vier Reihen Burschen und Mädchen setzten sich
in Sternform nieder und sangen den *aparima* vom Fischfang. Dazu
wiegten sie ihre Oberkörper im Takt; es war ein anmutiges Bild,
wenn achtzig braune Hände gleichzeitig Paddelbewegungen machten oder Netze auswarfen und einholten, Fische speerten oder an-
gelten.

„*Sacrebleu!*" stieß Cadousteau hervor. „Die müssen geübt haben
wie Besessene! Also, bisher ging es großartig, jetzt dürfen ruhig ein
paar Schnitzer passieren, das ist nicht mehr so schlimm. Ausgepfif-
fen wie voriges Jahr werden wir diesmal nicht, das ist sicher!"

Aber es kam noch besser. Als nächstes bildeten die Großmütter
und in Pao-Pao-*pareos* gekleidete Männer mit Blumenkronen einen
hivinau. In zwei konzentrischen Kreisen umtanzten sich Männer
und Frauen, wechselten bei jedem Trommeltakt die Partner, drehten sich tanzend schnell im Kreis und schrien dazu: „*Hiri haa haa!*"

Die Großmütter bekamen großen Applaus, alle waren groß und dick, bewegten sich aber mit der Anmut junger Mädchen. Als sie das Lied von der Landung der Missionare sangen, näherte sich von den Bäumen her eine gemessen und gravitätisch schreitende Schar Burschen in fußlangen schwarzen Hemden, weißen Papierkrägen und breitrandigen schwarzen Hüten. Sie hielten bibelähnliche weiße Päckchen in der Hand und sangen daraus eine Art choralähnliches Lied vor.

„*Aii!* Das kann ins Auge gehen!" rief der Gendarm. „Der Bürgermeister von Afareaitu ist doch wahnsinnig bigott!"

Paul biß sich auf die Lippen. Welchem Spaßvogel war denn das eingefallen? Es kam aber noch ärger. Der Trommelrhythmus wurde schlagartig schneller, und eine Gruppe in unter den Armen zugebundenen, langen *pareos* tanzte zwischen die Großmütter und die Missionarsgruppe. Die Kapelle fiel in einen *tamure,* die Mädchen tanzten hüftschwingend unter dem Applaus der Menge. Da begannen die Mädchen mit einem Aufschrei, ihre *pareos* aufzuknoten. Einen Augenblick war es ruhig um den Platz, dann brüllten die ersten Männerstimmen anfeuernd, und Paul sah, wie sich der Bürgermeister nervös von seinem Stuhl erhob. In diesem Moment tanzten die Missionare auf einem Bein, mit ausgestreckten Armen, wie aufgeregte schwarze Krähen zwischen die Mädchenreihen, schüttelten ihre Päckchen, die sich zu Leinentüchern entfalteten, umhüllten damit die Mädchen und liefen mit ihnen vom Platz. Die Zuschauer heulten vor Spaß auf. Ein Mordsapplaus folgte. Der Bürgermeister setzte sich wieder hin.

Der Gendarm blickte Paul an und fächelte wieder mit den Fingern, als hätte er sich beinahe verbrannt.

Der Chor sang jetzt von der Flucht König Pomares nach Moorea, von seinen Feinden, und die wieder umgezogenen Tänzer und Tänzerinnen kamen zum großen Finale, zum *otea.* Sie mimten eine große Menge, die am Strand Ausschau hielt, dann schoben sich die hohen, verzierten Steven eines Doppelkanus ins Licht der Scheinwerfer. Tetuamanuhiri stand in einem prächtigen, rot-gelben Fransenmantel, einem hohen Federhelm und mit einem Riesenspeer auf der Plattform. Es ging zu wie in einer Operette: Er wurde begrüßt mit einem *tamure,* Kinder brachten Geschenke, die jungen Männer tanzten wieder einen Kriegstanz, um dem König ihre Treue zu zeigen, und alles gipfelte in Pater Brunos Lied, das der gesamte Chor aller Tänzer, Tänzerinnen und Mitspieler sang. Paul hörte ein herrliches Gitarrensolo als Einleitung und sah, daß Vincent Tehuritana unter den Trommlern saß. Das neue Lied wurde sofort ein Schlager. Nach der ersten Strophe sang das Publikum bereits mit, und donnernder Applaus belohnte Pater Bruno und Madame Bontemps für die Mühe.

Paul sah auf die Uhr. Der Auftritt der Pao-Pao-Gruppe war bestens gelaufen, mit dem richtigen Timing. Immer noch singend, bewegten sich alle mit langsamen Tanzschritten rückwärts von der Tanzfläche und winkten dem Publikum zu. Ein Dutzend Mädchen lief nach vorn zur Tribüne und hängte dem Bürgermeister und einigen anderen Gästen Blumenkränze um. Wieder kräftiger Applaus, die Trommlergruppe nahm ihre Instrumente, die Tänzerinnen verschwanden langsam, und auf einmal war nur noch ein Dutzend der großgewachsenen Mädchen übrig, die immer in den letzten Reihen getanzt hatten.

Paul kniff die Augen zusammen, er hatte so ein Gefühl, daß da noch eine Überraschung bevorstand. Der Ansager bedankte sich bereits bei der Pao-Pao-Gruppe, da liefen zwei der großen Mädchen auf die Trommeln zu, die anscheinend vergessen worden waren: statt diese aber aufzuheben, schlugen sie plötzlich einen schnellen *tamure*-Takt, und die restlichen Tänzerinnen kamen schnell nach vorn ins Licht. Sie tanzten gekonnt, und der erste Applaus erklang für die kleine Draufgabe, da begannen die ersten Zuschauer zu lachen. Ein baumlanges Mädchen in der vordersten Reihe hatte plötzlich einen Vollbart, dann setzte ein zweites einen Bart auf, die Leute begannen, lauter zu lachen; und in diesem Moment passierte der Schnitzer, den Paul die ganze Zeit befürchtet hatte. Eine Tänzerin verlor plötzlich ihren Bastrock, und obwohl sie sich sofort danach bückte, hatten doch alle gesehen, daß dieses Mädchen ein Mann war. Die Zuschauer heulten auf vor Lachen, als die verkleideten Männer jetzt mit langen Sprüngen flüchteten. Alles brüllte und lachte durcheinander, bis sich die Rufe „Pao Pao" durchsetzten, bis der ganze Platz im Takt „Pao Pao" schrie und in die Hände klatschte. Der Ansager konnte sich kaum mehr durchsetzen, als er das Ende der Veranstaltung verkündete und auf die Pirogenrennen und das Lanzenwerfen am nächsten Tag hinwies. Er versprach, daß die Pao-Pao-Gruppe am Abend wieder auftreten werde. Erneut begeistertes Klatschen und Gelächter.

„*Sacrebleu!*" wiederholte Cadousteau kopfschüttelnd. „Das war ganz hervorragend. Wenn unsere Leute nicht wegen des verlorenen Rockes vom Wettbewerb ausgeschlossen werden, dann steht der Gewinner von Moorea schon fest. Hast du die Jury gesehen? Die hat sich gekugelt vor Lachen, obwohl der Bürgermeister ganz entsetzt war. Oder vielleicht gerade deswegen? So, jetzt haben wir uns aber einen guten Schluck Wein verdient!" Er verneigte sich galant vor seiner Frau. „Darf ich um Ihren Arm bitten, Madame? In Anémones kleinem Restaurant ist für uns ein Tisch gedeckt und der Rosé schon gekühlt." Er hakte Paula auf der anderen Seite unter. „Eine wirklich prächtige Vorführung!"

Die beiden Ehepaare blieben noch bis zum Wochenende in Afareaitu und wohnten zusammen auf dem ROTEN BIBER, den Paul eigens zu diesem Zweck um die Insel gesegelt hatte, weil sonst kein Quartier aufzutreiben gewesen war. Diese vier Tage waren ein herrlicher Urlaub nach den hektischen Festvorbereitungen. Sie bummelten bis spät in die Nacht durch die Festbuden, kauften Glückslose, spielten in der Lotterie, der Gendarm schoß den beiden Damen einen großen Papierblumenstrauß in der Schießbude, Paul gewann mit einem Los eine fast mannsgroße Rosa-Panther-Puppe, die er Cynthia schenkte, als Spielzeug für den kleinen Gendarmen, bei dem er bald Pate stehen durfte. Sie sahen sich die Lanzenwurfwettbewerbe an, bei denen es galt, mit einer Lanze eine Kokosnuß hoch oben auf einer langen Stange zu treffen. Sie besuchten eine Ausstellung lokaler Künstler, und Paula kaufte ein kleines Bild, ein Mädchen auf einem Pferd, von der bekannten englischen Malerin Shelshir. Sie schauten beim Pirogenrennen zu und hielten die Daumen für das grüne Boot der AMERICAN EAGLE. Die Boston Boys hatten bei den Ausscheidungskämpfen in der Pao-Pao-Bucht einen guten zweiten Platz belegt und durften für Pao Pao zusammen mit den Siegern starten. Nach der ersten Runde lagen die beiden Boote aus Pao Pao ganz vorn und hatten gute Chancen, Inselchampion zu werden.

Die Amerikaner legten auch gleich nach dem Start zum letzten Rennen mit einer derartigen Kraft los, daß sie sich sofort an die Spitze des Feldes setzen konnten und ihre Position dort auch behaupteten. Der Ansager starb beinahe vor Aufregung, als er immer wieder schrie: „Die Amerikaner sind noch immer vorn, die Amerikaner gewinnen weiter Abstand, die Amerikaner sind schon in der Zielgeraden!"

In diesem Moment kenterte die Piroge der Amerikaner. Hunderte tahitianische Zuschauer schrien begeistert auf. Die dichtauf folgenden Pirogen kamen aber ebenfalls in Schwierigkeiten, fuhren ineinander, mußten ausweichen oder ihre Fahrt mit quergestellten Paddeln bremsen. Ein langes rotes Boot schoß an der Zielboje vorbei. Es war das zweite Boot aus Pao Pao, das damit den Preis von Moorea gewann.

Paul mußte dann zurück, weil wieder ein Kreuzfahrtschiff angesagt war, und fuhr mit dem Gendarmenpaar gemütlich durch die Lagunen und schmalen Passagen nach Hause. Das große Fest war so gut wie vorüber. Der Alltag im Paradies begann wieder.

Am nächsten Morgen geleitete Paul Hollinger die AMERICAN EAGLE durch die Teavaroa-Passage.

„Haben Ihnen das die Boys schon erzählt?" fragte Bill Johnston beim Abschied von der Reling herunter. „Ihre Auslegerzurrings waren angeschnitten. Deshalb sind sie gekentert. Irgendeinem Lokalpatrioten hat es anscheinend nicht gefallen, daß Ausländer den begehrten Preis gewinnen sollten. Jetzt sind sie natürlich ein bißchen deprimiert, weil sie den Sieg schon so dicht vor Augen hatten. Aber wenigstens bleibt mein großer Pokal in Pao Pao, das Wirrwarr nach der Kenterung hat die Piroge der Pao-Pao-Fischer ja begünstigt. Was macht eigentlich Ihr dicker Freund, der König von Moorea?"

Paul steuerte seinen ROTEN BIBER neben dem großen weißen Segler her. „Tetuamanuhiri ist jetzt wirklich König von Moorea!" lachte er. „Nachdem seine Gruppe den ersten Preis gewonnen hatte, ist er noch um einen halben Meter gewachsen und wird wohl auch weitere hundert Kilo zunehmen, wenn er all die Einladungen zum Festessen annimmt, die er aus ganz Moorea bekommt. Übrigens, Bill, können Sie sich an Doodoo erinnern, den Tanzmeister mit den etwas weiblichen Gesten?" Johnston nickte grinsend.

Paul fuhr fort: „Doodoo wurde im *One Chicken Inn* zur *Miß Raerae,* zur Miß Transvestit, gewählt, und angeblich wurde er mit seiner *mahu-*Truppe für eine Reihe von Auftritten in einem Nachtlokal in Papeete verpflichtet. Also kommt er vielleicht wirklich noch ins Fernsehen. Und unser Pao-Pao-Lied wird für eine Schallplattenfirma aufgenommen. Ich werde Ihnen eine Kassette schikken, wenn sie auf dem Markt ist. Wohin wollen Sie denn jetzt segeln? Zu den Tuamotus oder zurück nach Hawaii?"

Bill Johnston richtete sich auf und rief grinsend über den immer größer werdenden Abstand zwischen den beiden Schiffen: „Damit meine Boys nicht so finster dreinsehen, habe ich ihnen die Wahl freigestellt. Sie haben sich seltsamerweise einstimmig für Fidschi entschlossen. Können Sie sich vorstellen, warum?"

Paul Hollinger winkte Johnston zu. „Keine Ahnung, was Ihre Boys in Fidschi so interessant finden. Aber wenn Sie hinkommen, grüßen Sie mir bitte Alan O'Reilly, den Fotografen, und sagen Sie ihm, seine Putzlappen haben sehr mitgeholfen, das Fest zu einem Erfolg zu machen. *Tere maita'i,* gute Reise!" Er winkte den Boys zu, die mit Eifer die großen Segel setzten, und steuerte seinen ROTEN BIBER wieder zurück in die Pao-Pao-Bucht.

Mit einem Blick umfaßte er das grandiose Panorama der hohen steilen Berge, die sich im Himmelblau der großen Bucht spiegelten, und murmelte: „Ich bin eigentlich schon sehr zufrieden mit meinem Paradies hier, auch wenn es manchmal aufregender zugeht als im Kino. Aber es bleibt meine Lagune, Hollingers Lagune!"

Der Radio-Robinson

Paul Hollinger legte sein Buch beiseite, sah auf die Uhr und drehte das Radio neben seinem Lehnstuhl an.

„Wetterbericht", sagte er wie erklärend zu seiner Frau, die auf der anderen Seite der Stehlampe in alten Illustrierten blätterte. Es war einer ihrer gemütlichen Abende zu Hause, die Paul immer dann besonders liebte, wenn es draußen kräftig wehte oder gar regnete. Diesmal war es der Regen, der ihn davon abhielt, seine Siesta vor dem Schlafengehen auf der Veranda zu verbringen. Seit zwei Tagen rollten aus Nordwest graue, tiefhängende Wolken heran, fauchende Windböen peitschten die Palmen, und manchmal krachte eine losgerissene Kokosnuß wie eine Kanonenkugel aufs Dach. Durch den prasselnden Regen hörte man die Brandung gegen das Riff donnern. Paul rückte sich gemütlich in seinem Sessel zurecht, so gemütlich, wie sich nur ein alter Seefahrer fühlen kann, wenn es so richtig kachelt und er nicht aufs Meer hinaus muß.

„Le météo", kündigte der Sprecher von Radio Tahiti an, und dann folgte eine ausführliche Wetterübersicht für das gesamte Inselgebiet von Französisch-Polynesien.

Paul nickte nach jeder Meldung, besonders dann, wenn sie seinen eigenen Ideen der Wetterentwicklung entsprach. „Auf den Gambiers Regen und vierzig Knoten Wind aus Nordwest, der pafa'ite. Aha! Und westlich von Rapa bläst es wieder wie die Hölle! Das ist eine Mistgegend, da möchte ich nicht leben müssen. Wenn es irgendwo schlechtes Wetter gibt, dann in Rapa", kommentierte er den Ansager.

„Sieh da, sieh da! Sonne und leichte Bewölkung auf den Marquesas? Natürlich, auch in den Tuamotus regnerisch und windig. Na, daran wird Tupai keine Freude haben!"

„Wieso?" fragte Paula.

„Ach, Käpt'n Tupai ist doch mit seinem neuen Bonitofangboot in Richtung Mehetia ausgelaufen. Da wird es auch bei ihm regnen! Du weißt doch, das Boot, auf dem er Teva, den Sohn unseres Nachbarn, mitgenommen hat!"

„Das wußte ich nicht", sagte Paula. „Wird es gefährlich?"

Paul Hollinger wedelte mit der Hand, wie es sein Freund Cadousteau, der Gendarm, oft machte. „Doch nicht, wenn Tupai an Bord ist. Der hat schon mehr Stürme dieser Gegend abgewettert, als ich Haare im Bart habe. *Aui* ..." Er horchte wieder auf den Wetterbericht. „Es ist möglich, daß der Wind auf Süd dreht! Also, das kommt wirklich nur alle hundert Jahre einmal vor. Ein *to'a,* ein Südwind. Da wird es im Moorea-Kanal aber schöne Wellen geben, wenn zu der Dünung aus Nordwest die Kreuzseen aus Süd kommen. Da werden wohl einige Fährpassagiere wünschen, sie hätten sich kein Ticket gekauft."

Paul beugte sich vor, um das Radio wieder abzudrehen.

„Laß es noch ein wenig an, bitte", sagte seine Frau. „Angeblich kommt jetzt die Übertragung aus Motumenemene, mit Achille Legrand. Ich möchte es mir anhören, weil Marie Claude behauptet, das wird interessant."

„Übertragung aus Motumenemene?" Paul zog die Augenbrauen zusammen. „Das ist doch ein ganz unbewohntes Atoll in den Tuamotus." Er stand auf und ging zu der Seekarte an der Wand. Eine Weile fuhr er mit dem Zeigefinger wie suchend über die weiße Papierfläche, den Pazifischen Ozean darstellend, dann tippte er auf eine Stelle: „Hier, südlich von Kaukura: Motumenemene, ein ganz flaches Atoll, fünfzehn Seemeilen Durchmesser, kein Paß, keine Anlegemöglichkeit, vollkommen geschlossenes Riff rundum. Nur im Norden kann man angeblich ankern. Eine Radioübertragung von Motumenemene? Und wer ist Achille Legrand?"

Paula sah ihren Mann erstaunt an. „Du kennst Achille Legrand nicht? Achille, den Charmeur, Achille mit der goldenen Stimme? Den beliebtesten Moderator Frankreichs, den Liebling aller Frauen? Paul, ich muß schon sagen, deine Bildung ist einseitig!"

Paul kehrte zu seinem Sessel zurück. „Wenn er der Liebling aller Frauen ist, brauche ich ihn nicht zu kennen. Ich bin keine Frau!"

„Ts, ts, ts. Immer, wenn ich dir von einem Mann erzähle, den alle Frauen anhimmeln, dann bist du merkwürdig eingeschnappt und erklärst mir sofort, diese Sänger und Tänzer und schönen Männer seien sicher allesamt Feiglinge, wenn es gelte, einen Sturm abzureiten. Aber kein Mensch würde von einem Sänger verlangen, daß er in einem kleinen Segelboot aufs Meer fährt. Steckt da nicht doch Eifersucht dahinter, Paul, mein Schatz?"

„Ach, Unsinn", knurrte Paul, dem dieses Thema nicht behagte. „Ich meine nur, ein richtiger Mann ..."

Paula unterbrach ihn: „Womit wir wieder beim Thema wären. Aber dieser Legrand wird dir gefallen. Erstens hat er eine angenehme Art, interessant zu plaudern, und zweitens ist das endlich ein richtiger Mann nach deinem Geschmack. Er hat nämlich ganz was Romantisches vor: Er läßt sich auf diesem Atoll allein aussetzen und wird dort ein paar Wochen in völliger Einsamkeit verbringen. Das muß dir doch gefallen!"

„Auf Motumenemene?" Paul wirkte in der Tat interessiert. Er stand wieder auf und holte sich das Seehandbuch Pacific Islands Pilot, Volume I. Während er darin blätterte, fragte er: „Was für eine Radioübertragung will er denn machen, wenn er ganz allein ist?"

„Das wird ja das Spannende an der Geschichte", erklärte Paula. „Er hat einen Sender mit, wird sich alle zwei Tage direkt von seinem Atoll melden und live einen Situationsbericht geben, was er so als Robinson erlebt hat. Hunderttausende seiner Fans lauern gespannt vor den Radioapparaten, denn diese Sendung wird per Satellit übertragen."

„Pah! Schöner Robinson", knurrte Paul. „Ein Robinson mit Funkverbindung. Wahrscheinlich hat er auch einen Hubschrauber und zwei Notärzte unter den Palmen versteckt, damit sie ihn sofort ins Hospital fliegen können, wenn er sich den großen Zeh verstaucht! Da ist doch gar nichts dabei. Erinnerst du dich, wie wir beinahe ein Jahr in Toau gelebt haben, auf unserem Boot? Das war eine echte Robinsonade!"

Paula zog einen Schmollmund. „Du willst Achille einfach nicht gelten lassen, nur weil ich gesagt habe, er ist charmant und ein Liebling der Frauen. So gesehen, war das bei uns auch keine echte Robinsonade. Unser ROTER BIBER war tadellos in Ordnung, die Tanks waren voll Diesel, wir hatten genug Wasser und Lebensmittel, um ein paar Jahre dort auszuhalten. Wir hatten das Funkgerät, täglichen Kontakt mit deinen Funkfreunden in Australien und Hawaii, einen Eisschrank, eine Dusche, eine Bordapotheke, einen Kassettenrecorder, eine Schrotflinte, jede Menge Angelzeug, eine Unterwasserharpune und eine Tonne Bücher."

Paul rutschte unbehaglich auf seinem Sessel herum. Er räusperte sich einige Male und kratzte sich den Bart. „Also gut", murmelte er dann, „dein Achille mag ja vielleicht ein ganz guter Robinson sein. Hören wir uns das einmal an! Dazu brauche ich allerdings einen Drink. Möchtest du auch einen, Paula?"

Paula verneinte und drehte das Radio lauter.

„Guten Abend, meine Damen und Herren", meldete sich Radio Tahiti. „In wenigen Minuten werden wir die Direktverbindung zu unserem Freund Achille Legrand hergestellt haben, die Techniker werden gleich umschalten. Ich darf Sie inzwischen mit unserer Studiorunde hier bekannt machen, die nun bei jeder Übertragung dabei sein wird, um Fragen oder Schwierigkeiten, die unser Robinson hat, zu diskutieren und zu beheben. Da wäre erstens Dr. Marcel Jointville, Facharzt für Tropenkrankheiten..." Eine unbekannte Stimme sagte: „Guten Abend." Der Sprecher fuhr fort: „Und Dr. Steven Hiscock, ein bekannter Ichtyologe, der Achille Legrand bei der Auswahl der gefangenen Fische beraten wird. Wir wollen doch nicht, daß unser Achille an dieser heimtückischen Fischvergiftung, an Ciguatera, erkrankt, nicht wahr, meine Damen und Herren?"

„Der arme Achille", höhnte Paul.

Paula warf ihm einen Blick zu und überlegte kurz, ob sie ihren Mann nicht an die Hotelbar schicken sollte, um ungestört zuhören zu können.

Aber dann sah sie den Regen an die Verandascheiben klatschen und schwieg.

Der Sprecher von Radio Tahiti stellte noch einen Meteorologen vom Flugwetterdienst vor, dann einen Dr. Barrault, der Legrand psychologisch betreuen sollte, und Monsieur Lavache, den Leiter der Sendung.

„Achtung, wir haben Verbindung", rief es aus dem Radio. „Hallo, hallo, wir rufen Sender Robinson. Hier Radio Tahiti ..."

Es krachte ein wenig, und dann war eine frische, heitere Stimme zu hören: „ *'allo, mes amis*, ihr Freunde in aller Welt, und einen besonders schönen guten Abend den charmanten Zuhörerinnen, Küßchen..." Paul brummte wie ein verärgerter Bär. „Hier spricht Achille Legrand, euer Legrand direkt von seiner Robinsoninsel. Die Taporo III, deren netter Kapitän mich hier an Land gebracht hat, ist wieder abgedampft, und ich sitze jetzt bereits seit fünf Stunden ganz allein auf dem menschenleeren Atoll. Sozusagen als einzige fühlende Seele auf diesem Sandhaufen."

„Eiskalter, verwegener Bursche, dieser Achille", sagte Paul ätzend. „Schon seit fünf Stunden allein, und noch so heiter!"

Paula warf einen verzweifelten Blick zur Zimmerdecke und überlegte, ob sie sich mit dem kleinen Radio nicht im Klo einschließen sollte.

„Ich muß euch schildern, wie es bei mir aussieht", fuhr Achille Legrand fort. „Ich habe erst einen Bruchteil meiner Ausrüstung auspacken können, weil mich die Dämmerung überrascht hat. Zum Glück haben die Matrosen noch das große Zelt aufgestellt und den Sender montiert, so daß ich wenigstens zu euch sprechen kann. Ich sitze hier an einem primitiven Klapptisch, auf einem primitiven Klappstuhl, an meinem Sender; den Dynamo habe ich noch nicht starten können, deshalb beleuchtet eine Petroleumlampe jetzt mein Zelt. Könnt ihr euch das vorstellen, liebe Zuhörer? Eine ganz gewöhnliche Petroleumlampe, das ist so ein Ding, wo man oben eine stinkende Flüssigkeit einfüllt, unten ein Zündholz dranhält, und dann gibt das ein spärliches Licht. Ha! Das könnt ihr euch sicher nicht vorstellen."

„Nein, überhaupt nicht", sagte Paul. „Unsere Petroleumlampe wird nämlich mit Rosenöl gefüllt, elektronisch ferngezündet und strahlt heller als das Leuchtfeuer von Pointe Aroa." Er starrte den Docht ihrer Lampe an und kratzte sich die Handflächen, als würden sie ihn jucken.

„Ich habe soeben ein einfaches Robinsonmenü eingenommen", erzählte Legrand. „Ein wenig Dosenbrot, Butter, ein kaltes Brathähnchen, das mir der Koch der Taporo III noch zugesteckt hat, etwas Obst und Camembert. Das Ganze habe ich mit einer Flasche Mosel hinuntergespült. Ja, so hart ist das Leben eines Robinsons, Freunde!"

„Um Gottes willen, der Arme!" Paul schlug vor Mitleid die Hände zusammen. „Hoffentlich hört ihn ein Fischer in der Nähe, rudert hin und gibt ihm ein paar Austern und eine Languste, damit der Bedauernswerte nicht so darben muß!"

„Bitte, Paul!" sagte Paula jetzt scharf. „Ich möchte das hören!"

„Ich sage nichts mehr", murmelte Paul und widmete sich seinem Rumpunsch.

Achille Legrand kündigte noch an, daß er am nächsten Tag erst einmal sein *motu,* seine Insel, erforschen werde, dann den Dynamo aufstellen und schließlich den Gasherd zusammenbauen wolle, damit er auch warmes Essen zubereiten könne.

„Bis übermorgen, Freunde, dann erzähle ich euch mehr von meinen Abenteuern. Einen schönen Gruß an meine Freunde in aller Welt, einen besonders heißen Kuß für meine Freundinnen in aller Welt, haha, wenn ihr mich doch besuchen könntet! Wenn ich so mutterseelenallein in meine Hängematte klettere, denkt an mich! Adieu!"

Paula hörte sich noch die anschließende Diskussion der Fachleute im Studio an, in der von Krankheiten die Rede war, die auf tropischen Inseln auftraten, von Verletzungsgefahr, vom psychologischen Effekt der Einsamkeit und ihrem Einfluß auf den Menschen unter extremen Bedingungen.

Paul las inzwischen die Beschreibung des Atolls im Seehandbuch nach. Da man weder anlegen noch in die Lagune einlaufen konnte, hatte er sich als Schiffsführer nie mit Motumenemene beschäftigt. Außerdem lag dieses Atoll sehr abseits und hatte absolut nichts zu bieten außer einigen kleinen *motus* im Norden, die Busch- und Palmbewuchs aufwiesen, und einem sehr niedrigen *motu* im Südwesten, wo ebenfalls Baumbewuchs zu sehen sein sollte. Der Rest des Atollrings bestand aus einer nackten Korallenkalkbarriere, die nur bei Niedrigwasser wenige Zentimeter über die Meeresoberfläche ragte und für die Schiffahrt wegen ihrer Unsichtbarkeit ein gefährliches Hindernis darstellte.

Paula drehte das Radio ab. „Übermorgen um die gleiche Zeit ist wieder eine Übertragung. Auch wenn es dich nicht interessiert, ich möchte mir das anhören. Wenn dich das Radio beim Lesen stört, kann ich ja zu Marie Claude gehen", sagte sie mit Bestimmtheit.

Paul grinste breit. „Ich weiß, du bist sauer, weil ich dauernd dazwischengeredet habe. Die Sendung ist nicht schlecht, wenn man sich vorstellt, daß dieser Legrand ja in der Hauptsache für Leute redet, die Petroleumlampen wirklich nur vom Hörensagen kennen und deren Wohnungen mit allen technischen Raffinessen ausgerüstet sind. Ich werde übermorgen Jean Claude besuchen, dann können wir zu zweit unsere Witze vor seinem Dienstradio reißen." Er stand auf und umarmte seine Frau.

„Ich weiß auch, warum ich auf diesen Achille eifersüchtig bin", fuhr er fort. „Er ist noch nicht fünf Stunden auf diesem Atoll, und schon bewundern ihn hunderttausend Menschen und erschauern bei dem Gedanken, daß die nächste Hilfe für ihn über 150 Seemeilen entfernt ist. Ich war mit dir ein Jahr allein auf Toau, aber davon weißt nur du und ich. Das wurmt mich. Aber du wirst deinen Achille das nächste Mal ungestört genießen können." Er horchte auf den Wind und lächelte dann seine Frau an. „Hörst du, wie der Wind ums Haus tobt, Hollinger-*vahine*? Wie die Dachbalken ächzen und draußen die Palmen rauschen, und daß es drüben am Riff tobt wie tausend böse Geister? Fürchtest du dich nicht wenigstens ein bißchen? Wir sind nämlich auch allein, und der nächste Mensch wohnt Hunderte Meter weit weg."

„Warum soll ich mich fürchten?" Paula verstand nicht.

„Na ja, wenn du dich wenigstens ein bißchen ängstigen würdest, würde ich dich sofort im Bett festhalten und die Decke über unsere Köpfe ziehen!"

Paula lachte. „Also gut, ich zittere! Es ist schaurig draußen, huu, wie der Wind heult. Halt mich – schnell, Hollinger-*tane*!"

In einem hatte Paul Hollinger unrecht: Die nächsten Menschen waren nicht über 150 Seemeilen von Achille Legrand entfernt. Fischer standen nur zwanzig Seemeilen südlich von Motumenemene, aber sie konnten nicht kommen und dem Radiostar frische Fische bringen, weil ihr Dieselmotor streikte. Die Lichtmaschine hatte einen Kurzschluß, und vor zwei Tagen war der letzte Funken Energie aus ihrer Batterie beim letzten, ergebnislosen Startversuch verbraucht worden. So konnten sie auch die interessante Sendung Achille Legrands nicht hören, denn ohne Batterien waren ihr Radio und der kleine Kurzwellensender nicht zu gebrauchen. Sie trieben seit mehreren Tagen auf dem Meer. Vor ein paar Stunden hatte Tupai, der erfahrene alte Schonerkapitän, besorgt die Winddrehung beobachtet: *to'a,* Südwind. Sie trieben jetzt nach Norden oder nach Nordwest. Tupai versuchte, einen bekannten Stern am Himmel zu finden, der ihm ihre ungefähre Position geben könnte, aber der Himmel war verhangen, und es nieselte leicht. So brauchten sie wenigstens nicht unter Durst zu leiden. Sie fingen das Regenwasser mit dem Kübel und mit den Kleidern auf, die sie auf dem Kajütdach ausgebreitet hatten und ab und zu in eine große leere Dose auswanden. Tupai blickte sorgenvoll zum nördlichen Horizont. Dort irgendwo, vor dem quer zur See treibenden Boot, lauerten die flachen Atolle der Tuamotus. Mit den zwei Paddeln und dem kleinen Anker gab es keine Möglichkeit, den Kurs des Bootes zu ändern, wenn ein kilometerlanges Riff genau im Weg lag. Im Dunkeln sah er die Augen Tevas glänzen. Dieser junge Mann darf nicht durch meine Schuld sterben, dachte er. Ich habe gewußt, daß die Batterie alt war, aber sie war schon ein Jahr lang schwach, und trotzdem konnte man immer starten. Er dachte an die beiden anderen Fischer, die noch mit an Bord waren: ältere Männer, genauso unwichtig wie er. Aber Teva war der älteste Sohn von Toofa, dem Taropflanzer, und Toofa hatte ihm diesen Sohn anvertraut.

„Ist dir nicht kalt, Teva?" fragte er den Jungen.

„*Aita, metua feti'i,* nein, mein Onkel", antwortete der Junge.

Tupai hielt die ganze Nacht Wache, ihm machte das nichts aus, er brauchte nicht viel Schlaf. Wichtig war, daß der Junge ausgeschlafen war, wenn er vielleicht um sein Leben schwimmen mußte. Tupai schickte Teva kurz vor Mitternacht in den Schlafverschlag und weckte den Fischer Romata. Die beiden alten Männer saßen im Boot, wechselten die ausgebreiteten Kleider, achteten darauf, daß nicht zuviele Salzspritzer ins Trinkwasser kamen, und erzählten sich dazwischen Geschichten aus der Zeit, als sie noch zusammen auf großen Segelschiffen gefahren waren. Als es noch keine Motoren gab, die plötzlich stehenblieben.

Irgendwann in der Nacht wurde der Wind stärker, der Regen hörte auf. Der Himmel riß auf, und Tupai erkannte ein paar Sterne. „Wenn uns der Herr im Himmel hilft, Romata", sagte er, „dann treiben wir nach Kaukura. Falls das Boot dort am Riff zerschmettert wird, treiben Stücke quer über die Lagune und machen die Leute im Norddorf aufmerksam. Sie werden kommen und uns vom Riff holen. Wenn der Herr aber nicht mit uns ist, dann treiben wir nach Motumenemene, und niemand wird uns finden; die Trümmer, die in der Lagune schwimmen, treiben zum Nordmotu, aber sie werden lange in der Sonne bleichen, denn dort wohnt niemand. Gib acht, ob du Brandung hörst, Romata. Dann wecke mich!"

Der alte Tupai legte sich auf den Bilgenbrettern zum Schlaf nieder.

Im Morgengrauen weckte ihn Romata.

„Der Herr ist momentan nicht mit uns", sagte er einfach.

Tupai blickte zum Horizont. Die niedrigen Wolken im Norden hatten an ihrer Unterseite eine schwach grünliche Färbung, im Unterschied zu der anderen Wolkendecke, die das Blauschwarz der offenen See widerspiegelte. Tupai nickte, das war der Widerschein einer Lagune. Genau vor ihnen lag ein Riff. Tupai sah sich die Wolken lange an, dann entschied er:

„Es ist Motumenemene."

Die alten Männer hoben die Bodenbretter des Bootes heraus und verzurrten sie zu einem schweren Schleppanker. Falls sie von den Wellen aufs Riff geschleudert wurden, war es besser, wenn dies mit dem Bug voraus geschah. Sie brachten den Schleppanker am Heck aus, dann schnitt Tupai für jeden ein festes Tauende zu und zeigte ihnen, wie sie sich damit anbinden sollten.

„Noch haben wir Zeit, auch kann der Wind drehen", sagte er ruhig. „Wenn wir aber aufs Riff treiben, ist das Boot verloren. Doch es wird so lange halten, bis wir weiter oben am Riff sind, wo wir laufen können, wenn uns die Wellen vorher nicht wegreißen. Deshalb müssen wir uns festbinden. Jetzt aber laßt uns essen, was wir haben, wir müssen kräftig sein."

Zwei Stunden später konnte man das Riff schon hören. Zu sehen war nichts, aber das ständige Donnern war deutlich vom sonstigen Geräusch der See zu unterscheiden. Tupai sammelte alles Werkzeug und andere wertvolle Gegenstände wie Messer, Fischhaken und Leinen und zurrte sie unter Deck im Vorschiff fest.

„So, bindet euch an", sagte er dann, denn vom Kajütdach des schwankenden Fahrzeugs hatte er schon die Gischt der Brandung gesehen. Kurz danach konnten sie durch die Luken einige vereinzelte Palmen an Steuerbord erkennen.

„Dorthin versucht euch durchzuschlagen", sagte er seinen Leuten. Dann betete er. Der Schleppanker hielt den Bug gerade; wenn das Boot ganz oben auf dem Kamm einer großen See tanzte, konnten sie den weißen Schaum sehen, der einige Bootslängen vor ihnen aufbrauste. Jetzt war die Brandung laut und brüllte manchmal wie ein riesiges Tier. Tupai prüfte, ob er sein Fischmesser im Gürtel auch schnell genug erreichen konnte. Dann nickte er befriedigt. Er hatte alles gemacht, was ein guter *raatira,* ein Kapitän, machen konnte.

„Sing, Romata!" sagte er. „Du hast eine gute Stimme. Wir wollen sehen, ob wir nicht lauter singen können als die Wellen!"

Sie sangen das Lied der Fischer.

Da sah Tupai die ganz große Woge, sie war höher und größer als alle anderen. Aber sie war eine gute Welle, kräftig und mit einem breiten runden Rücken; sie würde erst sehr weit oben am Riff brechen, und bis dahin würde sie das Boot tragen wie ein gutmütiger Walfisch. Dicht vor ihnen barst eine See mit einer dumpfen Explosion, und der Wasserstaub verdeckte alles wie eine weiße Wand. Die große Woge kam. Das Boot wurde angehoben und vorwärts gerissen.

„*Aremiti maita'i!*" schrie Romata begeistert. „Gute Welle!" Tupai schnitt das Tau des Treibankers durch. Alle spürten die Beschleunigung, wie Treibholz wurde das Boot mitgerissen; durch den Schaum sah Tupai einen Moment eine braunrosa Kante wie einen zahnlosen Rachen, der vergeblich nach ihnen biß. Dann knirschte es schrecklich, und sie wurden durcheinandergeschüttelt. Wasser brach und schlug über ihren Köpfen zusammen. Das Boot schrie wie ein Mensch, der mit nacktem Bauch über scharfe Korallen gezerrt wird, es war ein hohes, gellendes Kreischen. Sie zogen die Beine an, als unter ihnen Schaum und Steine sichtbar wurden. Dann donnerte es wieder über sie hinweg, und sie erstickten fast unter dem Wasserdruck. Wieder schrie das Boot, Metall scherte mit einem schrecklichen Kratzen ab, und der Kiel des Bootes erbebte. Noch einmal wurden sie herumgewirbelt, das Wasser vergurgelte, und Teva wollte sich hochrappeln.

„Festhalten!" brüllte Tupai. In diesem Moment war es, als ob ein Riese dem Boot noch einen Fußtritt gegeben hätte. Das Boot rutschte wieder einige Meter höher auf die Felsen, Schotts brachen, und ein langer Holzsplitter zerschnitt Romata die Wange, daß ihm das Blut in Strömen herunterrann.

Tupai aber wußte, sie waren gerettet. Sie lagen fest, hoch am Riff. Hätte die erste große Welle sie wieder mit zurückgerissen, wären sie jetzt schon alle tot gewesen. Zur Unkenntlichkeit zerrieben und zermahlen vom schärfsten Gebiß, das es auf der Welt gab: der großen Riffkante, wo die Brecher wie weiße Lippen alles so lange gegen das Gebiß schleuderten, bis es in kleine Stücke zernagt war.

Das Boot bekam noch einen Schwung, dann war einen Augenblick nur gurgelndes Wasser zu hören.

„Raus, raus und so weit wie möglich zur Lagune!" befahl Tupai. Die vier Mann banden sich los, kletterten behende über den Bootsrand und stolperten im knietiefen, strömenden Wasser davon. Eine neue Welle riß sie beinahe um, aber Tupai befahl ihnen, sich am Ankertau festzuhalten, das er mitschleppte. Bevor die nächste Serie großer Brecher heranschäumte, waren sie alle in Sicherheit, weit jenseits der Brandung. Tupai drehte sich kurz zu seinem Boot um. Es lag da hinten im Gischt wie ein Fisch mit aufgeschnittenem Bauch. Das Glas des Scheinwerfers am Dach glitzerte gebrochen, als weine es. Tupai band das Ankerseil um einen großen Korallenblock, und sie tasteten sich über die scharfen Steine zu dem winzigen *motu,* wo grüne, glänzende Palmwipfel Geborgenheit versprachen. Sie setzten sich unter ein Gebüsch, Teva sammelte Kokosnüsse, die Tupai mit seinem Messer aufstach, und sie tranken und spülten sich das Salz aus dem Mund.

„Der Herrgott ist doch mit uns", sagte Tupai nach einer Weile. „Wir sind bei Flut aufgelaufen, das Wasser sinkt. In zwei Stunden können wir zum Boot gehen und bergen, was wir zum Leben brauchen." Die Männer legten sich unter die Büsche und schliefen erst einmal. Gegen Mittag kam die Sonne heraus, und der Himmel wurde wieder blau. Das Riff dehnte sich nackt und braun, hoch und trocken lag das zerbrochene weiße Boot. Sie marschierten zum Wrack und trugen alles Nützliche zum *motu*: das Werkzeug, die Leinen, die Sonnensegel, eine Dose Mehl, die den Schiffbruch überstanden hatte, einen Aluminiumtopf, eine verbeulte Pfanne und zwei Speere; nur Tevas Ukulele war nirgends zu sehen. Er borgte sich Tupais Messer, suchte eine dicke Planke Treibholz und begann, einen neuen Gitarrenhals zu schnitzen. Tupai und Romata nahmen die Speere und gingen an die Lagune, um Fische zu speeren. Temae, der andere Fischer, suchte ein festes Stück Hartholz, spitzte es zu und begann, an einem weichen Stück Palmholz Feuer zu reiben. Am Abend war Tevas neue Ukulele fertig, der Klangkörper bestand aus einer halben hohlen Kokosnuß mit einem Sperrholzdeckel, als Saiten hatte Tupai die besten Stücke Fischleine zurechtgeschnitten. Sie brieten Papageienfische im Kokosschalenfeuer, und Temae backte einen Kokosmehlkuchen in der Asche. Dann sangen sie zum Klimpern von Tevas Ukulele bis tief in die Nacht Lieder von den Inseln.

„Gleich wird er sich melden, dieser bedauernswerte Funkrobinson", lachte Paul und öffnete zwei Flaschen Bier. „Paß auf, Jean Claude, da lernst du sicher etwas, das sie dir auf der Gendarmerieschule nicht beigebracht haben."

Sie saßen in der kleinen Gendarmeriestation, und Cadousteau studierte die Seekarte, die Paul mitgebracht hatte.

Achille Legrand meldete sich kurz nach der Ankündigung von Radio Tahiti und begrüßte seine Freunde und Fans in aller Welt.

„So einsam ist das Leben verdammt hart, Freunde", berichtete er. „Kalter Schinken, Zwieback, geräucherter Lachs und Champagner zum Frühstück sind kein Ersatz für heißen Kaffee und warme Croissants. Aber Wasser kocht nur auf einem Ofen, und Croissants kann man nur in einem Herd aufbacken. Den ganzen Tag gestern habe ich mich mit dem Gasherd herumgeschlagen. Ich kann euch sagen, Freunde, dieses Ding ist komplizierter als ein Atomkraftwerk. Da gibt es drei Schachteln voll kleiner Bestandteile und Röhrchen. ‚Für den Export verpackt und in wenigen Minuten zusammengesetzt' steht darauf, aber das ist ein glatter Betrug, Freunde.

Um dieses Ding zusammenzubauen, braucht man wahrscheinlich einen Heizungsingenieur. Aber hier auf meinem Atoll gibt es außer mir nur Kokoskrabben, und die verstehen von Öfen nicht mehr als ich. Nur einen Brenner haben sie mir geklaut, diese verdammten Biester. Drei tiefe Krabbenlöcher mußte ich mit der Spitzhacke untersuchen, bevor ich das Messingding wiederfand. Aber der Ofen funktioniert noch immer nicht. Diese Spaßvögel haben zwar eine Bauanleitung beigepackt, aber in schwedischer Sprache! Könnt ihr euch das vorstellen, Freunde? Und so sieht mein Ofen jetzt auch aus, wie eine schwedische Skulptur! Haha!"

„*Mon Dieu*", stöhnte Cadousteau lachend. „Nicht einmal einen einfachen Primuskocher kann dieser Linkshänder aufstellen! Das kann ja noch lustig werden. Ob sie jetzt in Tahiti einen schwedischen Heizungsingenieur suchen und ihn nach Motumenemene einfliegen, damit der arme Robinson nicht von Lachs und Champagner leben muß?"

„Aber man hat hier natürlich noch andere Probleme", erzählte Achille Legrand weiter. „Ich habe gleich eine Frage an unser Studioteam. Heute morgen ist es mir gelungen, mit der Angel einen Fisch zu fangen. Er war vierzig Zentimeter lang, mehr hoch als breit, von blaugrüner Farbe, mit einigen weißen und schwarzen Streifen an Kopf und Schwanz. Einen gelben Schnabel mit kleinen Zähnen wie ein – wie ein ..." Achille suchte sichtlich nach Worten.

Im Radio meldete sich Dr. Steven Hiscock, der Ichtyologe. „Das ist eindeutig ein *rotea,* ein Papageienfisch. Den können Sie gefahrlos essen, er schmeckt am besten *au beurre* oder auf Müllerinart zubereitet."

Achille lachte wie über einen guten Witz. „Habt ihr gehört, Freunde, das hört sich gut an. Nur funktioniert mein Herd noch nicht, und nur mit einem Feuerzeug kann ich ihn doch schlecht braten, haha! Aber so weit kam es ohnehin nicht. Habt ihr schon einmal versucht, so einen Fisch von der Angel zu nehmen, Freunde? Dieser Papagei ließ sich nicht greifen. Jedesmal, wenn ich ihn packen wollte, zappelte er derart, daß ich ihn nicht erwischen konnte. So habe ich ihn am Strand gelassen, um zu warten, bis er mausetot ist. Aber was soll ich euch sagen, Freunde! Als ich nachmittags wieder nach meinem Fisch sehen wollte, gab es nur mehr unappetitliche Reste, haha! Ratet, was mit meinem Fisch passiert ist?"

Achille machte eine Spannungspause, und Cadousteau lachte wieder einmal laut auf. „Das ist eine herrliche Sendung, das Komischste, was ich seit langem gehört habe. Dieser Clown kann ja nicht einmal angeln! Aber er möchte Robinson spielen! Die Möwen werden sich freuen, wenn er ihnen jeden Tag das Futter aus der Lagune holt."

Der Funkrobinson kündigte für die nächste Sendung einen spannenden Bericht über seine Expedition zu den anderen *motus* des Atolls an, die er mit einem aufklappbaren Boot unternehmen wollte. In der Zwischenzeit hatte Radio Tahiti anscheinend wirklich einen Fachmann für Primuskocher aufgetrieben, denn der Rest der Sendung verging mit technischen Erklärungen und Ratschlägen für den Herdzusammenbau.

Cadousteau drehte das Radio ab und holte lachend neues Bier.

Tupai und seine Fischer flochten in Seewasser eingeweichte Kokoswedel zu breiten Dachstreifen zusammen und bauten daraus eine große Hütte, ohne einen einzigen Nagel zu verwenden. An einer Stelle im Riff, wo bei Ebbe Wasser aus der Lagune ins Meer zurückrann, trieben sie zurechtgeschnittene Stangen zwischen die Korallenblöcke und befestigten daran mit zähen dünnen Lianen weitere Flechtwerkstreifen, bis ein breiter, v-förmiger Zaun die Ebbrinne absperrte. Wo die beiden Zäune zusammenstießen, bauten sie einen kleinen runden Zaun, wieder mit v-förmigem Eingang. Dieser primitive Fischzaun sollte ihnen genügend Fische liefern, ohne daß sie dafür einen Finger rühren mußten.

Tupai machte sich daran, die Reste des Bootes vollständig zu zerlegen, und seine Männer trugen jede Planke, jeden Spant, jedes Stück Sperrholz und die geborgenen Nägel, Schrauben und Bolzen zur Insel, wo sie daraus ein Auslegerkanu bauen wollten, um Hilfe von einer bewohnten Insel zu holen.

Zwei Tage später verabschiedete Paul Hollinger die wieder einmal auslaufende BUMERANG und ihre Düsseldorfer Mannschaft.

„Weißt du, Paul", sagte Uwe, der Skipper, „es fällt uns sehr schwer, hier wegzufahren. Wir haben uns schon so an Moorea gewöhnt und werden sehr traurig sein, wenn wir diese Berge nicht mehr sehen. Du wirst uns natürlich auch sehr fehlen, du und Paula."

„Rarotonga ist auch sehr schön", tröstete ihn Paul. „Und dann habt ihr ja noch die Fidschis vor euch, da gibt es ebenfalls traumhafte Buchten und Ankerplätze."

„Zu dumm, daß Ute ein Buch über unsere Weltumseglung schreibt. Der Verlag will es schon dringend haben, sonst wären wir noch ein wenig geblieben. Aber wir können doch schlecht über Australien und den Indischen Ozean nur aus dem Seehandbuch abschreiben, nicht? Man muß sich das schon selber anschauen, wenn man ein Buch darüber schreiben will."

„Natürlich müßt ihr euch das anschauen", bestätigte Paul, dem die vielen Verabschiedungen schon langweilig wurden. Außerdem kosteten die vielen Muschelketten, die er im Lauf der Zeit als Abschiedsgeschenk für die BUMERANG gekauft hatte, eine Menge Geld. Er warf die Leinen der BUMERANG los, und Uwe steuerte die Segelyacht in die Bucht hinaus.

„Tschüüü'üüüs!" rief Ute und hob Klein Coco hoch. „Mach schön winke-winke!" Der Kleine winkte mit seinen Patschhändchen.

Ich möchte bloß wissen, welche Ausrede sie diesmal finden, um wieder umzudrehen, dachte Paul. Aber er winkte, bis die BUMERANG in der Teavaroa-Passage war, und fuhr dann mit dem Rad heim. Er hatte versprochen, keine lauten Kommentare mehr zu Achille Legrands Berichten zu geben, und wollte den Abend gemütlich mit seiner Frau am Radio verbringen.

Der Radio-Robinson meldete sich pünktlich.

„Meine Freunde, das Leben eines Einsiedlers ist spannend. Ich habe gestern ein kleines Fest mit mir und einer Flasche Veuve Cliquot gefeiert, als der Kocher zum erstenmal brannte. Ich beschloß, mir Cordon bleu mit Spaghetti zum Dinner zu gönnen. Haha! Das Cordon bleu wurde ausgezeichnet, ich habe die Konserve genau nach Anweisung gewärmt und angebraten. Aber wegen der Spaghetti werde ich mich bei der Nudelfabrik beschweren. ‚Acht Minuten kochen', stand auf der Schachtel. Aber es dauerte bereits eine

239

halbe Stunde, bis der Topf mit der vorgeschriebenen Menge Wasser, Salz und Spaghetti heiß wurde, und als ich dann die Flamme abdrehte, befand sich ein zäher, kompakter Teigkuchen im Topf. Haha! So mußte ich mein Cordon bleu ohne Beilage hinunterschlingen. Ja, meine Freunde! So hart ist das Leben auf einem einsamen Südseeatoll, fernab jeder Zivilisation!"

Paul gluckste nur in sich hinein. Es war Paula, die laut kicherte und sagte: „Also, daß man Nudeln nicht im kalten Wasser aufsetzt, weiß doch jedes Kind."

Achille Legrand schilderte jetzt, was er auf seiner Expedition alles entdeckt hatte: nämlich daß auf den anderen *motus* außer Sand, Krabben und Kokospalmen nichts zu sehen war.

Er kündigte für die nächsten Tage eine aufregende Expedition zum Süd-*motu* des Atolls an, wobei er ganz allein den Gefahren der Lagune trotzen wollte. Radio Tahiti übertrug anschließend Höreranrufe, damit Fans Fragen an Achille Legrand richten konnten.

„Lieber Achille, ich kann mir nicht vorstellen, wie Sie die Einsamkeit in den Nächten ertragen! Ist sie nicht entsetzlich?" wollte eine gewisse Lulu, Hausfrau aus Bora Bora, wissen.

„Diese harte Prüfung ist der Preis, den ein Robinson für sein abenteuerliches Leben zahlen muß, meine liebe Lulu", antwortete Achille mit seinem gewohnten Charme. „Welche Schande, daß Sie nicht bei mir sein können!"

Paul verzog das Gesicht; Frauenliebling wäre kein Beruf für ihn gewesen.

Claire, 24, aus Los Angeles fragte: „Was machen Sie, Achille, wenn wilde Seeräuber oder Kannibalen auf Ihrem Atoll landen? Sie sind doch dort ganz schutzlos, ich zittere um Sie!"

Legrand lachte so verwegen auf wie einer der drei Musketiere im Film. „Sie können ganz unbesorgt sein, liebste Claire. Ich habe ein ausgezeichnetes Schrotgewehr im Gepäck und würde mich meiner Haut zu wehren wissen. Aber zum Glück gibt es hier ja weder Piraten noch Kannibalen. Und wilde Amazonen wüßte ich sicher mit einem Lächeln zu entwaffnen!"

Jetzt konnte sich Paul nicht mehr beherrschen. „Was mir an diesem Achille so gefällt, ist seine Bescheidenheit", knurrte er.

Paula nickte ihm lächelnd zu. „Ein wenig dick trägt er schon auf, aber so etwas lieben die Hörer."

Madeleine, Mutter von zwei Kindern und Hausfrau aus Paris, verriet Legrand dann ein Rezept für köstliche Hagebuttenmarmelade, das sie von ihrer Großmutter hatte.

„Leider gibt es auf dieser kargen Insel weder Früchte noch Gemüse, ganz zu schweigen von Hagebutten", seufzte Achille. „So werde ich weiter von der Hand in den Mund leben wie ein Schiffbrüchiger und meinen Gürtel kauen, wenn es nichts mehr gibt, liebste Madeleine!"

„Oder den Eisschrank aufmachen und ein wenig Kaviar und Champagner herausnehmen oder eine Dose getrüffelter Straßburger Gänseleberpastete öffnen", fügte Paul hinzu.

„Schschsch!" machte Paula.

Therese, eine Großmutter aus Lyon, wollte wissen, ob sie ihm nicht einen schönen warmen Pullover stricken sollte, für die kühlen Nächte.

Achille Legrand versicherte ihr, daß er keinesfalls friere, sondern eher unter seinem Moskitonetz mit der Hitze kämpfe; er witzelte über die mangelnde Voraussicht seines Expeditionsleiters, der vergessen hätte, ihm einen Ventilator einzupacken.

„Das war jetzt der erste brauchbare Hinweis für künftige Robinsons", sagte Paul sarkastisch, als die Sendezeit vorüber war. „Wieso die nicht an einen Ventilator oder noch besser an eine Klimaanlage gedacht haben, ist mir schleierhaft. Schlampige Burschen."

Tupai saß mit Teva am Strand. Er erklärte dem jungen Fischer, wie man sich am nächtlichen Himmel zurechtfand und wie die für einen Navigator wichtigen Sterne hießen. Er zeigte ihm *feti'a tatauro,* das Kreuz des Südens, *feti'a 'ura,* den roten Stern, den die *popa'a* Mars nannten, und *feti'a p'oip'oi,* die Venus, die den Weg nach Hawaii wies.

„Wenn du ein tüchtiger Navigator werden willst, Teva, dann mußt du diese Sterne und ihre Position auf einen Blick erkennen. Du mußt dir jene Sterne einprägen, die zu bestimmten Jahreszeiten über einer bestimmten Insel stehen. Der Himmel ist wie eine große Uhr, wie ein großer Kompaß. Du mußt lernen, den Bogen, den die

Sterne in einer Nacht beschreiben, in Stunden und Minuten einzuteilen, damit du die Stunden der Nacht vom Himmel ablesen kannst. Um zu einer fernen Insel zu segeln, mußt du wissen, welcher Stern in der Zeit deiner Ankunft genau über der Insel steht. Nach diesem Stern richtest du dich, wenn er um Mitternacht auf seinem höchsten Punkt steht. Wenn der Stern tief am Horizont hängt, hast du noch viele Tage zu segeln; aber jede Nacht wird er höher sein, und wenn er über dir steht, bist du am Ziel. Hör mir jetzt gut zu, ich werde es dir immer wieder vorsagen, damit du es dir merkst. Wenn du fleißig lernst, wirst du eines Tages ein großer Navigator. Wir haben viel Zeit."

Teva nickte und lauschte dem Vortrag des alten Kapitäns, der als einer der wenigen noch die alte Kunst der polynesischen Navigation beherrschte und sein Schiff ohne Instrumente, ohne Radio und Kompaß sicher ans Ziel bringen konnte.

Der Bau des Auslegerkanus ging mit der kleinen Handsäge nur langsam voran, und Tupai widmete sich der Erziehung Tevas, den er ins Herz geschlossen hatte wie einen Sohn.

„Vielleicht stellen sie heute wieder so lustige Fragen wie das letzte Mal", sagte Paul zu Cadousteau. „Ich komme doch lieber wieder zu dir, um diesen Achille zu hören. Daheim kann ich einfach nicht den Mund halten."

„Meine Damen und Herren, es gibt anscheinend technische Schwierigkeiten mit der Übertragung heute abend", meldete sich Radio Tahiti. „Wir haben noch keine Verbindung zu Radio Robinson auf Motumenemene und zu unserem tapferen und unerschrockenen Achille Legrand. Achtung, ich glaube, wir haben ihn . . ."

Im Radio hämmerte das Stakkato von atmosphärischen Störungen, dann rief plötzlich eine laute, verärgerte Stimme: „. . . Radio Tahiti, so antwortet doch endlich! Oder sitzt ihr mit euren fetten Ärschen auf euren Ohren . . ."

Huiiiit. Kurze Funkpause. Cadousteau und Paul brachen in wildes Gelächter aus.

„Köstlich", brüllte Paul. „Der charmante Achille Legrand, wie er wirklich ist! Das ist ein Hit! Das ging sogar über Satellit!"

Paul wäre erstaunt gewesen, hätte er Achille jetzt sehen können.

Legrand hämmerte mit beiden Fäusten auf dem Sendergehäuse herum. „Arschlöcher, Hühnerficker, alle miteinander! Wie soll man da eine vernünftige Sendung machen! Hallo, Radio Tahiti!" Endlich hörte er den Ansager. Er strich sich über die Haare, setzte gewaltsam ein Lächeln auf, wendete den Blick von der wüsten Unordnung im Zelt und schaute auf das Manuskript vor sich nieder. Dann drückte er den Sendeknopf und begrüßte die Zuhörerinnen in aller Welt mit seiner gewohnten charmanten Stimme. Hätte Paul das Zelt gesehen, er wäre entsetzt gewesen. Ausrüstungsgegenstände lagen in wilder Unordnung herum, leere Dosen türmten sich, dazwischen Flaschen, Zigarettenkippen und weggeworfenes Brot. Das Dosenessen ging Achille auf die Nerven, die Tage schlichen mit einer grausamen Langweiligkeit dahin. Den Ausflug zum Süd-*motu* hatte er gestrichen, weil es dort sicher nichts gab außer Sand und Fliegen. Und der Gedanke, in dem wackligen Boot über die große Lagune motoren zu müssen, ließ ihn erschauern. Was, wenn der Motor streikte oder ein Sturm aufkam? Er hatte deshalb beschlossen, den Ausflug zur Südinsel einfach zu erfinden. Überprüfen konnte das ohnehin niemand.

„Ja, Freunde, um ein Haar könnte ich jetzt nicht an meinem Sender sitzen und mit euch plaudern. Ich wollte doch eine Expedition zum südlichen Atollrand machen. Tja, das hört sich ganz einfach an. Aber seid ihr schon einmal in einem offenen kleinen Boot stundenlang in der gleißenden Sonne unterwegs gewesen? Ganz allein mit dem Außenbordmotor und einem Kompaß? Tja, da stellt man schon gewisse Überlegungen an, wenn die Palmen hinter dem Horizont verschwinden und man nichts mehr sieht als Wasser. Da braucht man ein stoisches Gemüt, unerschütterlichen Willen, durchzuhalten! Aber man wird belohnt wie Kolumbus, wenn der Schatten der ersehnten Südinsel aus dem Dunst auftaucht. Ich landete mit gespannten Erwartungen auf dem Eiland. Ob ich wohl der erste Mensch war, der je seinen Fuß auf diesen unberührten, jungfräulichen Sand gesetzt hatte?"

Achille Legrands Laune besserte sich langsam, seine Geschichte gefiel ihm selber. Er schilderte, wie er auf der Insel gelandet war, wie er sie nach allen Richtungen durchstreift hatte, er berichtete von weißen Reihern und einmalig schönen Aufnahmen, die er gemacht hatte. Er schilderte, wie er – von der langen Reise hungrig geworden – mit seinem Gewehr eine Ziege erlegt hatte. Diese Idee war ihm gekommen, als er auf der Nachbarinsel Ziegengemecker gehört hatte. Nun erzählte er, wie er der Ziege das Fell abgezogen hatte, um es später zu Schuhen zu verarbeiten, und sah seine Zuhörerinnen vor sich, wie sie gespannt seiner romantischen Robinsonade folgten. Er beschloß, in Zukunft alle Sendungen mit solch spannenden, erfundenen Abenteuern auszuschmücken, und erzählte in dramatischen Worten, wie er am nächsten Tag den Landeplatz seines Klappbootes leer vorgefunden hatte.

„Ich sitze nur wieder hier vor meinem Sender, liebe Freundinnen", sagte er, „weil das Boot zum Glück nur abgetrieben war. Ich erspähte es draußen in der Lagune. Nackt schwamm ich hinaus, um es zu bergen. Erst unterwegs fiel mir ein, daß hier vielleicht Haifische waren. Aber ich konzentrierte mich kühl auf meine Aufgabe und dachte nicht an die Gefahr. Tja, Freunde, euer Robinson lebt, wenn auch ein wenig gefährlicher als ihr zu Hause."

Nach der Sendung sank er auf seinem Klappstuhl zusammen, und die Mißstimmung kam wieder zurück. Fluchend öffnete er eine neue Flasche Whisky. Besoffen ließ sich dieser beschissene Robinson-Unsinn noch am besten ertragen.

Paul Hollinger saß mit dem besorgten Toofa beim Gendarm.

„Seit zwei Wochen hat sich Tupai nicht mehr gemeldet", sagte er zu Cadousteau. „Es muß ja nichts passiert sein, aber sie wollten an diesem Wochenende zurückkehren." Er legte eine Seekarte auf den Tisch. „Ich habe hier ihre geplante Fahrtroute nach Mehetia eingetragen. Gesetzt den Fall, sie hatten Motorschaden, dann sind sie ziemlich im Kreis herumgetrieben, wenn das noch in der Zeit passierte, als wir Südwind hatten. Ich habe Strömungen und Winddrift für die letzten vierzehn Tage einkalkuliert. Es könnte unter Umständen sein, daß sie sogar bis hierher getrieben wurden." Er zeigte auf einen Bleistiftkreis, den er um Kaukura gezeichnet hatte.

„Motumenemene können wir mit Bestimmtheit ausschließen, denn wenn Tupai dort angetrieben worden wäre, hätte ihn dieser Legrand ja während seiner Ziegenjagd auf dem Süd-*motu* gefunden. Tupai wollte sich regelmäßig bei Radio Mahina melden. Ich habe heute dort angerufen, aber auch Mahina hat die letzte Standortmeldung von Tupai vor zwei Wochen erhalten. Sie haben nichts weiter unternommen, weil sie dachten, Tupai sei mit mir in Funkkontakt. Ich muß sagen, ich teile jetzt Toofas Sorgen. Ich hätte gern, daß du die Autoritäten in Kaukura und auf den Nachbarinseln beauftragst, die Augen offenzuhalten; vielleicht verständigst du auch das Luftverkehrsbüro in Faaa, damit die Piloten, die das Gebiet überfliegen, sich auch nach PY 106 umsehen."

Jean Claude Cadousteau sah sich Pauls Seekarte an und nickte. „Du hast recht, vierzehn Tage sind eine verdächtig lange Zeit. Wir müssen Tupai suchen." Er griff nach dem Kopfhörer seines Funkgeräts, um die Seenotroutine anzukurbeln. Die Berufsschiffahrt, die Fischer, die Marine, die Flugverkehrsgesellschaften, die Privatflieger und die französische Luftwaffe würden jetzt nach einem weißen Bonitofangboot mit der Nummer PY 106 Ausschau halten. Er gab die Berechnungen des Hafenkapitäns an die Brigade in Papeete durch, die jetzt die Suche koordinieren würde.

Paul klopfte Toofa ermunternd auf die Schulter.

„Kopf hoch, Toofa! Dein Teva ist in den besten Händen, Tupai ist einer der berühmtesten Navigatoren, er bringt sein Boot wieder nach Moorea zurück, auch wenn das Radio kaputt und der Kompaß über Bord gefallen ist. Sie haben sich sicher nur verspätet, weil sie einen Riesenfang gemacht haben. Teva ist vielleicht ein reicher Mann, wenn er zurückkommt. *Hein?*"

Achille Legrand stierte in den am Tisch liegenden Handspiegel und drückte einen großen Pickel auf seiner Nase aus. Er kratzte seinen wirren Bart und betrachtete seine aufgerissenen, blutunterlaufenen Augen.

„Scheiße!" sagte er.

Dann schaltete er seinen Sender ein und richtete sein Manuskript aus.

„Wenigstens funktioniert das Stromaggregat." Er horchte eine Weile auf das Summen des vom Windpropeller getriebenen Dynamos. Dann meldete sich Radio Tahiti, und er riß sich zusammen, um seine Sendung mit gewohnter Brillanz zu absolvieren.

Diesmal erzählte er seinen Zuhörern ein haarsträubendes Abenteuer von einem Riesenhai, der ihn angeblich attackierte, während er auf einem Korallenblock saß, um zu fischen. Die Welle von Bewunderung, Anteilnahme und Ehrfurcht, die ihm aus dem Lautsprecher entgegenschlug, richtete ihn direkt wieder auf. Er lächelte wie früher, als er noch kein Robinson gewesen und frisch gewaschen, rasiert und maniküft ins Studio gekommen war.

„Gute Nerven, meine Freunde, sind eine Grundvoraussetzung für einen Robinson", schloß er. „Nachdem ich dem Hai die Lust genommen hatte, mich zu fressen, ging ich ins Zelt und legte mir Schuberts ‚Forelle' auf. Ja, meine Freunde, das ist der Alltag hier auf Motumenemene!"

Er verabschiedete sich und schaltete schnell ab. Dann schüttelte er sich und griff nach der Whiskyflasche.

Die Fischer schoben das Kanu über den Strand zur Lagune. Es war sehr klein, so daß es nur einen Mann trug, war aber schnittig gebaut, und der Ausleger balancierte es sehr gut aus.

„Ich werde nach Kaukura paddeln", sagte Tupai, „und den *muto'i farani',* den Gendarm, verständigen, daß ihr gesund seid und abgeholt werden wollt. Ich bin der Älteste, falls ich auf dem Meer sterbe, weint niemand. Wenn in zwei Wochen kein Schiff kommt, dann baut ihr die zweite große Piroge fertig und rudert genau nach Norden. Teva wird euch sagen, wohin ihr fahren müßt. Den Weg nach Kaukura hat er gelernt. Lebet lang, *nana!"* Er lud ein Bündel in der Sonne getrocknete Fische, luftgedörrtes Ziegenfleisch und zehn Kokosnüsse zum Trinken ins Kanu und stieß sich mit dem geschnitzten Paddel ab. Mit kurzen kräftigen Schlägen paddelte er los. Nach einer Weile drehte er sich um und winkte den bereits klein gewordenen Figuren am Ufer des *motu* noch einmal zu.

Zu Mittag rastete er ein wenig und legte sein Paddel weg. Er trank eine Kokosnuß in kleinen Schlucken leer und nagte einen kleinen Fisch bis auf die Gräten ab. Dann paddelte er weiter. Nach vier Stunden tauchten die Palmspitzen der Nordinseln über der hellblauen Lagune auf. Am Westrand des großen *motu* wußte Tupai eine flache Stelle im Riff, durch die er das flache Kanu paddeln konnte. Im kristallklaren Wasser sah er den Sandgrund in zehn Me-

ter Tiefe und steuerte sein zerbrechliches Gefährt vorsichtig um die
bis an die Oberfläche reichenden Korallenköpfe. Plötzlich gurgelte
es dicht neben ihm, und das Boot schwankte unter einem kräftigen
Stoß. Tupai hielt den Atem an. Eine hohe, sichelförmige Rückenflosse durchschnitt das glatte Wasser, und eine scharfe Schwanzflosse peitschte es zu weißem Schaum. Ein dunkler Körper, doppelt
so lang wie sein Kanu, glitt vorbei, dann drehte die Rückenflosse
und kam wieder auf ihn zu. Tupai stach mit aller Kraft sein Paddel
ins Wasser, das Kanu schoß einen Meter nach vorn, und die Rük-
kenflosse sauste wie eine schlecht geführte Sense knapp am Ausleger vorbei. Tupais Herz schlug bis zum Hals, als sich der scheußlich
breite Kopf eines sehr großen Hammerhais aus dem Wasser hob.
Das kleine gelbe Katzenauge außen an dem unförmigen Kopf
starrte Tupai an. Tupai wußte, daß er jetzt sterben mußte. Der *tamataroa,* der große Hammerhai, war ein Einzelgänger, der auf irgend-
eine seltsame Weise in die Lagune gelangt und hier vor Hunger verrückt geworden war. Dann aber fiel Tupai ein, daß er nicht sterben
durfte, weil Teva, Romata und Temae darauf warteten, daß er ein
Schiff schickte. Er hatte es versprochen.

Der *tamataroa* tauchte und schoß wieder auf das Kanu zu. Der
breite flache Kopf surfte gurgelnd über das Wasser, als der Hai ihn
nach oben wegbog, um seinen Rachen zu öffnen. Tupai zielte und
warf den ganzen Packen seiner Trockenfische genau in das riesige
Maul. Der Hammerhai schnappte verdutzt zu und tauchte. Tupai
drehte sich nicht um, er paddelte wie ein Verrückter auf den nahen
Strand zu. Er fuhr im Zickzack, immer hinter Korallenblöcken, und
warf seinen letzten Proviant ins Wasser, gebratene Ziegenfleisch-
streifen und etwas Brot. Sein Kanu schaukelte in den Wellen, die
der hinter ihm hin und her schießende Hammerhai aufwarf, wenn
er nach den verstreuten Brocken schnappte.

Tupai hörte den groben Korallensand unter seinem Kanu knir-
schen, sprang in das knöcheltiefe Wasser und zerrte sein Kanu in Sicherheit. Dann setzte er sich in den Sand und schaute auf das in der
Sonne glitzernde Wasser zurück. Sein Herz schlug wild gegen die
Rippen, er atmete schwer. Wenige Meter vom Ufer entfernt durch-
pflügte eine scharfe schwarze Sichel suchend die Lagune.

Tupai wußte, er würde nun lange warten müssen. *Tamataroas* ga-

ben nicht leicht auf, wenn sie Beute gewittert hatten. Dann fiel ihm ein, daß er jetzt nichts mehr zu essen hatte. Er stand auf, um nach Krabben zu suchen, und nahm seinen Fischspeer mit, um sie aus ihren Löchern zu holen. Die Sonne begann schon zu sinken, als er das klägliche Meckern einer jungen Ziege hörte. Er packte seinen Speer fester und schlich lautlos weiter. Eine junge Ziege war mit den Hinterbeinen in eine dünne zähe Liane verwickelt und sprang vor und zurück, um das lästige Ding abzuschütteln. Tupai warf den Speer, und das kleine weiße Tier fiel zuckend in den Sand. Er suchte passende Holzstücke und modriges Holz, um ein Feuer zu entfachen. Das Fleisch mußte er in langen Streifen braten und dann mit Salz einreiben, damit es lange genug hielt, bis er eine Insel mit Menschen gefunden hatte. Die halbe Nacht brauchte er, um jedes Stückchen der Ziege zu haltbarem Proviant zu verarbeiten. Dann schlief er kurz und paddelte im Morgengrauen durch die flache Passage in Richtung Kaukura.

Achille Legrand marschierte breit grinsend den Strand entlang. Er hatte eine noch nicht angebrochene Kiste Beaujolais gefunden und unternahm, einem plötzlichen Einfall folgend, einen Jagdausflug wie früher mit seinen Schauspielerkollegen in der Provence. Er setzte eine karierte Schirmmütze auf, packte drei Flaschen Beaujolais und eine Menge Patronen in einen Rucksack, hängte sich das Schrotgewehr über die Schulter und zog los. Ab und zu blieb er am Ufer stehen und ballerte auf alles, was sich bewegte. Ein paar große Krabben wurden von den Schrotladungen in einer Sandfontäne zerrissen. Aber dann konzentrierte er sich auf die Möwen und Tölpel, die über der Lagune segelten.

„Heiiuiuiuiui, *touché!*" jubelte er und warf seine Mütze hoch, wenn einer der Vögel mitten im Flug in einer Federwolke zerplatzte und wie ein feuchter Fetzen ins Wasser klatschte.

So wanderte er den Strand entlang. Da seine Augen den Himmel ständig nach neuen Zielen absuchten, sah er nicht die große, sichelförmige Rückenflosse, die dicht am Ufer hinter ihm lautlos durchs Wasser glitt; er hörte nicht, wie die toten oder verwundeten Vögel mit einem kurzen Schnappen verschluckt wurden. Er öffnete die erste Flasche und trank den warmen Rotwein in großen Zügen.

Als er die zweite Flasche wegwarf, fand er die Welt prächtig. Das Wasser der Lagune kräuselte sich, und wie ein silberner Regen sprangen Tausende handgroßer Fische in die Höhe, um mit vieltausendfachem leisem Prasseln wieder zurückzufallen. Achille Legrand feuerte in den Fischschwarm und lachte, als sich die klare Lagune dunkel färbte. Dann sah er die Reiher. Den langen Hals elegant zurückgebogen, zogen sie mit gravitätischem Flügelschlag über die Lagune. Achille warf die leere Flasche weg und zielte sorgfältig. Dann ließ er den Finger am Abzug und ratterte auf die Reiher los wie ein Flakschütze auf ein feindliches Jagdflugzeug. Ein Reiher stürzte ab.

„*Touché!*" brüllte Achille triumphierend und rannte in das aufspritzende Wasser, um seine Beute näher anzusehen. Er bückte sich gerade nach dem treibenden Vogel, da stellten sich ihm die Haare auf. Er wußte plötzlich, daß jemand hinter seinem Rücken war. Er hörte es gurgeln und plätschern, als tauche jemand schnell aus dem Wasser auf, und fuhr herum. In wahnsinnigem Schrecken schrie er hoch und gellend auf, seine Augen quollen aus ihren Höhlen, eine eisige Faust krampfte sich um sein Herz. Ein riesiges schwarzes Ungeheuer versuchte, an ihn heranzukriechen. Flossen oder kurze Stummelbeine schaufelten Fontänen von Wasser und Sand in die

Höhe. Von den äußersten Enden eines meterbreiten, flachen Kopfes starrten ihn gelbe Schlitzpupillen tückisch an. Dann hob das Alptraumgeschöpf den Kopf und riß seinen sägezahnbesetzten Rachen auf.

Achille taumelte zurück und riß unwillkürlich am Abzug seines Gewehrs. Auf dem blassen Bauch des Ungeheuers platzte die Haut an mehreren Stellen, Blut spritzte, und die Wucht der geballten Schrotladungen warf das schreckliche Unterwasserwesen herum. Noch immer vor Entsetzen kreischend, stolperte Achille den Strand hinauf und schoß dabei weiter, bis das Magazin leer war. Das Ungeheuer tobte in wahnsinniger Wut im seichten Wasser und warf meterhohe Fontänen Sand und Schaum auf. Achille sah, wie das Ungeheuer versuchte, das Ufer zu erklettern. Da drehte er sich um und rannte blindlings davon.

Er hatte noch nie einen Hammerhai gesehen und konnte nicht denken; er wollte nur fort von diesem entsetzlichen, fremden Wesen. Er stolperte über einen Stein und flog der Länge nach in den Sand. Als er sich hastig aufrappelte, sah er vor sich getrocknetes Blut und einen abgebissenen Ziegenkopf. Er starrte auf die grausigen Überreste und spürte, wie eine unkontrollierbare, unbestimmte eisige Furcht in ihm aufstieg, eine triebhafte Angst vor etwas Unbekanntem, Unaussprechlichem. Er sah nicht die Fußabdrücke Tupais, auch nicht die Aschenreste des kleinen Feuers, er sah nur die Schleifspur zum Ufer und die Abdrücke, die das Kanu dort hinterlassen hatte; und er wußte, hier war das Ungeheuer an Land geklettert und hatte die Ziege gefressen.

Achille Legrand rannte wie von Furien gehetzt zu seinem Lager und begann in großer Hast, sein Zelt mit Kisten, Schachteln und Ausrüstungsgegenständen in eine Festung zu verwandeln. Er montierte seine Akkulampen außen am Zelt und schnitt Gucklöcher in die Leinwand, damit nach allen Seiten freie Sicht hatte und sich bei Nacht niemand ungesehen anschleichen konnte. Dazwischen fluchte, weinte und schrie er verzweifelt, weil auf seine Hilferufe über den Sender niemand antwortete. Seine Angst wuchs noch, als er begriff, daß er bis zum nächsten Tag, bis zur ausgemachten Sendezeit warten mußte, weil er sich nicht mit der Sendetechnik vertraut gemacht hatte und es den Technikern überlassen hatte, eine

Frequenz fest einzustellen, die sonst nicht benützt wurde. Er starrte in hilflosem Zorn und hysterischer Furcht auf die rätselhaften Knöpfe und Skalen. Wie gehetzt rannte er zu seinen Gucklöchern, suchte die Umgebung ab und trug noch Korallenblöcke und dicke Äste herbei, um seine Festung zu verstärken. Dann setzte er sich hastig rauchend an den Tisch und legte sich Munition für sein Gewehr zurecht.

Am nächsten Abend saß Paul Hollinger wieder in der Gendarmeriestation. Jetzt war er ebenso besorgt wie Toofa. Tupai, sein Boot und die drei Fischer waren spurlos verschwunden. Kein treibendes Boot, keine Wrackteile, nicht die geringste Spur war gesichtet worden. Ein Suchflugzeug der Marine hatte das ganze Seegebiet von Mehetia bis Kaukura und die Riffe nach einem Wrack abgesucht. Es war, als hätte das Meer die PY 106 und ihre Besatzung verschluckt.

Cadousteau hörte die Berichte der Suchaktion und schüttelte traurig den Kopf. „Nichts, absolut nichts. Aber sie suchen morgen weiter. Das gibt es doch nicht, daß ein Boot so spurlos verschwinden kann. Sie sind jetzt drei Wochen verschollen, das Wasser wird ihnen schon ausgegangen sein. Aber wir können nur hoffen. Bleibst du noch zur Robinsonsendung, Paul?"

Paul dachte einen Moment nach, dann nickte er. „Ob ich mir hier bei dir Sorgen mache oder zu Hause, ist schon egal. Schalte von mir aus diesen lächerlichen Legrand mit seinem Geschwafel ein."

Die Acht-Uhr-Nachrichten brachten bereits einen Bericht über die Suchaktion nach Tupais PY 106, und dann erklang wieder die traurige Mundharmonika, die Kennmelodie der Robinsonsendung.

„Guten Abend, meine Damen und Herren, hier ist wieder das Robinsonstudio von Radio Tahiti. Wir werden in wenigen Minuten Kontakt mit unserem mutigen Freund Achille Legrand haben, der beweist, daß auch in heutiger Zeit Männer existieren, die Einsamkeit guten Mutes zu ertragen wissen. Ich glaube, die Technik ist jetzt soweit . . .

Eine sprudelnde, nervös vibrierende Stimme unterbrach ihn schreiend:

„Wo seid ihr denn? So holt mich doch endlich von hier weg!

Hallo, hallo, Radio Tahiti! Um Gottes willen, sie kommen schon, sie kommen schon . . ."

Schüsse krachten so nahe am Mikrophon, daß die Lautsprecher schepperten.

„Achille, Achille, was ist denn los auf deinem Atoll?" rief der Ansager besorgt.

Undeutliche Geräusche, das Splittern von zerbrochenem Glas, noch ein hallender Abschuß.

„Wo seid ihr denn, mobilisiert sofort die Armee! Schickt ein Geschwader Düsenjäger, ich werde . . ." Achilles Stimme war beinahe unkenntlich, so fremd klang sie und viel zu laut.

Paul Hollinger sah seinen Freund Cadousteau entgeistert an. „Was treibt er denn? Entweder ist er betrunken, oder er hat zu lange in der Sonne gesessen! Vielleicht soll das ein besonderer Gag sein: Der tapfere Achille kämpft mit landenden Kannibalen, die Vorliebe für Radiosprecher auf Müllerinart haben?"

„Hier Radio Tahiti, es spricht *docteur* Barrault", hörte man jetzt eine neue Stimme aus dem Studio.

„Aha, der Psychiater", sagte Paul.

„Hören Sie mir bitte zu, Monsieur Legrand. Wir werden Ihnen sofort helfen. Beruhigen Sie sich doch und erzählen Sie mir bitte, warum in Motumenemene geschossen wird", sagte Dr. Barrault langsam, mit ruhiger Stimme.

„. . . redet nicht klugscheißerisch herum", schrie Achille. „Ich weiß, sie lauern draußen. Da drüben hat sich eben was bewegt! Ich kann sie nicht mehr lange aufhalten. Ich habe kaum noch Munition! So kommt doch endlich! Holt mich von hier weg!"

Die Sendung wurde einen Augenblick unterbrochen, dann hörte man wieder Dr. Barrault: „. . . mir bitte sagen, von wem Sie sprechen? Wer bedroht Sie, Monsieur Legrand?"

„Die Ungeheuer aus der Tiefsee", kreischte Achille Legrand. „Die Marsmenschen! Sie haben Tauchhelme wie Geigenkoffer! Am Hals haben sie eine Kreissäge, damit zersägen sie Ziegen und Menschen und schleppen das Fleisch in ihre Unterseeboote. Sie sind riesig! Sie klettern hier überall an Land und schleichen sich von hinten an! So holt mich doch!"

Aus dem Lautsprecher drang verzweifeltes Schluchzen.

„Akute Paranoia", sagte Dr. Barrault leiser, wie vom Mikrophon abgewandt. „Typischer Fall von schwerem Verfolgungswahn. Holen Sie ihn lieber sofort ab. Er muß in stationäre Behandlung, bevor ..."

Jetzt wurde die Sendung endgültig unterbrochen. Ein Sprecher entschuldigte sich für das vorzeitige Ende aufgrund technischer Schwierigkeiten.

„*E mea fifi!* Das ist aber eine seltsame Sache", sagte Cadousteau. „Glaubst du, daß der Kerl wirklich verrückt geworden ist? Mitten in der Sendung?"

Paul sah nachdenklich auf das Radio. „Wenn der Psychiater das sagt, wird es wohl so sein. Bei *Roo,* dem Gott der Seefahrer! Das war die stärkste Livesendung, die ich je gehört habe. Mir tun jetzt nur die armen Kerle bei Radio Tahiti leid. In deren Haut möchte ich nach dieser Sendung nicht stecken. Was glaubst du, Jean Claude, was sich jetzt bei ihnen am Telefon tut? Ich gehe lieber schnell heim, bevor meine *vahine* sich die Augen ausweint um den mutigsten aller Robinsone."

Das Telefon unterbrach ihn, der Gendarm schnappte sich den Hörer. Paul hörte, wie er ab und zu *„oui"* oder *„non"* sagte. Auf einmal leuchteten Cadousteaus Augen freudig auf.

„Sie haben Tupai gefunden", schrie er Paul zu und horchte wieder ins Telefon. Paul begann glücklich zu lachen und spürte, wie seine Augen feucht wurden.

„Die anderen sind wohlauf, sie holen sie morgen ab. Das ist phantastisch! Das ist ganz phantastisch! Juhuuuu!" Cadousteau tanzte ungeduldig herum, den Telefonhörer am Ohr. *„Oui! Oui, oui!"* schrie er dann, warf den Hörer achtlos in Richtung Gabel, rannte auf Paul zu, packte ihn und hopste mit ihm in einem wilden *hivinau* quer durchs Büro.

„Sie haben Tupai, sie haben Tupai!" schrie er begeistert und schüttelte Paul. „Ein Fischerboot aus Kaukura hat Tupai auf hoher See in einem winzigen Kanu gefunden und zur Gendarmerie gebracht. Die anderen und Teva sind wohlauf und warten am Süd-*motu* von Motumenemene, wo sie nach einer Havarie aufs Riff gedriftet sind. Der Marinetender, der schon unterwegs ist, um diesen verrückten Radiomenschen abzuholen, wird auch Teva und die beiden anderen morgen bergen. Haha! Komm, komm, wir müssen das Toofa sagen! Wir müssen ihm das sofort sagen!" Er zerrte Paul durch die Tür zum Jeep.

„In Montumenemene sind sie aufs Riff gelaufen?" fragte Paul kopfschüttelnd während der Fahrt. „Da frage ich mich, wieso dieser Achille sie nicht gefunden hat. Der ist doch überall herumgefahren, und vier Menschen, die Feuer machen, und ein Fischerboot hoch oben auf dem Riff sind doch nicht zu übersehen. Das verstehe ich nicht!"

Cadousteau lachte. „Leider kannst du diesen Legrand nicht mehr danach fragen. Ein Robinson in Zwangsjacke ist kein allzu verläßlicher Zeuge."

Drei Tage später erwartete eine größere Menschenmenge die Ankunft des Marinetenders, der die verschollenen Fischer zurückbringen sollte.

Die ganze Verwandtschaft Toofas war da, außerdem Dr. Lebaucher, Pater Bruno, der Lehrer, der Schulchor mit Blütenkränzen und viele Freunde und Bekannte.

„Sie kommen, sie kommen!" brüllte Tetuamanuhiri, und der Chor sang die erste Strophe des Pao-Pao-Liedes.

Draußen am Riff beschleunigte Paul Hollinger den Diesel seines Lotsenboots. Der ROTE BIBER war über die Toppen mit allen verfügbaren Signalwimpeln und Fähnchen beflaggt. Paula, Maurice und das Ehepaar Cadousteau lehnten an der Reling und hielten Blumenkränze bereit.

Paul Hollinger steuerte mit Vollgas parallel zu dem stumpfgrauen Marinetender, von dessen Deck die vier Fischer winkten. Er fuhr vorsichtig so nahe an die graue hohe Bordwand heran, daß Cadousteau den ersten Kranz hinüberwerfen konnte.

„*Maeva, utuafare,* willkommen zu Hause!" schrie der Gendarm begeistert und winkte mit beiden Armen. Die Schiffssirene des Tenders heulte, Paul ließ sein tiefes Horn tuten, alle schrien durcheinander.

„Tupai, du alter Dickkopf!" brüllte Paul zu dem weißhaarigen Kapitän hinüber. „Kannst du dir nicht merken, daß man außen um Atolle herumfährt und nicht quer darüber?"

Tupai lachte. „Du, paß auf in deiner roten Coca-Cola-Dose", schrie er zurück, „daß wir dir nicht in dein Blech hineinfahren, wenn du zu frech wirst!"

„Hallo, Romata!" schrie Paul. „Hallo, Temae! Wo habt ihr denn all die schönen Fische gelassen?"

Romata legte die Hände um den Mund. „Die haben wir aufgegessen", schrie er zurück und rieb sich den Bauch. „Sieh nur, wie dick wir geworden sind!"

Paul korrigierte den Kurs seiner Coca-Cola-Dose, wie Tupai respektlos sein schönes rotes Schiff genannt hatte, und rief Teva an: „*Ha ora na,* Teva! Du hast ja kräftige Muskeln bekommen. Hat dir Tupai endlich vernünftig zu tun gegeben?"

Teva grinste. „Ganz im Gegenteil", rief er vergnügt. „Ich habe Urlaub gemacht! Ich habe den ganzen Tag am Strand gelegen und Ukulele gespielt. Sieh nur, welch schönes Instrument ich mir gebaut habe. Hat einen ganz tollen Klang!" Er hob eine mit Schnitzereien verzierte Ukulele hoch, deren Schallkörper aus dem Panzer einer Schildkröte geschnitten war, und begann zu spielen. Tupai, Romata und Temae hoben die Hände und tanzten einen schnellen *tamure.*

„Was hat dir denn am meisten gefehlt da draußen auf Motumenemene?" schrie Cadousteau zu Teva hinüber. „Schweinefleisch oder Bier oder Zigaretten?"

Teva antwortete grinsend: „Zu essen gab es genug! *Muto'i farani!* Was mir gefehlt hat, war Moana, meine Freundin!" Er verdrehte die Augen.

„Hm", sagte Paul zu seiner Frau. „Vielleicht hätte der arme Legrand doch lieber eine Verehrerin mitnehmen sollen. Dann wäre er vielleicht nicht auf diese fixe Idee mit den Marsmenschen gekommen! Trotzdem – sonderbar, daß sie sich nicht getroffen haben, da draußen auf diesen wenigen Quadratmetern Sand."

Tane auf Annonce

Als die KEKE III, das schnelle, schnittige Fährboot zwischen Moorea und Tahiti, in Papeete anlegte, ging Paul Hollinger mit seinem prallen Rucksack von Bord. Unter den Arm hatte er eine gerollte Schlafmatte geklemmt, in der anderen Hand trug er einen Plastiksack mit Geschenken, die ihm Paula zum Abschied in die Hand gedrückt hatte. Paul haßte es, beladen wie ein Packesel durch die Gegend zu laufen, und er ging erst einmal ins *Tiare Tahiti,* um ein Glas Bier vom Faß zu trinken und sein Gepäck bei der Kassiererin einzustellen.

„*Capitaine 'ollinger!"* rief die Kellnerin Susie und eilte herbei, um ihm die Wange zum Küssen hinzuhalten. Paul küßte sie breit grinsend und auch die Kassiererin, die zwar schon recht dick war, aber noch immer die Reste einstiger Schönheit zeigte. Temata war vier Jahre Miß Tahiti gewesen, und Paul kannte sie noch aus dieser Zeit.

Er setzte sich Temata gegenüber auf den Barhocker, und die Kellnerin, eine Tahitianerin mit schrägen Chinesenaugen und großem Hängebusen unter ihrem losen Kleid, trippelte herbei und stellte ihm sein Bierglas ungefragt hin. Dabei drückte sie ihre Brüste an seinen Rücken und flüsterte: „Wie ist das heute mit uns beiden, *Capitaine*? Bist du *fiu* mit deiner *vahine* und suchst einen Platz zum Schlafen?"

Paul mußte grinsen. Die Chinesin hatte es seit vielen Jahren auf ihn abgesehen, und er erinnerte sich an den werbenden Druck ihrer enormen Brüste, deren Spitzen er früher aber viel höher auf seinem Rücken gespürt hatte.

„Nein, Susie!" lachte er. „Ich bin auch dieses Mal nicht *fiu* mit meiner *vahine.* Ich fahre heute nacht mit der TAPORO nach Toau, um

257

meinen Patensohn zu besuchen. Er hat in ein paar Tagen Geburtstag."

„Ach, du!" sagte Susie und schlug ihm spielerisch auf den Arm. „Ich fahre eines Tages nach Moorea und schaue mir deine *vahine* an. Das muß ja die Liebesgöttin in Person sein, wenn du meinem Busen so leicht widerstehen kannst!"

Sie legte ihre Hände unter die Brüste und schaukelte sie stolz herum. Draußen auf der Terrasse pfiffen ein paar Kadetten von der Marine begeistert, und Susie lief hinaus, um sich wenigstens einen der jungen Männer in den frisch gestärkten, weißen Uniformen für die Nacht zu besorgen.

„Ich lasse meinen Rucksack und mein Gepäck hier bei dir stehen, Temata", sagte er zu der Kassiererin. „Ich muß noch ein paar Geschenke einkaufen für den Rest der Familie, wenn ich schon nach Toau fahre."

„*D'accord, capitaine*", nickte Temata, und Paul marschierte, von der Last befreit, gut aufgelegt los, obwohl er wußte, daß er dann noch ein paar Plastikbeutel mehr zu schleppen hatte. Er kaufte Kleinigkeiten, mit denen man den Leuten auf den abgelegenen Tuamotu-Atollen Freude machen konnte: Batterien fürs Radio, schöne Blinker und Angelhaken, ein scharfes Fischmesser und Tabak.

Es war schon dunkel, als Paul sein Abschiedsbier in der Hafenkneipe trank. Jetzt war das Lokal voll mit Matrosen und ihren Mädchen, verschüchterte Touristen guckten ab und zu von der Veranda herein und flohen wieder, als sie die rote Beleuchtung, die Seemannshände in den Ausschnitten und auf den Hintern der Mädchen sahen und die Aufschrift „*Au bordel*" an der nach oben führenden Treppe.

Paul packte seine vielen Säcke zusammen und küßte Temata. „Kannst du auch das noch tragen, *mon capitaine*?" fragte sie und hielt ihm einen weiteren Plastiksack hin.

„Was ist denn das?" fragte er neugierig.

„Ich habe dir ein paar gute Sachen zum Essen eingepackt, Paul", lächelte Temata. „Damit du nicht verhungerst auf dem Schiff."

„Aber es gibt doch eine Küche auf der Taporo", protestierte Paul.

Temata hängte ihm das Säckchen an einen ausgestreckten Finger. „Das stimmt, aber Foo Wang ist ein phantasieloser Koch", sagte sie. „Ich habe die Sandwiches und den Kuchen selber gemacht, es wird dir schmecken, Paul."

„*Mauruuru,* Temata, *nana!*"

„*Nana,* Paul!"

Paul ging zum Kai auf der anderen Straßenseite und verfluchte das viele Gepäck, weil ihm die Finger langsam steif wurden. Er kletterte die Gangway zur Taporo hoch und suchte sich einen guten luftigen Platz an Deck, wo er seine Matte ausrollte und sein Gepäck wie einen Zaun rundherum auftürmte. Das war jetzt seine Kabine für die nächsten drei oder vier Nächte. Die Dauer der Reise hing immer davon ab, wie viele Atolle die Taporo unterwegs anlief.

Unter den anderen Passagieren, in der Hauptsache tahitianische Familien und mit Rucksäcken bepackte europäische Tramps, fiel ihm ein älterer Herr mit kurz gestutztem schwarzem Haar und schwarzem Schnurrbart auf, der sonderbar gekleidet war. Er trug eine grüne Arbeitslatzhose mit vielen Taschen, aber dazu ein weißes Hemd mit einer altmodischen Fliege und einen hellen Sakko. Auf dem Kopf hatte er einen grünen Jägerhut mit Gamsbart. So etwas sah man in der Südsee verhältnismäßig selten, und Paul nahm sich vor, den Mann darauf anzusprechen, weil diese Kombination einen interessanten Charakter versprach.

Dann erlosch das Licht an Deck, und ein großer Fernsehapparat auf einem hohen Verschlag zeigte einen Wildwestfilm. Paul hockte auf seiner Matte, aß ein paar Stück von Tematas ausgezeichnetem Kokoskuchen und sah mit allen anderen Passagieren zu, wie die Cowboys hin und her galoppierten.

Nach einer Weile fand er ihr Leben jedoch etwas einseitig und nicht ganz nach seinem Geschmack. Nirgendwo in Texas war auch nur ein Stückchen schöner Strand zu sehen, und die Frauen hatten so viele Kleider an, daß es meist heller Morgen wurde, bis sie sich endlich ausgezogen hatten; dann aber mußte John Wayne schon wieder zur nächsten Schießveranstaltung. Paul applaudierte, als der Film zu Ende war, und schaute sich nach dem Herrn mit dem Jägerhut um. Aber er konnte ihn nirgends sehen und legte sich auf seine Matte, um bis zur Abfahrt zu schlafen.

Als der Schiffsdiesel angeworfen wurde, stand Paul auf, um als alter Seefahrer dem Ablegemanöver zuzuschauen. Danach lehnte er sich über die Heckreling, um den schwindenden Lichtern von Papeete nachzuschauen.

„*Très scholiii*", sagte jemand neben ihm. Es war der Mann mit dem Jägerhut. An der Art, wie der Mann das französische Wort *joli* aussprach, tippte Paul auf einen Landsmann, deshalb sagte er auf deutsch: „Ja, wirklich sehr hübsch."

Der Mann mit dem Jägerhut machte eine überraschte Bewegung. „Ah, Sie sprechen deutsch! Das ist aber ein Zufall. Ich habe zwar in der Kriegsgefangenschaft ein wenig Französisch gelernt, aber das meiste schon wieder vergessen. Sie sprechen deutsch ohne jeden Akzent, das finde ich bemerkenswert bei einem Franzosen."

Paul grinste. „Ich bin in Straßburg geboren", sagte er. „Also ist das keine große Kunst."

Sie kamen ins Plaudern, und Paul erfuhr, daß der ältere Herr mit dem Jägerhut Viktor Gumpendorf hieß, aus Linz in Österreich stammte und auf dem Weg nach Toau war.

„Das ist ein Zufall", lachte Paul Hollinger. „Ich fahre nämlich auch nach Toau, mein Patenkind zu besuchen. Da haben wir noch viel Zeit, uns zu unterhalten. Entschuldigen Sie, wenn ich Sie frage, was Sie dort wollen, denn für einen Urlaub ist dieses Atoll ein wenig einsam. Es gab zumindest noch im vorigen Jahr weder Hotel noch Gästehaus, auch leben dort nur ein paar Leute."

Viktor Gumpendorf lächelte verlegen. „Ich beantworte Ihnen diese Frage gern, aber Sie werden wahrscheinlich lachen. Ich fahre nach Toau, um zu heiraten."

Paul war einen Moment sprachlos. Toau war seine Robinsoninsel, es gab dort nur eine Familie, die Familie seines Patenkindes.

„Sind Sie sicher, daß Sie nicht irgend etwas verwechseln, Herr Gumpendorf? In Toau gibt es absolut niemanden, der noch zu haben ist – außer Fred, den alten Zackenbarsch am Paß. Sie sind doch hoffentlich nicht irgendeinem blöden Scherz aufgesessen? Ausgerechnet Toau! Bei Gott, Toau ist der letzte vergessene Fleck auf dieser Erde, ein Atoll, das auf der Rückseite des Mondes liegen könnte."

Im Licht der Hecklaterne konnte Paul sehen, wie Viktor Gum-

pendorf die Brauen zusammenzog. Der Linzer griff in seine Sakko-
tasche und holte ein Briefkuvert hervor. Er buchstabierte: „Violet
Teanini, Matariva, Toau – Poste Fakarava, Îles Tuamotu, Polynésie
Française!" Er starrte Paul an und fragte: „Die Adresse stimmt
doch, oder?"

Paul war so verdutzt, als hätte er jemanden getroffen, der eine
Paula Hollinger in Pao Pao suchte, weil er sie heiraten wollte.

„Violet!" stieß er hervor, und in seinem Kopf ging alles durchein-
ander. „Violet Teanini! Das ist die Mutter meines Patenkindes! Um
Himmels willen, sagen Sie mir bitte, wie Sie auf die Idee kommen,
Violet zu heiraten! Ich . . ."

Viktor Gumpendorf war jetzt beinahe beleidigt. Er zog den Brief
aus dem Umschlag und streckte ihn Paul hin. „Ja, dann lesen's doch
den Brief selber! Sie hat mir geschrieben, ich soll kommen, damit
wir heiraten. Ich weiß nicht, wieso Sie das so aufregt." Er überlegte
einen Moment, dann fügte er reserviert hinzu: „Außer Sie sind selber der Herr Teanini und nicht an einer Fischvergiftung gestorben,
wie sie mir geschrieben hat. Das wäre allerdings blöd!"

Paul wußte einfach nicht, was er sagen sollte. Er nahm abwesend
den Brief und ging damit zu einer Lampe an der Heckreling. Violet
war seit zwei Jahren Witwe, und er erinnerte sich, daß sie sich das
letzte Mal darüber unterhalten hatten, wie die Chancen für Violet
stünden, noch einmal einen *tane* zu bekommen. Wenn eine Witwe
eine Insel nur mit ihrer Familie bewohnte, waren Zufallsbekannt-
schaften so gut wie ausgeschlossen. Sie hatten lange diskutiert, aber
auch in Papeete hätte sie niemanden gefunden. Kein *tane* war
so dumm und ging zu einer *vahine,* die am Ende der Welt wohnte,
wo es kein Bier und keinen Tabak gab, sondern nur Kopra und Fische.

In Violets großer Kinderhandschrift las Paul eine unwahrschein-
liche Geschichte. Violet Teanini dankte Gott, daß er ihre Heiratsannonce bis zu Viktor geschickt hatte, und sie schrieb, daß ihr sein
Bild aus dem letzten Brief sehr gut gefallen hätte, auch ihr Mann
habe so einen schönen Bart gehabt, obwohl er etwas stattlicher gebaut gewesen sei. Sie schrieb, Viktor solle doch kommen, und wenn
es ihm in Toau gefiele, würde sie mit ihm nach Fakarava zum Bürgermeister fahren und ihm die halbe Insel und eines der zwei Mo-

torboote schenken, damit er etwas besaß, wenn sie sterben sollte. Sie schrieb, die Familie sei schon sehr neugierig auf den neuen *popa'a tane* aus dem fernen *Autitia,* und sie bat ihn, gute Seife und ein Parfüm aus Papeete mitzubringen, damit sie gut roch, wenn er mit ihr schlief.

Paul faltete den Brief zusammen und gab ihn Viktor zurück.

„Dieses Teufelsweib", sagte er. „Wie kommt sie nur auf die Idee, eine Heiratsannonce aufzugeben, und noch dazu in Europa?"

Er hielt Viktor Gumpendorf die Hand hin. „Willkommen in der Familie, Viktor", sagte er. „Ich heiße Paul!"

Der Linzer mit dem Jägerhut schüttelte ihm erfreut die Hand. Sie standen lange an der Reling und unterhielten sich. Viktor war pensionierter Eisenbahner und passionierter Angler. Er zeigte Paul auf seinem Hut die in Silber gefaßten Gehörknöchelchen eines großen Wels, den er in der Donau geangelt hatte.

„Ich habe mein Angelzeug dabei", sagte er und deutete mit dem Daumen über seine Schultern. Dann erzählte er, wie er in einer Illustrierten Violets Annonce gelesen hatte:

„Ich suche einen neuen Mann, wenn möglich Europäer. Ich heiße Violet Tehanini, bin 45 Jahre, habe drei Söhne und zwei Töchter, eine eigene Insel, zwei Fischerboote, ein großes Haus, fünf Fischzäune, hundert Kokospalmen, einen Generator, eine Tiefkühltruhe, ein Stereoradio, Hühner, Schweine und vier Hunde. Mein neuer Mann muß nicht schön sein, aber er soll ein guter Fischer und Ehemann sein, weil ich sehr allein bin auf meiner Insel. Er soll mir bald schreiben, wenn möglich auf französisch, weil ich keine andere *popa'a*-Schrift lesen kann."

Viktor zuckte die Achseln. „Meine Luise ist mir davongelaufen, als die beiden Buben groß waren, und hat den Cafétier an der Ecke geheiratet. Da habe ich mir gedacht, in der Südsee ist es immer schön warm, man kann den ganzen Tag angeln, und auch wenn diese Violet schwarz ist wie Steinkohle, ist sie sicher eine bessere Frau als Luise, und ich bekomme wieder eine Familie, mit drei Buben und zwei Mädchen. Weißt du, Paul, mir hat ein wenig gegraut davor, daß ich ganz allein alt werden soll."

Paul fühlte einen kleinen Stich im Herzen. Paula und er hätten gern Kinder gehabt, aber es waren keine gekommen, auch nicht, als sie sich Dr. Lebaucher anvertrauten. So würde einer von ihnen, entweder Paula oder er selber, eines Tages ganz allein sein.

„Ja, so war das", sagte Viktor. „Ich habe ihr geschrieben, und sie hat mir geantwortet, sie hätte Angst, daß ich vielleicht nicht käme, weil alle anderen *popa'a,* die auf die Annonce antworteten, als erstes wissen wollten, wieviel Geld sie auf der Bank habe; und sie hätte doch überhaupt keines. Wenn sie Kopra und Fische verkauft, bringt ihr der Schoner dafür Mehl, Konserven, Benzin und Bier, aber kein Geld. Ich habe ihr zurückgeschrieben, sie brauche kein Geld, weil ich ja meine Pension von der Eisenbahn hätte und meine Söhne schon selber verdienten; somit hätten wir genug für ihre Kinder. Ja, so sind wir zusammengekommen, und ich habe meine Wohnung verkauft und mich auf die Reise gemacht."

„Viktor, ich möchte auf keinen Fall unken, aber weißt du, auf was du dich da eingelassen hast? Das Leben auf den Tuamotus kann sich ein Europäer nicht vorstellen. Dieses *motu,* das du großartig Insel nennst, ist ein flacher Sandhaufen auf einem Riff, höchstens zwei Meter höher als das Meer, und rundherum gibt es nur den endlosen weiten Ozean. Keine Elektrizität, keine Straßen, kein Wasser, keine anderen Menschen außer der Familie Teanini, und das nächste Atoll, wo es einen Arzt und einen Gendarm gibt, ist Fakarava. Das kannst du aber mit den Motorbooten nicht erreichen. Du bist von der Welt abgeschnitten, wenn der Schoner nicht kommt. Es gibt keinen Laden, kein Kino, keine Kneipe."

„Ach, weißt du, Paul, ich habe viele Bücher über die Tuamotus gelesen, und das klang für mich sehr verlockend. Keine Straßen, keine Autohupen, die mir die Fische verscheuchen. Ich brauche keine Neonröhren. Wenn ich angeln war, habe ich oft im Freien übernachtet und mir meine Forellen auf einem Petroleumkocher zubereitet."

„Viktor, Fischfang auf den Tuamotus ist kein Angeln, wie du es gewöhnt bist. Da gibt es keine Forellen, sondern massenhaft Riffhaie, tödliche Torpedos von zwei Metern Länge und mehr. Und du stehst nicht am friedlichen Donauufer, sondern am Riff, wo die Brandung donnert wie ein Expreßzug!"

„Sehr gut", lachte Viktor. „Da kann ich mir vorstellen, ich stehe an den Geleisen der Westbahn; ich werde der Brandung die Namen großer Züge geben: TE 512, Orient Expreß, Arlberg Expreß, Groß-glockner und Johann Strauß. Ich freue mich auf Toau!"

Paul schüttelte immer noch fassungslos den Kopf. Der naive Optimismus dieses ehemaligen Eisenbahners war unfaßbar.

„Viktor, du stellst dir alles zu einfach vor! *Tane* der Teanini-Familie zu sein ist kein Hobby für Pensionisten! Violet erwartet natürlich, daß du alle Arbeiten übernimmst, die nach der traditionellen Arbeitsteilung eines Ehepaars dem Mann zukommen. Das heißt, die Fischzäune in der Riffpassage instand halten und reparieren, eingedrungene Haie harpunieren, im offenen Motorboot draußen auf dem Meer Bonitos fischen, ohne Tauchgerät ins haiverseuchte Wasser tauchen, um Langusten zu fangen!"

„Langusten hab' ich mal in Nizza gegessen, als ich auf dem Côte-d'Azur-Expreß fuhr", sagte Viktor. „Wenn ich mir vorstelle, daß ich die jetzt jeden Tag mit der Hand selber fangen kann – das ist ja wie im Märchen!"

Paul verdrehte die Augen. „Viktor, du mußt Außenbordmotoren reparieren, nur mit primitiven Werkzeugen; die Kühltruhe wird ständig kaputt sein, du mußt Schweine schlachten, du mußt auf die Palmen klettern und die Nüsse zum Trinken herunterholen!"

„Das habe ich gelesen", nickte Viktor. „Man ist auf den Tuamotus ganz auf sich gestellt. Das gefällt mir, ich bin ein alter Bastler und habe mein ganzes Werkzeug in einer großen Kiste mitgenommen. Ich habe auch eine große Flasche Freongas, da kann ich die Kühltruhe wieder reparieren, auch wenn der Kompressor geplatzt ist. Außerdem bin ich im Mühlviertel aufgewachsen, da hab' ich immer beim Schlachten geholfen. Ich hab' auch eine Wurstmaschine mit, damit werde ich eben Blutwurst, Leberwurst und Mühlviertler Hartwürstel machen, bis ich eine gute Selchkammer gebaut habe."

Viktor lachte auf. „Daß es ein Kunststück sein wird, auf diese hohen Palmen zu klettern, hab' ich mir schon gedacht. Ein Freund von mir in Linz ist Erfinder, der hat mir einen zusammensteckbaren Kokosnußpflücker gebaut, damit kann ich noch Nüsse in zwölf Metern Höhe abschneiden; denn ganz oben ist eine kleine Baumschere, die man von unten bedienen kann."

Paul Hollinger umarmte den neuen Vater seines Patenkindes und schüttelte ihn herzlich. „Du hast aber wirklich an alles gedacht. Bist ein Pfundskerl, Viktor! Ich freue mich für Violet, daß sie dich gefunden hat." Er nahm sich vor, mit seinem *tiki* darüber zu reden, damit auch alles gutging.

Die TAPORO, ein kräftiger Motorfrachter von 1200 Bruttoregistertonnen, der nur aus alter Gewohnheit Schoner genannt wurde wie die Kopraschoner, die früher ohne Maschine zu den Tuamotus gesegelt waren, erreichte am übernächsten Tag Fakarava, ihre erste Station auf der Rundreise durch den Archipel der niedrigen Atolle. Paul lehnte mit Viktor an der Reling und erzählte dem Eisenbahner aus Linz von den Inseln, von den tückischen Strömungen, von dem Wechsel zwischen Flut und Ebbe, von den gefährlichen Riffen, von Schiffbrüchigen und dem letzten Hurrikan, der das Atoll Anaa zerstört und beinahe alle Einwohner, Hütten und Lagerhäuser mit seinen gigantischen Wellenungetümen von dem nur zwei Meter hohen *motu* ins Meer gespült und verschluckt hatte. Er riet ihm, sich regelmäßig die Seewetterberichte von Mahina Radio anzuhören, und versprach, ihm ein gutes Buch über Meteorologie zu schicken, weil das Leben auf den Tuamotus unauflösbar mit dem Wetter verbunden war.

Sie sahen die ersten Palmwipfel über dem Horizont auftauchen, und Viktor erblickte zum erstenmal ein Atoll mit eigenen Augen. Glücklich grinsend starrte er zu dem kilometerlangen weißen Sandstrand hinter der Brandung hinüber.

Die TAPORO fuhr an dem einzigen Leuchtturm des ganzen Archipels vorbei und dampfte durch die schmale Passage in die Lagune. Viktor war aufgeregt wie ein Kind, das zum erstenmal in einem großen Kaufhaus in die Spielwarenabteilung darf. Er stieß Paul ständig an, um ihn auf irgendein neues Wunder aufmerksam zu machen, auf das prächtige Türkisgrün der Lagune, auf die sauberen Häuser mit ihren bunten Dächern, auf die kleine Kirche, die ihn an seine Jugend im Mühlviertel erinnerte. Die TAPORO näherte sich dem kleinen Kai, und Viktor meinte: „Mein Gott, wie sich die Leute hier freuen, daß der Dampfer kommt! Die haben alles so herausgeputzt wie für einen Kirchtag."

Paul Hollinger bemerkte jetzt erstaunt die blumengeschmückte Menge, die Blumengirlanden und Willkommenstransparente, die über den Kai und zwischen den Häusern gespannt waren. Überall flatterte die Trikolore, und ein vielstimmiger Chor erklang, als die TAPORO anlegte. Sie sangen die Marseillaise und dann das Lied von Fakarava.

Paul spähte in die Dorfgasse, auch dort standen überall festlich gekleidete Menschen und Schulkinder, die mit Fähnchen in der Hand darauf warteten, einen anscheinend sehr wichtigen Gast zu begrüßen. Vom Dorfplatz stieg der Rauch von *ahima'as,* von Erdöfen, auf.

„Das ist nicht wegen des Schoners", erklärte er Viktor. „Das ist die ganz große *maeva*-Zeremonie, die Begrüßung für einen sehr Hochstehenden. Ich wußte nicht, daß wir einen Politiker oder Militär an Bord haben. Der muß sich während der Überfahrt in seiner Kabine versteckt haben. Vielleicht der Präsident persönlich?"

Von seiner Brücke beugte sich der Kapitän der TAPORO ebenso neugierig herunter. Auch er fragte sich, wem dieses gewaltige Willkommensaufgebot galt. Auf den Transparenten las er die Aufschrift: *„Maeva tenerara Bretonier tane",* willkommen, General Bretonier." Der Kapitän ging nochmals in Gedanken seine Passagierliste durch, aber ein hoher Militär war nicht darunter gewesen.

Der Chor war jetzt mit dem Begrüßungslied fertig. In der Mitte eines ehrfürchtigen Kreises stellte sich der Bürgermeister von Fakarava auf, um den erwarteten Gast zu begrüßen. Die Gangway berührte den Kai, die Passagiere, die hier aussteigen wollten, drängten sich an der Reling, getrauten sich aber nicht, als erste auszusteigen, weil offensichtlich ein Ehrengast erwartet wurde, der natürlich den Vortritt haben mußte. Nur die Matrosen der TAPORO hatten keine Zeit, auf Generäle zu warten, sie öffneten die Luken, schwangen den Schiffskran aus und stellten die für Fakarava bestimmte Fracht mitten zwischen das Empfangskomitee.

Der Kapitän schaute neugierig den Bürgermeister an, und der Bürgermeister wurde langsam nervös, als sich keine Uniform, keine blitzenden Medaillen und bunte Ordensspangen an der Gangway zeigten.

Einem kleinen Passagier mit einem jungen Hund unter dem Arm dauerte das zu lange; das Kind lief die Gangway hinunter und jagte dann seinen Hund um den Bürgermeister herum. Als der Welpe an den weißen Socken des Bürgermeisters ein Bein hob, schubste dieser den Hund weg und rief zum Kapitän hinauf: „Wo ist denn der *tenerare* Bretonier, zum Teufel! Es ist heiß hier in der Sonne!"

„Auf der Taporo ist er garantiert nicht", antwortete der Kapitän.

„Das gibt es nicht. Wir haben ein Telegramm von der Regierung." Der Bürgermeister zog einen hellblauen Zettel aus der Tasche und eilte die Gangway hinauf. Der Kapitän kletterte von seiner Brücke herunter und traf ihn an Deck.

Die Passagiere packten inzwischen ihre Bündel und Taschen und gingen von Bord.

„Da, da steht es." Der Bürgermeister wedelte mit dem Telegramm.

Der Kapitän las laut vor: „*Attention mairie fakarava*–stop–der präsident sendet gen. bretonier nach fakarva–stop–ankunft 20. august an bord taporo–stop–*bureau du president*–stop."

Der Bürgermeister riß ihm das Telegramm wieder aus der Hand. „Also, wo ist er, Kapitän? Jemand von der Regierung muß ihn ja an Bord gebracht haben!"

Inzwischen waren andere Mitglieder des Gemeinderats an Bord geklettert. Der Kapitän zuckte mit den Achseln und drehte seine leeren Handflächen nach oben, um zu zeigen, daß er Gen. Bretonier nicht in der Faust verborgen hielt.

„Die Regierung hat etwas an Bord bringen lassen", sagte er. „Aber keinen General, sondern einen Betonmischer für euch."

„Ja, ja", rief einer vom Gemeinderat. „Vor drei Monaten, als der *peretiteni,* der Präsident, uns besucht hat, versprach er, sich dafür einzusetzen, daß der Entwicklungsminister einen neuen Betonmischer für unsere Insel genehmigt!"

Der Bürgermeister erstarrte plötzlich, und Paul glaubte förmlich zu sehen, wie sich die Rädchen in seinem Kopf drehten. Ganz langsam nahm er das zerknüllte Telegramm, glättete es und studierte es nochmals. Dann ging er an die Reling und starrte auf den Kai hinunter, wo inzwischen Kisten, Zementsäcke und ein nagelneuer Betonmischer, ein *bétonier,* wie die Franzosen sagen, standen. Erst begann er zu kichern, dann lachte er laut, und schließlich schüttelte er sich vor Lachen. Er brüllte: „Der Präsident hat keinen General geschickt! Der Präsident hat den genehmigten *bétonier* geschickt. Der dumme Postbeamte hat sich verschrieben, er hat ein ‚r' zuviel telegrafiert! Hahahahahaha! Er hat ein ‚r' zuviel telegrafiert!"

Jetzt ging ein erstes Gelächter durch die Menge, dann heulten ein paar vor Lachen auf, und zuletzt brüllte jeder am Kai und auf der TAPORO vor Lachen.

„Willkommen, *bétonier*! Willkommen, *bétonier*!" schrien die Kinder, die Menge bekränzte den Betonmischer mit Dutzenden von Blumengirlanden und schob ihn unter Gelächter und Jubel durch die Dorfgasse zum Festplatz.

„Kommt alle mit!" brüllte der Bürgermeister. „Wir wollen zu Ehren von General Betonmischer ein großes Fest feiern. Kommt alle mit!" Er boxte den Kapitän in den Rücken und schob ihn die Gangway hinunter.

„Willkommen, General Betonmischer! Willkommen!" schrien die Kinder.

„Komm mit, Viktor", sagte Paul Hollinger lachend. „Das darfst du nicht versäumen. Soeben hast du ein Musterbeispiel für tuamotische Lebensphilosophie gesehen, und jetzt sollst du erfahren, was ein richtiges *tama'ara'a* hier heißt. Wenn wir Glück haben, feiern sie nur zwei oder drei Tage. Aber ohne die TAPORO können wir sowieso nicht nach Toau weiterfahren."

Drei Tage später drehte die TAPORO vor der Matariva-Passage kurz bei und ließ ihr Nebelhorn ertönen. Ein kleines Boot tuckerte über die Wellen heran. Viktor starrte mit großen Augen auf seine zukünftige Heimat: eine Welt aus Himmel und Meer, in der Mitte eine winzige Insel mit Palmen und die Fransendächer einiger niedriger Hütten. Von Horizont zu Horizont erstreckte sich die weiße Linie der Brandung am Riff, und ganz in der Ferne hoben sich die dunklen Silhouetten anderer *motus* des Ringatolls ab.

„Das also ist Toau", sagte er ergriffen. Das offene Holzboot kam längsseits und tanzte unter der Bordwand. Zwei neugierige schwarze Augenpaare starrten herauf: die einer ansehnlichen bronzebraunen Frau mit hüftlanger, offener Haarflut, eine Blumenkrone auf dem Kopf, Blumenkränze in der Hand, gehüllt in ein weißes langes Kleid mit Stickerei an Hals und Ärmeln; und die Augen eines jungen Burschen in frischgewaschenem T-Shirt und kurzer Hose.

Viktor beugte sich über die Reling, winkte und rief: „Violet?"

Die Frau lächelte scheu und winkte zurück.

Die Mannschaft der Taporo bestand offenbar aus Entladekünstlern. Sie hievten die Kisten und das Gepäck Viktor Gumpendorfs mit dem Kran über die Reling und setzten alles zielsicher in das tanzende Boot. Paul überließ den Matrosen sein Gepäck, stellte sich kurzerhand in den Haken des Krans und hielt sich an der Kette fest. In hohem Bogen wurde er über die Reling gehievt und ganz zart dicht über einer Ducht im Boot abgesetzt. Paul sprang ab und machte sofort Platz für Viktor. Mit einer Hand seinen Jägerhut haltend, hing der alte Eisenbahner am Kran und rief: „Toau, Hauptbahnhof! Alles aussteigen!" Paul fiel erst jetzt ein, daß er sich eigentlich wegen Viktors Kranfahrt hätte Sorgen machen sollen.

Aber der pensionierte Eisenbahner hatte zu oft auf den Trittbrettern fahrender Züge gestanden und dabei gepfiffen oder Signalkellen geschwungen. Behende landete Viktor im Boot und setzte sich Violet gegenüber. Die beiden sahen sich an. Pauls Gepäck wurde abgeseilt, die Taporo heulte zum Abschied, eine dunkle Auspuffwolke stieg in den wolkenlosen Himmel, und unter ihrem Heck wühlten die Schrauben das tintenblaue Meer auf.

Der junge Bursche griff ins offene Gehäuse des Außenbordmotors, drückte zwei Drähte zusammen und mit dem Daumen auf die Drosselklappe, und das Boot schoß über die Wellen auf Matariva zu, das immer nur kurz sichtbar wurde, wenn eine große See das Boot anhob. Violet und Viktor sahen sich noch immer wortlos an. Da erhob sich Viktor, verlor sofort das Gleichgewicht und fiel vor Violet auf die Knie.

„Auch gut", murmelte er auf deutsch. Dann sagte er auf französisch: „*Tu es très belle,* Violet, du bist wunderschön!"

Ganz sanft legte er beide Hände an ihre Wangen, und als sie zusammenzuckte, beugte er sich vor und gab ihr einen Kuß. In diesem Moment schoß das Boot eine Welle hoch und krängte stark. Viktor wäre beinahe über Bord gekippt, wenn ihn Violet nicht blitzschnell mit ihren kräftigen Armen an sich gedrückt hätte. Sie hielt ihn weiter fest, und beide fingen an zu lachen.

Paul atmete auf. Den heiklen Anfang hatten die beiden sehr gut überstanden. Simon, der älteste Teanini-Sohn, stieß Paul an und tippte sich an die Stirn. *„Ils sont fous,* sie sind verrückt, diese zwei alten Hühner", sagte er respektlos.

Paul lachte. „Warte nur, du frecher Lausebengel!" rief er Simon zu. „Wenn der alte Hahn, dein neuer *tane,* sieht, daß du zu faul bist, um den Motor zu reparieren, dann wird er dir aber was erzählen."

„Pah!" Simon steckte den Daumen zwischen den geballten Fingern durch und machte eine obszöne Geste in Richtung auf Viktors Rücken.

Da begriff Paul, daß Viktor Gumpendorfs Schwierigkeiten noch lange nicht vorüber waren. Simon war zwei Jahre lang als ältester männlicher Teanini Familienchef gewesen, und jetzt kam ein fremder *popa'a,* um ihm diese angesehene Stellung wieder abzunehmen. Paul wußte, daß Viktor bei Simon auf eisige Ablehnung und offene Feindschaft stoßen würde. Vielleicht hatte Simon auch schon seine Brüder auf seine Seite gebracht, dann konnte Viktors Südseetraum bald zu einer Hölle werden. Er beschloß, Viktor so viel Schützenhilfe wie möglich zu geben.

„Du wirst dein blaues Wunder erleben, Simon!" drohte er dem Jungen. „Dein neuer *tane* sieht vielleicht aus wie ein dummer *popa'a,* aber er kann Bootsmotoren reparieren, was du anscheinend nicht kannst. Wenn du willst, zeigt er dir, wie man das macht."

Tatsächlich erschien ein neues Licht in Simons Augen, aber dann zog er die Augenbrauen zusammen und sah finster drein.

Paul seufzte. Das konnte ja noch lustig werden.

Sie motorten durch die Brandung vor der Passage, daß die Wellen klatschend nach allen Seiten spritzten, und waren dann im stillen Wasser der Lagune. Viktor saß neben Violet, einige Blumenkränze um den Hals, und hielt ihre Hand. Simon rammte das Boot absichtlich fest auf den Strand von Matariva und lachte wie ein Verrückter, als der *popa'a* mit dem seltsamen Hut dabei von der Bank fiel. Seine beiden Brüder am Ufer fielen sofort in das Gelächter ein, und Paul machte ein unglückliches Gesicht. Der erste Auftritt des neuen *tane* war leider eine Lustspielszene geworden statt einer achtungsgebietenden, besitzergreifenden Landung.

Die beiden Mädchen, die fünfzehnjährige Caroline und die

zwölfjährige Tiare, hielten Viktor brav die Wange hin und hängten ihm neue Blumen um den Hals, aber der vierzehnjährige Alexandre und der siebenjährige Paul Émile, Pauls Patenkind, verhielten sich genauso wie befürchtet; sie flüsterten und rissen Witze hinter Viktors Rücken, streckten die Zunge heraus und gaben ihm nur kurz die Hand.

Viktor merkte nichts, er unterhielt sich mit Violet. Sie zeigte ihm das Schlafhaus, das Speisehaus, das Küchenhaus, wo Gasherd, Eisschrank, Geschirr und Proviantkisten im Freien standen, nur von einem Palmblattdach gegen Regen geschützt. Sie ging, um ihrem neuen *tane* den Generatorschuppen, die Kopradörre und das *fare iti,* das Plumpsklo auf hohen Stelzen, zu zeigen.

„He! Simon, Alexandre, Paul Émile! Packt an und bringt Viktors Gepäck ins Haus!" befahl Paul schnell, als er sah, daß sich die Buben ins Gebüsch trollen wollten. Simon machte ein trotziges Gesicht und stemmte die Fäuste in die Taschen, kam damit aber bei Kapitän Hollinger nicht weit. Paul hob eine Augenbraue und zeigte auf das Gepäck. Die Buben wichen seinem Blick aus und schafften das Gepäck weg. Paul zeigte auf das Motorboot, und Simon vertäute es ordnungsgemäß an einer Palme.

Viktor öffnete seine Kisten und Ballen und verteilte die mitgebrachten Geschenke: Spielzeug für Paul Émile und Tiare, einen gutsortierten Satz Werkzeug für Alexandre, alles griffbereit in einem breiten Ledergürtel mit vielen Schlaufen und Taschen, und vieles andere. Die Geschenke brachten eine merkliche Lockerung der Spannung. Alexandre rannte begeistert im Kokoswald herum, schlug Nägel in die Palmen, zwickte Zweige ab oder zersägte einen alten Ast. Simon betrachtete mit glänzenden Augen eine überlange, gefährlich aussehende Harpune mit pistolengriffähnlichem Abzug und dreifachem Gummizug, den er kaum spannen konnte. Simon hielt die Luft an, als ihm Viktor zeigte, daß man den Widerhaken der langen Stahlharpune abschrauben und verschiedene scharfe Spitzen aufsetzen konnte. Paul merkte, wie es in dem Jungen arbeitete und er sich auf die Zunge biß, um nicht unwillkürlich zu lächeln oder zu danken.

Für Caroline packte Viktor eine wunderschöne Zickzacknähmaschine mit Handantrieb aus und lachte verlegen, als Violet ihre

Goldbrosche zwar kurz betrachtete, aber dann sofort weglegte und sich über den umfangreichen Stahlgeschirrsatz und die bunten Porzellanteller und Tassen so freute, daß sie weinte.

Da konnte Paul mit seinen kleinen Geschenken natürlich nicht konkurrieren. Er verteilte trotzdem alles und setzte sich dann mit Paul Émile auf die Terrasse, um zu spielen. Er war ja schließlich wegen seines Patenkinds gekommen und nicht, um schon wieder bis zum Hals in einer Rettungsaktion für eine noch gar nicht geschlossene Ehe zu stecken.

Simon wollte dann seine neue Harpune ausprobieren; die Buben fuhren im Motorboot los und nahmen Viktor mit, um ihm gleich die Fischzäune zu zeigen.

Violet zog ihr schönes Kleid schnell aus, wickelte sich in einen bunten *pareo* und nahm die Mädchen in die Küche mit, um ein Festmahl für ihren neuen *tane* zu kochen.

Eine Stunde später waren die Buben wieder zurück und lachten, als hätten sie eine lustige Filmklamotte gesehen. Viktor lag stöhnend im Boot, dicke Schweißtropfen standen auf seiner bleichen Haut. Sein rechter Fuß war dick geschwollen und verfärbt, und er biß die Zähne vor Schmerzen zusammen.

„Auiii, tane to'u!" schrie Violet und rannte herbei. „Mein *tane*!" Dann fuhr sie die Buben an: *„ Te tupuhia, i te aha?* Was ist passiert?"

Simon lachte ungeniert. „Am zweiten Fischzaun war der Maschendraht aufgebogen und offen. Ich hab' den *popa'a* gefragt, ob er weiß, wie man einen Fischzaun repariert, da ist er ins Wasser gesprungen und sofort auf einen Stachelrochen getreten. Hahaha!"

Es klatschte hallend, als Violet Simon eine Ohrfeige gab, daß ihm der Kopf in den Nacken flog.

„Du willst ein guter Fischer sein und hast meinen *popa'a* nicht gewarnt, daß da ein Rochen lag? Du bist ein miserabler Nichtsnutz! In seinem Land gibt es keine Rochen im Sand! Er hätte dich sicher weggezogen, wenn du dich in seinem Land auf die Schienen der Eisenbahn gelegt hättest. Weißt du, was eine Eisenbahn ist?"

Simon hielt sich die brennende Wange. Ihm wäre es lieber gewesen, dieser *popa'a* wäre bei seiner Eisenbahn jenseits des Meeres geblieben.

Paul trug Viktor ins Haus, legte ihn auf Violets Bett und untersuchte den Fuß. Ein tiefes, blauschwarz verfärbtes Loch in der Fußsohle verriet, wo der giftige Stachel getroffen hatte. Violet setzte sofort Töpfe auf und badete die Wunde in heißem Wasser; die Brandblasen waren jetzt egal, aber das Gift mußte durch die Hitze vernichtet werden. Viktor wurde ohnmächtig, und Violet blieb bei ihm, um ihn warm einzupacken. Das Fieber würde helfen, das Gift aus dem Körper zu treiben.

Das geplante Festmahl wurde eine einsame Angelegenheit. Simon und Alexandre waren im Wald verschwunden. Paul aß allein mit den beiden stummen Mädchen und Paul Émile, der froh war, daß Simon weg war und ihm nicht dauernd befahl, den *popa'a* zu hassen. Ihm gefiel dieser *popa'a* mit dem lustigen Hut, weil Mama zum erstenmal seit langer Zeit den ganzen Tag fröhlich gesungen und gelacht hatte.

Viktor war ein kräftiger, zäher Kerl. Am nächsten Nachmittag stand er schon wieder auf und humpelte vorsichtig herum, wenn auch sein Fuß noch stark geschwollen war. Violet wollte, daß er noch im Bett blieb, aber Viktor sagte, es gäbe zuviel Arbeit; er machte sich daran, mit Alexandre verschiedene Dinge instand zu setzen. Sie begannen beim Außenbordmotor, und nach einer Weile taute der anfangs unwillige Alexandre auf, als ihm Victor erklärte, welche Schrauben er mit seinem Werkzeug lockern oder anziehen mußte. Paul war froh, als er hörte, wie die beiden miteinander lachten. Alexandre verbesserte das holprige Französisch des lustigen *popa'a,* und Viktor zeigte ihm, wie man Kerzen auswechselte und putzte, den Vergaser einstellte und den Filter reinigte – lauter Dinge, die Alexandre, der ewige Zweite der Familie, jetzt beherrschte und dem angeberischen Simon voraushatte.

Simon schlich mit finsterem Gesicht herum, aß seinen Teller im Stehen leer und hockte sich dann mit dem Kopfhörer vor sein Radio, um von der Welt nichts mehr zu hören.

Viktor saß an diesem Abend mit Paul am Strand. Sie leerten eine Flasche Rotwein zusammen und unterhielten sich. Paul klärte Viktor über die Situation im Hause Teanini auf und warnte ihn vor Simon.

„Der Kerl braut eine neue Gemeinheit zusammen, um dich lächerlich zu machen, Viktor", sagte er. „Das muß er, sonst verliert er das Gesicht vor seinen jüngeren Brüdern. Er fühlt sich noch immer als Familienchef und wird alles versuchen, um diese Stellung zu behalten. Das ist jetzt wie ein Duell zwischen dem alten Leitaffen und dem stärksten Jungaffen um die Führungsposition in der Herde."

„Ich bin wirklich ein Idiot", murmelte Viktor, „daß ich das alles nicht bemerkt habe. Ich dachte mir, der Simon ist halt in den schwierigen Jahren. Freunde, Mädchen und Diskotheken gibt's hier nicht, wo er sich abreagieren könnte. Jetzt sehe ich, daß ich ihn nicht einfach mit guten Worten umstimmen kann. Er wird mich wahrscheinlich nie als Vaterersatz ansehen, dazu ist er schon zu selbständig. Ich kann nur versuchen, ihm nichts nachzutragen und ihn als erwachsenen Mann zu behandeln. Vielleicht werden wir eines Tages Freunde."

„Du hast schon recht, Viktor. Aber ich sage dir, jetzt erreichst du mit Freundlichkeit überhaupt nichts, du mußt dich rücksichtslos durchsetzen, du mußt Simon zeigen, daß du der Stärkere bist, daß er noch zu unerfahren und zu jung ist, um dich anzugreifen. Du mußt ihn erst einmal richtig fertigmachen, ihn mit Füßen trampeln..." Paul stockte und machte eine entschuldigende Geste. „Verzeih, ich denke immer noch an den Affenkrieg, ich meine natürlich nicht, du sollst mit ihm boxen oder..."

„Ich versteh' schon, Paul", sagte Viktor. „Ich werde noch viel nachdenken müssen. Aber es stimmt mich nur traurig, daß es auch im Paradies Zank, Hader und Unfrieden gibt."

„Mein Freund Cadousteau, ein Gendarm in Moorea, könnte dir sofort deine Romantik austreiben, Viktor. Die häßliche Wahrheit ist nämlich, daß ein Paradies nur dann friedlich bleibt, wenn eine kräftige Hand es schützt. Ohne Engel mit Flammenwerfer regiert im Paradies bald der Teufel. Ich sage es dir noch einmal, nimm das Duell mit Simon nicht auf die leichte Schulter. Wenn es zum großen Krach kommt, ist es für die Familie besser, daß Simon sein Bündel schnürt und von Toau weggeht. Violet wird das verstehen und dich unterstützen. Sie braucht einen *tane*, und die Kinder brauchen einen Vater. Wenn Simon Unfrieden stiftet, mußt du ihn aus dem Paradies vertreiben, verstehst du?"

Viktor nickte unglücklich. Sie saßen eine Weile da und starrten auf die Mondreflexe in der Lagune, die wie flüssiges Silber auf ei-

274

ner leicht unebenen, schwarzen Marmortafel hin und her rannen und immer neue, glitzernde Muster bildeten.

„Weil wir gerade vom Paradies sprechen", sagte Viktor nach einer Weile zögernd. „Du bist doch Tahitianer, Paul, du lebst hier und kennst die Sitten und Gebräuche. Ich . . . äh . . . Ich meine nur, wir schlafen ja alle unter einem Dach, auch die Kinder sind gleich nebenan. Und ich meine . . . Na ja, weißt du . . . Zu Hause hatten wir ein Kinderschlafzimmer mit einer festen Tür . . ."

Paul grinste. Er klopfte Viktor beruhigend auf den Arm. „Du brauchst auf die Kinder keine Rücksicht zu nehmen, die werden nicht verdorben und bekommen auch keinen Schock fürs Leben, wenn sie ihre Eltern im Bett hören. Die Kinder hier können nicht verdorben werden, weil sie von frühester Jugend an zugeschaut haben, wie sich Mami und Papi lieben; sie finden es ganz natürlich und lernen das Lieben wie Zähneputzen oder Füßewaschen und haben auch im späteren Leben keine Schwierigkeiten mit ihren Freunden oder Freundinnen. Weißt du, Viktor, hier geben die Kinder bei ihren Freunden damit an, wie einfallsreich ihr Papa lieben kann. Das ist wichtig. Du brauchst dir also keine Sorgen machen, auch die Teanini-Kinder sind nicht verklemmt. Die werden heute nacht gespannt die Ohren spitzen, ob der neue *tana* ein guter Liebhaber für Mama Violet ist!"

Paul sah zu seiner Überraschung, daß Viktor bleich wurde und zu stottern anfing. „Willst du damit sagen, die hören zu? Um Gottes willen!" Viktor barg sein Gesicht in den Händen. Mit brüchiger Stimme sagte er nach einer Weile: „Du hast recht gehabt, Paul. Die Südsee ist nicht Oberösterreich! Mein Gott, das konnte ich nicht ahnen. Davon stand nichts in den Büchern!"

Paul war etwas verdattert; daß es da Schwierigkeiten geben würde, hatte er nicht gedacht. Er zupfte an seinem Bart und starrte nachdenklich auf den Mond.

„Weißt du was, Viktor?" sagte er schließlich und legte dem Eisenbahner den Arm um die hängenden Schultern. „Da gibt es nur eines: Du mußt dir Mut ansaufen!"

Viktor Gumpendorf sah auf, und plötzlich blickten seine Augen unternehmungslustig. „Du hast recht, Freund und Kapitän! Her mit der Flasche! Das wäre ja noch schöner, wenn ich jetzt kneifen würde." Er grinste und hob die Flasche. „Also, einen Schluck auf das Paradies! Und einen Schluck auf meine neue Familie!" Er trank, wischte sich den Mund ab und reichte Paul die Flasche.

„Mein Gott!" sagte er. „Wenn mir noch vor einem Jahr einer gesagt hätte, wie's zugeht, wenn ein Schnellzugschaffner ins Paradies fährt – ich hätte die Männer im weißen Kittel verständigt, damit sie den schnell abholen."

Am nächsten Morgen planschte Paul mit Paul Émile im seichten warmen Wasser der Lagune, als Viktor in Badehose auftauchte. Er sprang wie ein Frosch ins Wasser und prustete ausgiebig.

„Mei'!" sagte er dann zu Paul. „Hab' ich einen Brummschädel. Ich kann mich gar nicht erinnern, wie ich gestern ins Bett gekommen bin."

„Ich hab' dich hingetragen, und Violet hat dich zugedeckt", grinste Paul. „Du warst voll wie eine Strandhaubitze."

„Hm, das war dann wohl ein bißchen zuviel Mut", meinte Viktor und schöpfte sich Wasser auf seinen Scheitel. „Tja, die richtige Dosierung ist schwierig. Was machen wir, wenn ich heute wieder nicht das rechte Maß finde? Ich möchte doch Violet und die Kinder nicht enttäuschen."

„Ganz einfach", erklärte Paul Hollinger, der mit allen Wassern gewaschene Seemann. „Du hakst deine Violet unter, klemmst dir eine gerollte Matte unter den Arm und spazierst mit ihr zur anderen Seite der Insel. Dort ist ein herrlicher Platz für Sonnenanbeter und Nudisten." Paul drohte dem verblüfften Oberösterreicher mit dem Finger. „Komm mir aber nicht und erklär' mir, du kannst schon wieder nicht, weil dir die Möwen zugucken!"

Viktor Gumpendorf grinste und wischte sich das Salzwasser aus den Augen. „Du bist aber ein Schlawiner, Paul! Du stellst dir wohl deine Weichen so, wie du's brauchst?"

In Matariva war wieder Frieden eingekehrt, oder zumindest herrschte Waffenstillstand. Simon half Viktor den Hühnerzaun reparieren, und danach fuhren die beiden mit dem Boot hinaus zum Riff, um ein paar Langusten zu holen. Viktor zwinkerte Paul zu, als Simon stolz mit dem reparierten Außenborder manövrierte. Dann jagte das kleine Boot mit Vollgas über die Lagune.

Paul setzte sich mit Paul Émile in den Schatten einer Palme und las ihm aus einem der mitgebrachten Bücher vor, eine Geschichte von wilden Piraten und tapferen Kapitänen.

Gegen drei Uhr wurde Violet unruhig, weil das Motorboot noch immer nicht zu sehen war. Viktor und Simon waren schon seit Stunden am Riff. Eine halbe Stunde später hielt sie es nicht mehr aus, und Paul fuhr mit ihr im zweiten Boot hinaus. Sie jagten durch die Passage und dann am Riff entlang nach rechts, wohin Simon und Viktor verschwunden waren.

„*Auii,* das Boot! Aber es ist niemand drin", schrie Violet auf. Weit draußen trieb das blaue Boot. Paul drehte eine weite Kurve und brauste darauf zu. Es war wirklich leer bis auf zwei Langusten, die mit ihren Fühlern auf den Bodenbrettern herumtasteten. Von Simon, Viktor, den Tauchflossen, Masken und Harpunen war nichts zu sehen. Paul hantelte sich zum Bug des blauen Boots und holte die dort ins Wasser hängende Leine ein. Nach zwanzig Metern kam der Anker hoch, ein Stück abgebrochene Koralle hing an einer Flunke.

Paul hatte schlimme Ahnungen, sagte aber ganz ruhig: „Die armen Kerle werden irgendwo am Riff sitzen und aufs Abholen warten, weil ihnen das Boot abgetrieben ist. Fahr du mit dem roten Boot weiter, Violet, ich steige in das blaue um."

Nebeneinander zischten sie mit Vollgas über die Wellen und suchten das endlose Riff mit den Augen ab. Zu ihrer großen Erleichterung sahen sie schon nach zwanzig Minuten zwei winzige Figuren auf einem großen Korallenblock, die ihnen zuwinkten.

Als sie nahe genug waren, merkte Paul sofort, daß etwas Ungewöhnliches passiert sein mußte. Viktor saß nackt auf dem Felsen und versuchte, seine knallrot gebrannten Schultern mit der Badehose vor der Sonne zu schützen. Sein rechter Arm war blutverkrustet. Simon schien ungewöhnlich blaß und hatte einen Schenkel mit dem nassen T-Shirt umwickelt, aber Paul sah das rote Blut auf dem Korallenblock. Dann sah er auch die Haie. Ein gutes Dutzend Schatten kreuzten unter Wasser. Jetzt war ihm klar, warum die beiden nicht von dem isoliert stehenden Block auf höheres Terrain geschwommen waren, um zu Fuß nach Matariva zurückzukehren.

Paul legte an. Viktor half Simon ins Boot, warf Flossen und Harpunen hinterher und kletterte dann steif und vorsichtig selbst vom Felsen.

Violet kam von der anderen Seite, stieg in das blaue Boot um und machte sich sofort ohne viele Worte daran, die Wunden zu untersuchen. Paul gab Viktor sein Hemd und seinen Strohhut, dann nahm er das zweite Boot in Schlepp und fuhr so schnell es ging zurück.

„*Aiii!*" rief Violet, als sie die tiefen Schürfwunden an Simons Schenkel sah. „Du bist wirklich der ungeschickteste Fischer der Tuamotus. Kannst du nicht mal auf einen Korallenblock klettern, ohne dich zu zerkratzen? Und das Boot läßt du abtreiben! Ich bin *fiu* mit dir!"

Dann beschäftigte sie sich mit Viktor und wurde noch zorniger, als sie den Sonnenbrand entdeckte und die Kratzer auf Viktors Arm. Wieder fuhr sie den stummen Simon an: „Sieh nur, wie du meinen schönen *tane* hergerichtet hast! Ganz zerkratzt ist er. Warum hast du ihm nicht gesagt, daß die Korallen scharf sind? Glaubst du, ich habe so viel Geld für Briefmarken und die Annonce ausgegeben, damit du mir jetzt meinen *tane* auf Rochen steigen läßt, ihn auf den Korallen zerkratzt und in der Sonne sitzen läßt, bis ihm die Haut platzt?"

„Hat sie die Haie bemerkt?" fragte Viktor plötzlich auf deutsch.

Paul schüttelte verwundert den Kopf. „Nein, ich glaube nicht. Sie hat nur dich angesehen und gejammert. Warum?"

„Dann lassen wir's dabei. Ich sage dir später, warum. Jetzt kann ich's noch nicht." Viktor wandte sich an Violet und sagte, es sei nichts Schlimmes passiert. Der Anker habe sich losgerissen, deshalb sei das Boot abgetrieben. Sie seien nur ungeschickt gewesen beim Erklettern der Felsen, und ein wenig braune Farbe könne ihm nicht schaden, damit er keinen Sonnenschirm brauche, wenn er mit ihr einen Spaziergang auf die andere Seite der Insel mache.

Paul überlegte, wozu sie auf diesen Korallenblock geklettert waren, noch dazu so hastig. Ob ihnen schon ein Hai auf den Fersen gewesen war, oder ob die Haie erst durch die Blutspuren im Wasser angelockt wurden? An einer Harpune fehlte ein Pfeil. Für die erste Version sprach der offensichtliche Schockzustand Simons. Allerdings hätte dann eigentlich der Oberösterreicher geschockt sein müssen und nicht Simon, der schon viele Haie selber gespeert hatte.

Noch mehr zu denken gab Paul der dankbare Blick, den Simon Viktor zuwarf, als dieser das Ganze als unbedeutenden Unfall hinstellte. Violet schimpfte weiter und verbat Simon, ihren *tane* noch einmal zu so dummen Abenteuern mitzunehmen, so lange ihr Sohn nicht einmal auf sich selber und das Boot aufpassen könne.

Sie erreichten Matariva, Violet wusch die Wunden der beiden, trug ein Antihistamingelee auf und verband ihnen Arme und Schenkel. Dann setzte sie sich zu ihrem *tane* und begann, die verbrannte Haut vorsichtig mit Kokosöl zu massieren.

Am Abend saßen die beiden unvorsichtigen Fischer einträchtig nebeneinander am Tisch und ließen sich mit gekochten Garnelen füttern. Anschließend spielte die ganze Familie Tanini-Gumpendorf Monopoly. Viktor brach eine Flasche Rotwein und stellte auch Simon ein Glas hin.

Paul grinste in sich hinein. Es sah so aus, als hätten die beiden auf dem Riff Zeit gehabt, sich auszusprechen.

Die TAPARO tutete draußen vor der Passage, Paul mußte an Bord. Er küßte die ganze Familie zum x-ten Male, versprach, alle aufgetragenen Grüße auszurichten, bald zu schreiben und wiederzukommen. Simon und Viktor brachten ihn im roten Boot durch die Passage. Paul stand mit gegrätschten Beinen darin und winkte so lange, wie er Paul Émile am Ufer noch sehen konnte. Dann setzte er sich neben Viktor. Der schwieg eine Weile und überlegte, dann fragte er Simon kurz: „Kann ich es Paul erzählen?"

Simon nickte grinsend.

Viktor drehte sich zu Paul um. „Simon und ich sind Freunde seit dem Tag, als wir zusammen auf dem Korallenblock hockten. Das kam so: Wir sind zum Riff gefahren, haben getaucht, und Simon ist mit einer Garnele in jeder Hand hochgekommen, ich mit nichts. Da hat er mich ausgelacht. Jetzt hab' ich gesagt, ich wette mit ihm, daß ich einen größeren Fisch fange als er. Die Wette hat er angenommen. Also haben wir mit den Harpunen getaucht, und ich dachte, mir bleibt das Herz stehen vor Glück: Da war sofort ein kapitaler Hai, ich glaubte die Wette schon gewonnen. Also, ich drauf zu, und schieß ihm meine Harpune quer durch den Bauch. Zu meiner Überraschung aber war der Kerl nicht gleich tot, sondern hat glatt die

Harpunenleine zerrissen und uns attackiert wie ein angeschossener Wildeber." Viktor schüttelte sich, als er sich an die Szene erinnerte.

Simon stieß Paul an. „Das war der größte *raira,* den ich je am Riff gesehen habe", rief er. „Und meine Harpune war noch nicht gespannt. Er hätte uns um ein Haar beide verschluckt!"

„Ein *raira*!" rief Paul erschrocken. „Um den Grauhai machen sogar die tollkühnsten Polynesier einen großen Bogen. Du bist wahnsinnig, Viktor, das hier ist nicht die Donau, das hab' ich dir schon mal gesagt! Hast du den *raira* erlegt, Simon?"

Simon schüttelte den Kopf. „Meine Harpune war doch nicht gespannt. Der *raira* schoß zwischen uns durch, daß wir nach allen Seiten gewirbelt wurden, seine Schwanzflosse hat mich halb totgeschlagen. Warum er uns nicht gefressen hat, weiß ich nicht, Onkel Paul. Aber der *raira* ist nicht mehr zurückgekommen, und Viktor hat mich auf den Felsen gezogen, ich konnte nicht mehr schwimmen vor Schreck und bin untergegangen. Viktor hat mir das Leben wiedergegeben, er ist mein Vater!"

Sie waren an der TAPORO angekommen. Ein Seemann ließ eine Strickleiter zu ihnen herunter. Paul schnallte sich seinen jetzt leeren Rucksack um.

„Viktor, versprich mir, daß du in Zukunft vorsichtiger bist." Er schüttelte den beiden die Hand. „Simon, paß auf deinen Vater auf, er ist ein tapferer Mann, aber noch kein richtiger Tuamotu. Du mußt ihm zeigen, was ein Tuamotu wissen muß, versprichst du mir das?"

Simon nickte grinsend.

Paul kletterte die Strickleiter hoch, und die TAPORO tutete wieder, bevor sie Fahrt aufnahm. Paul winkte lange an der Heckreling.

Eine Woche später stand Paul auf seiner Veranda und zählte zufrieden die Schiffe in der Bucht. Plötzlich zuckte er zusammen. Er stellte sein Fernglas schärfer, dann raunzte er wie von starken Schmerzen gepackt und sank in den Lehnsessel.

Paula lief aus der Küche herbei. „Was ist denn, Paul? Fühlst du dich nicht wohl?"

Paul machte ein gequältes Gesicht und zeigte in die Bucht hinunter. Er reichte seiner Frau das Fernglas.

Paula stellte die Okulare auf ihre Augen ein und sah neugierig zum Kai.

„Die BUMERANG ist zurück", rief sie überrascht. Dann sah sie nochmals durch das Glas. „Und Uwe läuft den Weg zu uns herauf!"

„Himmel, hilf!" stöhnte Paul. „Was muß ich denn diesmal reparieren? Kann er nicht ein einziges Mal in einer anderen Bucht seinen Motor explodieren lassen oder seine Schraube verlieren?"

Uwe, der Düsseldorfer Skipper der BUMERANG, rannte in großen Sprüngen durch den Garten und die Verandastufen hoch.

„Paula, Paul!" schrie er aufgeregt. „Wir kommen zurück nach Pao Pao!"

„Ach, wirklich?" knurrte Paul. „Wann denn?" Er tat so, als beschatte er seine Augen, und schaute aufs Meer hinaus.

Uwe küßte Paula auf beide Wangen und umarmte sie. „Stellt euch vor!" rief er strahlend. „Ute ist schwanger! Wir bekommen jetzt ein Brüderchen für Klein Coco, einen richtigen Mooreaner, Dr. Lebaucher hat es bestätigt! Ist das nicht herrlich?"

Paul Hollinger stand auf und reckte sich. „Das ist ganz prächtig", rief er, wieder guter Laune. „Jetzt ist Dr. Lebaucher dran. Das freut mich aber! Jetzt habe ich Lust auf einen Schnaps! Komm, Uwe, darauf müssen wir anstoßen!" Er marschierte zum Eisschrank, wo er eine Flasche im Gefrierfach liegen hatte.

Am folgenden Samstag stand Paul in der Kirche Saint Joseph und schnitt unbehagliche Grimassen. Er ärgerte sich, weil er sich von Cadousteau hatte überreden lassen, seinen alten, viele Jahre nicht mehr getragenen Kapitänsrock mit den Messingknöpfen anzuziehen und die ausgeblichene Mütze mit dem Anker aufzusetzen. Er kam sich wie ein Idiot vor. Der Rock zwickte und schnitt überall ein, er getraute sich nicht, tief zu atmen, weil die Nähte bedrohlich knackten. Auch spürte er, wie ihm der Schweiß unter dem Hemd über den Rücken perlte, konnte aber nicht hochgreifen, um den obersten Knopf aufzumachen und den Dampf abzulassen, weil er in jedem Arm ein Taufkissen mit je einem winzigen Cadousteau hielt.

Das sieht diesem übereifrigen Gendarm wieder ähnlich, dachte er. Der muß alles doppelt machen, ein rothaariges Baby allein tut's nicht, zwei müssen es sein. Hol mich der Teufel, das ist eine fruchtbare Bucht!

Der strahlende Gendarm, in voller Uniform mit allen Orden, hielt die Hand Cynthias, die schöner als je aussah. Paul beugte sich zu seiner Frau, die seine Mütze hielt, und raunte: „Bitte mach mir den obersten Knopf auf, ich muß sonst eines der Babys zwischen die Knie klemmen."

Paula griff schnell nach seinem Kragen. Ihrem Hollinger-*tane* war es zuzutrauen, daß er mitten in der Taufzeremonie die Babys irgendwo hinlegte oder an einen Kerzenleuchter hängte, um sich den Kragen aufzureißen. Sie hatte morgens schon eine halbe Stunde mit ihm kämpfen müssen, weil er es strikt abgelehnt hatte, in ein Hemd zu schlüpfen und sich eine Krawatte umzubinden. Erst als sie ihn vor den Spiegel führte und ihm zeigte, wie lächerlich er aussah in dem Uniformrock und der nackten haarigen Brust darunter, hatte er nachgegeben.

„Ob ich Pater Bruno ersuchen kann, sich ein wenig zu beeilen?" flüsterte Paul seiner Frau ins Ohr. „Es kann doch kein solches Problem sein, die zwei kleinen Würmer ein wenig mit Öl zu beschmieren, anzuspritzen und den Segen darüber zu sprechen. Da es zwei Weiber werden, ist ohnehin alle Liebesmüh' vergeblich!"

„Paul!" Seine Frau boxte ihn hart in die Rippen. „Wir sind in der Kirche, und das ist eine heilige Handlung!"

„Mein Durst ist mir heilig", brummte Paul.

Pater Bruno warf einen Seitenblick auf das mißmutige Gesicht des Hafenkapitäns.

Paul dachte so konzentriert an das Taufbier, daß er am Schluß prompt:

„*Manuia!*" statt „Amen" sagte. Paula boxte ihn wieder, weil *manuia* das tahitianische Wort für „Prost" war und Paul es mit derartiger Inbrunst gesagt hatte, daß sogar Pater Bruno lächelte.

Dann folgte die übliche Küsserei; Blumenkränze häuften sich um Cynthias Hals. Paul war froh, als er die Zwillinge endlich in den doppeltbreiten Einkaufskorb legen konnte, der als Kinderwagen diente. Paul stülpte sich die alte Kapitänsmütze auf und kletterte gutgelaunt auf den Rücksitz des Gendarmeriejeeps.

„Wie geht's jetzt weiter?" fragte er händereibend.

„Als ob du das nicht wüßtest", rief der Gendarm lachend. „Im *Aimeo* werden schon die Gläser gefüllt! Aber das war ein prächtiges Bild, das man einmal seinen Enkeln zeigen kann: der rotbärtige Käpt'n und zwei rothaarige Babys! Hahaha!"

Paul fühlte wieder einen Stich, und er war schweigsam, bis sie im *Aimeo* ankamen. Er stürzte das erste Glas Bier hinunter, dann griff er nach dem zweiten und fragte sich, warum ihm das heute so gut schmeckte.

Der aufgehende Mond sah den Hafenkapitän mit seiner Mütze im Garten des *Aimeo* sitzen, einen Arm um die Steinschultern des blinden *tiki* gelegt.

„Weißt du, *tiki*", sagte Paul Hollinger leicht schleppend, „eigentlich bin ich ja besser dran als alle anderen, die sich ihre Kinder selber machen. Ich kann so viele Kinder haben, wie auf meinem Schiff Platz finden; dann fahre ich mit ihnen in der Bucht herum, singe Lieder mit ihnen und suche Muscheln auf einem *motu*. Aber wenn sie weinen und plärren und ihre Hosen naß machen, gebe ich sie den Eltern zurück, gehe zu meiner Frau heim und kann friedlich schlafen. Aber ich glaube, Paula kränkt sich ein bißchen. Und das kränkt mich wieder ein bißchen. Doch da kannst auch du uns nicht helfen!"

Er lehnte den Kopf an den Stein und schlief ein.

So fand ihn Cadousteau. Er hob seinen alten Freund auf und brachte ihn nach Hause.

Eine Woche nach der Taufe der Zwillinge lief die KIOSK wieder in die Pao-Pao-Bucht ein. Kapitän Sepp Panninger kam auf Besuch zu den Hollingers. Er brachte einen Thunfisch mit und einen pausbäckigen kleinen Jungen, den er auf seinen Schultern reiten ließ. Paula legte den Fisch in die Kühltruhe und holte Bier, während der frühere Kioskbesitzer vom Münchner Hauptbahnhof den kleinen Enkel oder Urenkel absetzte und seine 150 Kilo vorsichtig in einen Lehnstuhl sinken ließ.

„Du hast lauter Wackelstühle", sagte er zu Paul. „Ich hab' angeblich einen Neffen auf den Marquesas, der ist ein berühmter Holzschnitzer. Dem werd' ich mal schreiben, daß er einen massiven Sessel für mich schnitzt. Den schenk' ich euch dann, damit ich was Gescheites zum Sitzen habe, wenn ich auf Besuch komme. Ahhh! Das Bier schaut gut aus, danke, Paula!" Er hob sein Glas und trank.

Der Kleine krabbelte bis zu Pauls Sessel, stand auf und marschierte im Kreis um den Sessel, wobei er Paul mit großen schwarzen Knopfaugen ansah.

„Kann man ihm ein Bonbon geben?" fragte Paul.

„Ah, der frißt alles", meinte Sepp Panninger. „Paß auf, daß er dir net die Sandalen auffrißt! Gestern erst hab' ich eine neue Batterie in meinen Chronometer stecken wollen, da fallt mir das runde Ding vom Tisch. I bück' mi' danach, da hat's der Kleine scho' g'schluckt. Pfutsch! Weg! A Batterie, die was zwanzig Mark kost!"

„Warst du schon bei Dr. Lebaucher?" fragte Paula und streichelte den Schopf des Buben. „Batterien sind doch sicher giftig."

„Ah na! Die net. Des is' a Nickel-Kadium-Batterie in einem Edelstahlgehäuse. A Spezialbatterie. Die kommt scho' wieder raus. Deshalb laß' i den Kleinen ja auch nit aus den Augen, weil i möcht' mei teure Batterie wiederha'm." Kapitän Sepp Panninger beugte sich zu dem Kleinen hinunter und sagte liebevoll: „Gelt, du g'fräßiger Salamander, daß du mir nirgends Aa machst, wo i net dabei bin!"

Paula nahm die Hand des Kleinen. „Komm, wir gehen eine Banane essen. Dein Großvater ist garstig zu dir." Der Kleine schnappte ihre Hand und marschierte sofort mit.

„Ja, was ich eigentlich erzählen wollt'", sagte Sepp Panninger und goß sich Bier nach. „I war drüben in Kaukura bei einer Kindstauf', und am Rückweg sind wir nach Fakarava, entferntere Verwandte besuchen, und dort haben's mir in Fakarava ein Mordspaket mitgegeben für Leute auf Toau. Stell' dir vor, Paul, und dort treff' i einen ganz sympathischen Kerl, an Österreicher . . ."

„Du hast Viktor getroffen?" rief Paul erfreut. „Wie geht es der Teanini-Familie?"

„Teanini?" Sepp runzelte die Stirn. „Also, mir hat der älteste Sohn erklärt, sie hoaßen jetzt alle Gumpendorf wie der neue Vater. Des is' a lustigs Volk dort, den ganzen Tag machens Spaßeteln, und am Abend spielens mit ihnere Gitarren und Ukuleles, und der Viktor, der wo mal Eisenbahner war, spielt dazu auf seiner Geige. So was hast noch nicht g'hört, Paul! Des is' wie eine tuamotuanische Trappfamilie. Ja, sie haben mir aufgetragen, ich soll euch alle schön grüßen, und er dankt auch für das interessante Wetterbüchl, was du ihm g'schickt hast. Des sind aber auch fleißige Leut', de braunen Gumpendorfs. Die fangen doppelt so viel Fisch wie die anderen Fischer, und in Fakarava ham's angeblich a Bankkonto, und alle Schecks, die's ausstellen, sind gedeckt. Des hat mir der Chines' vom Laden in Fakarava erzählt. Ja, nachher werd' i wieder marschier'n, wo i mein' Auftrag ausg'richtet hab'." Er wuchtete sich aus seinem Sessel und ordnete die Muschelketten auf seinem Kugelbauch.

Paula kam mit dem Kleinen aus der Küche zurück, der jetzt an einem Stück Lebkuchen knabberte.

„Oh!" rief Paul. „Da hast du aber das Herz der Tante im Sturm erobert, wenn sie die Packung Nürnberger Lebkuchen für dich angebrochen hat!"

Paula lachte. „Das ist ein ganz entzückendes Kind. Wie heißt er denn, Sepp?"

Käpt'n Panninger zog einen Zettel aus seinem *pareo.* „Tiki hoaßen's ihm, weil er so rötliche Haare hat wie der Herkules in denen eanere Tuamotu-Sagen da."

Sepp Panninger musterte die beiden Hollingers pfiffig, die beide den Kleinen anlächelten.

„Übrigens, den Tiki hab' i eigentlich für euch mit'bracht", sagte er dann und legte den Zettel auf den Tisch. „Mir haben's ihn in Fakarava g'schenkt, aber i hab' ohnehin scho so viele von der Sorte, daß i die Namen durcheinanderbring'. Und ihr zwei habt's gar keinen. Da hab' i mir dacht, Sepp, den rotschädlerten Tiki, den bringst den Hollingers mit, vielleicht mögen's ihn haben. I laß ihn euch halt zwoa Wochen zur Ansicht da. Wenn's ihn net mögt's, nachher bring' i ihn halt wieder nach Fakarava z'rück."

„Sepp!" Paul Hollinger spürte, daß er einen Klumpen im Hals bekam. „Du kannst doch nicht ein Kind verschenken, das sie dir zur Adoption gegeben haben!"

„Ach, des hat scho' sei' Richtigkeit." Kapitän Panninger schritt gravitätisch zur Verandatreppe. „Die Eltern wissen scho', wo er ist. I hab's ihnen gleich g'sagt, daß der Bub vielleicht mal Hafenkapitän wird wie sein Adoptivvater. Die Adresse von denen Eltern steht auf dem Zettel da. Und vergeßt's nit auf meine Batterie, gelt?"

Sepp Panninger schaute noch eine Weile dem Hafenkapitän und seiner Frau zu, die den kleinen Tiki verliebt anlächelten und ihn gar nicht hörten. Dann ging er kopfschüttelnd die Stufen hinunter in den Garten.

„Ja, wenn des so ist, dann b'halt's mei' teure Batterie gleich als Taufgeschenk", murmelte er.

Auf Reisen
mit Käptn Barawitzka

Karl Vettermann

Barawitzka und die See-Amazonen

Vettermanns schrulliger „Kapitän Barawitzka" gelangt zu Regatta-Ehren – ausgerechnet mit einer gemischten Crew. Ein Bravourstück spritziger, witziger Erzählkunst.
304 Seiten mit 41 Zeichnungen

Die Irrfahrten des Barawitzka

Der schlitzohrige Käptn und seine Crew überführen eine Yacht von Malta nach Athen und erleben zu Wasser und an Land allerlei Abenteuer.
276 Seiten mit 36 Zeichnungen und 1 Routenkarte

Barawitzka segelt nach Malta

Ein irrer Überführungstörn

Erheiternde Unzulänglichkeiten und ergötzliche Bosheiten spielen sich auf einem Überführungstörn zwischen Triest und Malta ab – und das alles mit einer Crew „so explosiv wie Nitroglycerin".
288 Seiten mit 44 Zeichnungen